LUIS SELLANO

# Portugiesisches Gift

EIN LISSABON-KRIMI

W0389996

WILHELM HEYNE VERLAG
MÜNCHEN

Sollte diese Publikation Links auf Webseiten Dritter enthalten,
so übernehmen wir für deren Inhalte keine Haftung,
da wir uns diese nicht zu eigen machen, sondern lediglich
auf deren Stand zum Zeitpunkt der Erstveröffentlichung verweisen.

MIX
Papier aus verantwortungsvollen Quellen
FSC® C083411
FSC www.fsc.org

Penguin Random House Verlagsgruppe FSC® N001967

Originalausgabe 04/2022
Copyright © 2022 by Luis Sellano
Copyright © 2022 dieser Ausgabe
by Wilhelm Heyne Verlag, München,
in der Penguin Random House Verlagsgruppe GmbH,
Neumarkter Str. 28, 81673 München
Dieses Werk wurde vermittelt durch die
Literarische Agentur Schlück GmbH, 30161 Hannover
Redaktion: Tamara Rapp
Printed in Germany
Umschlaggestaltung: Johannes Wiebel | punchdesign, München,
unter Verwendung von Motiven von © Shutterstock.com
(Stepova Oksana, Tetiana Chernykova)
Satz: Satzwerk Huber, Germering
Druck und Bindung: CPI books GmbH, Leck
ISBN: 978-3-453-42455-5

www.heyne.de

# 1
# Helena

Er konnte es nicht lassen. Tiago flirtete mit ihr, wie er es immer tat, unaufdringlich und galant. Sie kannte ihn schon eine ganze Weile, bestimmt fünf Jahre, dennoch vermochte sie nach wie vor nicht abzuschätzen, wie ernst er es damit meinte. Ob es für ihn vielleicht einfach dazugehörte, um von dem abzulenken, was sie jedes Mal erwartete, wenn sie beide aufeinandertrafen.

Die Umstände, unter denen sie sich begegneten, waren stets unerfreulich und schufen allein dadurch schon schlechte Voraussetzungen für Zwischenmenschliches. Die kühle und sterile Umgebung, die weißen Kacheln, das grelle Neonlicht, das sich in den blanken Edelstahlflächen spiegelte, das alles zusammengenommen bot nun wirklich keine Atmosphäre für Romantik. Doch Tiago ließ sich nicht davon abbringen, ihr tief in die Augen zu sehen und dabei so zu lächeln, dass seine Grübchen perfekt zur Geltung kamen.

»Helena! Was für eine Freude!«, begrüßte er sie. Wegen seiner fast eins neunzig musste er sich weit zu ihr hinabbeugen, um sie auf die Wangen zu küssen. Tiago war ein Bild von einem Mann, mit breiten Schultern und einem auffällig geraden Rücken. In seiner Freizeit nahm er an Triathlons teil. Angeblich hatte er sogar schon einmal beim Ironman auf Hawaii mitgemacht, was allerdings schon einige Jahre zurücklag. Doch selbst jetzt mit Ende vierzig schien er noch immer in Bestform zu sein, das bemerkte man trotz des grünen Kittels, in dem er bei der Arbeit immer steckte. Auch war ungeachtet des blaustichigen Lichts der

Deckenbeleuchtung eine stete, sommerliche Bräune zu erahnen. Das dunkle, von einzelnen grauen Strähnen durchzogene Haar trug er zu einem Zopf gebunden. Hätte er behauptet, Lifeguard draußen am Strand von Estoril zu sein, hätte jemand, der nicht wusste, welchen Beruf er tatsächlich ausübte, nicht daran gezweifelt.

»Ist eigentlich nie ein freudiger Anlass, wenn ich zu dir komme«, berichtigte sie ihn. »Aber es ist trotzdem schön, dich zu sehen.«

Tiago streifte die Einweghandschuhe von seinen schlanken Fingern und warf sie in den dafür vorgesehenen Abfallbehälter. »Also dann … Wieso bist du hier? Soweit ich weiß, wurden seit gestern Abend keine Opfer von Gewaltverbrechen eingeliefert. Lediglich zwei Verkehrstote, bei denen noch geklärt werden muss, ob Alkohol oder Drogen im Spiel waren. Alles in allem lässt das auf eine ruhige Nacht schließen.«

»Ich komme wegen des Jungen«, sagte Inspetora Helena Gomes.

Tiago wurde ernst. »Frederico Pedrosa?«, fragte er, und ihr war, als huschte ein Schatten von Trauer und Bedauern über seine Augen. Eine unerwartet emotionale Reaktion von jemandem, der dem Tod so nahestand wie sonst nur wenige Menschen und dem nahezu alle Facetten des Ablebens vertraut waren.

»Frederico Pedrosa«, bestätigte sie.

»Ich hab mich schon gewundert, wieso ich den Leichnam noch nicht freigeben darf«, murmelte Tiago.

Obwohl die Aggregate zur Luftumwälzung in der rechtsmedizinischen Abteilung der Universitätsklinik den Geräuschen nach auf Hochtouren liefen, fiel Helena das Atmen im Untergeschoss des Centro Hospitalar Universitário de Lisboa Central immer schwer. Womöglich lag es alleine am sonnigen Gemüt des Chefpathologen Dr. Tiago Falcato, dass sie es hier, zwei Stockwerke unter der Erde, überhaupt so lange aushalten konnte. Es waren nicht nur die Ausdünstungen der Leichen und der damit verbundenen chemischen Komponenten, die eingesetzt wurden, um den Verwesungsgeruch einzudämmen. Es war vor allem die bedrückende Atmosphäre an sich, die ihr zu schaffen machte und an die sie sich in den zehn Jahren, die sie schon im Dezernat für Kapitaldelikte arbeitete, nie gewöhnt hatte – und mit hoher Wahrscheinlichkeit auch nie gewöhnen würde.

»Staatsanwältin Lobato hat darauf bestanden, dass ich mir den Fall noch mal ansehen soll«, sagte sie.

Tiago hakte nicht weiter nach. Er war es gewohnt, dass er von ihr keine ausschweifenden Erklärungen erhielt. Sie war kein redseliger Mensch, nicht im Dienst und auch nicht im Privaten. Damit stellte sie für eine Portugiesin vermutlich eine große Ausnahme dar, doch das störte sie nicht im Geringsten. Sie war nun einmal schweigsam und obendrein keine, die sich verstellte, nur um anderen zu gefallen. Beides Eigenschaften, die nicht immer hilfreich für sie waren, wie sie über die Jahre und manchmal auf schmerzhafte Weise hatte lernen müssen.

Tiago ging voraus, hinüber zu den Kühlfächern. Drei mal vier Kammern, in die Wand eingelassen. Er fand auf Anhieb die richtige Lade, ohne vorher ein Verzeichnis zu konsultieren. Die Edelstahlschublade glitt ihnen mit einem leisen, metallischen Schleifen entgegen. Zusammen mit dem toten Körper von Frederico Pedrosa, der mit einem weißen Laken bedeckt war, strömte ein Schwall eiskalter Luft aus dem Leichenschrank.

»Du kennst den Bericht?«, fragte der Pathologe.

Helena nickte. Sie hatte die über die Sektion verfassten Seiten gelesen, gleich nachdem die Staatsanwältin ihr diese übermittelt hatte. Auf direktem Weg, was ungewöhnlich war. Das übliche Protokoll sah nämlich vor, dass sie ihre Einsatzbefehle von einem ihrer Vorgesetzten zugewiesen bekam. Sie konnte sich die ungewohnte Vorgehensweise nur dadurch erklären, dass der Fall Frederico Pedrosa eigentlich gar keiner war. Zumindest keiner, der ins Ressort der Divisão de Investigação Criminal gehörte. Das war auch der Grund, weshalb sie immer noch nicht recht wusste, was sie hier überhaupt sollte.

Tiago griff nach dem Leichentuch und wirkte dabei seltsam zögerlich, so als widerstrebte es ihm aufzudecken, was darunter verborgen lag. »Die Todesursache ist eindeutig. Wieso interessiert sich die Kriminalpolizei dafür?« Das war dieselbe Frage, die auch sie beschäftigte. Dann schlug er, ohne ihre Antwort abzuwarten, eine Ecke des Lakens um.

Obwohl sie sich vorbereitet geglaubt hatte, verspürte Helena beim Anblick des Jungen einen Stich in der Brust, so unerwartet heftig, dass ihr die Knie weich wurden. Auch sie war bis jetzt der Meinung gewesen, schon so ziemlich alles gesehen zu haben, was der Tod aus Menschen machte. Und natürlich kannte sie die Fotos, die dem Sektionsbericht beilagen, wusste von dem Engelsgesicht des Jungen, von seinem zarten Körperbau … Doch ihn so unmittelbar vor sich zu sehen, raubte ihr vor Entsetzen buchstäblich den Atem.

Frederico Pedrosa war nur sechs Jahre alt geworden.

So wie er dalag, erinnerte er an eine Porzellanpuppe. Mit den geschlossenen Lidern sah er aus, als schliefe er. Äußerlich unversehrte Tote waren Helena nicht fremd, doch nie war der Eindruck stärker gewesen, dass da noch Leben in diesem kleinen Körper steckte. Natürlich widersprachen dieser Vorstellung die bläuliche, nahezu durchscheinende Haut und die absolute Reglosigkeit, das Fehlen jeder Atembewegung. Trotzdem haftete der Gedanke an ein schlafendes Kind wie mit einem Saugnapf von innen an ihrer Schädeldecke und war nicht abzuschütteln. Der Eindruck war so intensiv, dass sie sich gezwungen fühlte, die nackte Schulter des Kindes zu berühren.

Die milchweiße Haut war eiskalt. Und er war erschreckend dünn. Die Schlüsselbeine traten weit hervor, die Arme waren nur mit Haut überzogene Knochen, und man konnte jede einzelne Rippe erkennen. Was sie sah und empfand, hielt sie mehrere Sekunden gefangen. Erst ein verhaltenes Räuspern von Tiago machte ihr dessen Anwesenheit wieder bewusst.

Sie räusperte sich. »War er deiner Meinung nach unterernährt?«

Tiago wiegte leicht den Kopf hin und her. »Auf der Gewichtsskala für seine Altersgruppe befand er sich im unteren Bereich … aber nicht so gravierend, dass es besorgniserregend gewesen wäre. Allerdings tippe ich auf eine gewisse Mangelernährung. Oder lass es mich so ausdrücken: Es sieht mir nicht danach aus, als hätte man das Kind besonders gesund verpflegt.«

Helena neigte sich über das Kind, suchte nach Details, die sein Ableben erklärten, obwohl sie aufgrund des Berichts bereits wusste, dass es nichts zu finden gab.

»Ich dachte, man würde etwas … erkennen«, bemerkte sie leise.

»Die Schwellungen der Atemwege sind nur innerlich. Und natürlich gibt es Einblutungen in den Augäpfeln. Soll ich seine Lider öffnen?«

»Nicht nötig, ich weiß, wie so was aussieht«, erwiderte sie schnell.

»Es war im Übrigen die Zunge, die aufgrund des allergischen Schocks so angeschwollen ist, dass er keine Luft mehr bekommen hat. Natürlich verbunden mit der Tragik, dass niemand in seiner Nähe war, der ihm hätte helfen können.« Tiago schüttelte den Kopf. »Die Allergie gegen Hasel- und Walnüsse war vom Kinderarzt diagnostiziert. Dass er trotzdem Zugang zu Lebensmitteln mit diesen Inhaltsstoffen hatte, ist aus meiner Sicht eindeutig das

Verschulden der Eltern. Und ich rede hier nicht davon, dass er was gegessen hat, das bloß geringfügige Mengen der Allergene enthielt. In seinem Magen befanden sich mehr als nur *Spuren von Nüssen*. Dennoch handelt es sich aus meiner Sicht um einen Unglücksfall.« Er sah sie an. »Warum also gibt es jetzt weitere Ermittlungen?«

Helena fiel es schwer, den Blick von dem Jungen zu nehmen. Natürlich hätte sie nicht unbedingt herkommen und sich mit dem Leichnam des Jungen konfrontieren müssen. Sie wusste schließlich, wie schwierig so etwas werden konnte. Tote Kinder trafen sie immer und ausnahmslos am härtesten. Aber Staatsanwältin Lobato hatte so besonders eindringlich darum gebeten, den Tod des Jungen zu durchleuchten. Und zwar mit derselben Herangehensweise, die Helena auch sonst bei ihr zugewiesenen Gewaltdelikten an den Tag legte.

*Machen Sie alles wie immer!* Genau das waren Lobatos Worte gewesen. *Machen Sie alles wie immer!*

Alles wie immer. Und dazu gehörte für sie nun einmal, nicht nur Tiagos Aufzeichnungen zu lesen, sondern auch sich dessen fachliche Meinung persönlich anzuhören. Außerdem ging es hier nicht nur um die Folgen eines anaphylaktischen Schocks nach dem Verzehr von nusshaltiger Schokolade.

»Wie beurteilst du die Frakturen, die im Bericht aufgelistet sind?«

Tiago hob die rechte Braue. »Natürlich könnte man argumentieren, dass Frederico ein aufgeweckter, sehr lebhafter Junge war. Einer, der es nicht lassen konnte, auf Bäume oder dergleichen zu klettern, und der demzufolge häufig auch leicht mal irgendwo herunterfiel. Ich meine, die Brüche, Risse und Schnittwunden wurden zum größten Teil ärztlich versorgt. Eigentlich deutet nichts darauf hin, dass die Verletzungen, die sich das Kind in den sechs Jahren, die ihm vergönnt waren, zugezogen hatte, vertuscht werden sollten. Aber du hast sicher recht, dass es sich um auffällig viele Frakturen und Teilfrakturen handelt.«

»Die unter Umständen auch anders zu erklären sind als nur durch Abstürze aus Bäumen?«, hakte Helena nach, wohl wissend, dass sie keine wissenschaftlich fundierte Antwort darauf erwarten durfte.

»Erwarte keine Mutmaßungen von mir«, sagte Tiago prompt. »Das herauszufinden ist deine Aufgabe.«

# 2

Die Staatsanwaltschaft war im Palácio da Justiçia de Lisboa untergebracht, einem funktionalen Betonklotz aus den 1970er-Jahren. Unansehnlich, aber in so exponierter Lage oberhalb des Parque Eduardo VII errichtet, dass er von fast überall zu sehen war. Von dem sechsstöckigen Verwaltungsgebäude konnte man auf das angrenzende Gefängnis blicken, das lange Zeit vor dem Justizpalast dort auf jenem Hügel entstanden war. Ebenso weithin sichtbar, galt es als eines der abschreckendsten Mahnmale für die Grausamkeiten, die einem Menschen während der einstigen Diktatur hatten widerfahren können.

Im vormittäglichen Verkehr benötige Helena für die nur knapp vier Kilometer von der Universitätsklinik bis hoch auf die Anhöhe eine gute Viertelstunde. Immer noch fuhr sie ihren uralten 205er Peugeot, der nun schon seit mehreren Jahren auseinanderzufallen drohte. Die größte Sorge bereitete ihr aktuell die Kupplung, die wohl demnächst den Geist aufgeben würde. Es wäre einfacher und vor allem sicherer gewesen, eines der Dienstfahrzeuge zu nehmen, aber vermutlich brauchte sie den Nervenkitzel, den ihr der miserable Zustand ihres fahrbaren Untersatzes bescherte. Auf gewisse Art spiegelte die Fahrt mit dem klapprigen Vehikel ihre gesamte Lebensweise wider. Ohne bewusste Absicht wählte sie seit jeher meist den komplizierteren Weg für sich, der sie dann prompt vor größere Herausforderungen stellte, als nötig gewesen wären. Dieses fast schon zum Selbstzerstörerischen neigende Vorgehen spiegelte sich jüngst auch in der Beziehung wider, die sie gerade führte.

Helena schüttelte den Kopf. Jetzt war nicht der Zeitpunkt, um über ihre Gefühle für Henrik Falkner zu grübeln die sie bisweilen ähnlich nachdenklich stimmten wie die schleifende Kupplung und das Knirschen im Getriebe ihres Peugeot. Sie lenkte ihre Aufmerksamkeit zurück zu Frederico Pedrosa. Der Erstickungstod des Jungen hatte sich vergangenen Freitag zugetragen, also bereits vor fünf Tagen. Der Notruf der Mutter, Andreia Pedrosa, war laut Polizeibericht kurz nach halb neun Uhr abends eingegangen. Viel zu spät, wie sich nach Eintreffen des Notarztes herausstellte. Das Kind war nicht mehr zu retten gewesen, die vor Ort durchgeführten Wiederbelebungsmaßnahmen waren in jeder Hinsicht nicht mehr rechtzeitig eingeleitet worden. Nach einer ersten Befragung durch die Einsatzkräfte wurde schnell bekannt, dass der Sechsjährige allein und unbeaufsichtigt zu Hause gewesen war, als er sich an diesem Freitagabend über die Schokolade hermachte, die eine für ihn tödliche Menge an Nüssen enthielt. Wie hatte es dazu kommen können? Wo waren die Eltern gewesen? Fragen, die bislang nicht ausreichend beantwortet worden waren, wenn es nach Staatsanwältin Ana Lúcia Lobato ging.

Um dem Ehepaar Pedrosa eine Verletzung der Aufsichtspflicht nachzuweisen, bedurfte es eigentlich nicht der Mordkommission. Doch diesen Einwand hatte Lobato bei ihrem gestrigen Anruf, der Helena kurz vor Feierabend erreicht hatte, nicht hören wollen. Sie verlangte, dass die Kripo sich mit der Untersuchung befasste. Wobei mit *die Kripo* Inspetora Helena Gomes gemeint war – was ihr allerdings erst nach dem Gespräch bewusst geworden war. Lobato wollte in der Tat ausschließlich *sie* für diese Aufgabe haben.

Ansonsten war es ein kurzes Telefonat gewesen, in dem ihr knappe, präzise Anweisungen erteilt wurden. *Sehen Sie sich die*

*Akte an, lesen Sie den Autopsiebericht. Und bis dahin: kein Wort zu niemandem! Alles Weitere klären wir morgen in meinem Büro!*

Dorthin war sie genau jetzt unterwegs.

Helena betrat das Amtszimmer, das ihr genannt worden war, und ihr Blick fiel auf einen leeren Schreibtisch, was sie für eine Sekunde denken ließ, dass sie sich in der Tür geirrt hatte. Doch dann sah sie eine Frau im Gegenlicht an der nach Osten gerichteten Fensterfront stehen, die ihr den Rücken zukehrte und auch keine Anstalten machte, sich zu ihr umzudrehen. Entweder war sie in Gedanken vertieft, oder der Ausblick über die Stadt hielt sie gefangen. Dieser Ausblick fiel heute vermutlich versöhnlicher aus als in den vergangenen Wochen. Die Frühlingssonne ließ die tiefer und näher beim Tejo gelegenen Viertel erstrahlen und gleichwohl in einem Dunst versinken, der den bebauten Hügeln ringsum weiche, seltsam unwirkliche Konturen verlieh. Es war ein herrlich warmer, nahezu wolkenloser Tag vorhergesagt worden, und das Wetter hielt, was die Meteorologen versprochen hatten. Der März war temperaturmäßig bislang nicht in die Gänge gekommen und hatte die Kälte aus den Wintermonaten nach Helenas Empfinden viel zu lange bewahrt. Jetzt, Ende des Monats, sehnte sich Lissabon nach Sonne, und endlich wurden diese Sehnsüchte erfüllt.

»Inspetora Gomes, setzen Sie sich«, sagte die Frau am Fenster, immer noch in die Betrachtung der Stadt versunken. Vermutlich reichte die schwache Spiegelung im Fenster aus, um der Staatsanwältin, um die es sich zweifellos handelte, zu zeigen, wer ihr Büro betreten hatte. Außerdem war Helena natürlich angemeldet, auch wenn keine genaue Uhrzeit vereinbart worden war. Sie hatte einfach vorab nicht einschätzen wollen, wie lang sie sich in Tiagos Katakomben aufhalten würde.

Endlich drehte Lobato sich um. »Kommen Sie direkt von der Gerichtsmedizin?«, fragte sie ohne weitere Begrüßung.

Helena nickte. Noch immer stand sie wie festgewurzelt mitten im Zimmer.

»Und teilen Sie meine Ansicht?«

»Es ist tragisch …«, begann Helena und wusste dann nicht weiter.

Lobato löste sich vom Fenster und ging hinüber zu der Sitzecke, die neben dem Schreibtisch das einzige Möbel in dem quadratischen Raum war. Das Büro entsprach keineswegs den antiquierten, abgenutzten Arbeitszimmern, die Helena bisher in diesem Verwaltungsgebäude zu Gesicht bekommen hatte. Vermutlich hatte Lobato auf einem neuen Anstrich bestanden, nachdem sie vor einigen Monaten in dieses Amt berufen worden war. Jegliche Holzvertäfelung an den Wänden war verschwunden, und den abgetretenen Teppichboden, der vor einem halben Jahrhundert im ganzen Gebäude verlegt worden war, hatte man hier durch ein wunderbar gemasertes Parkett ersetzt. Zudem fiel auf, dass sich nirgendwo Papierakten stapelten, die sich sonst für gewöhnlich in den Arbeitsräumen der Staatsanwälte türmten. Lobato war dafür bekannt, alles digital zu sichten und zu bearbeiten, was für viele ihrer Kollegen – vor allem für die älteren – ein echtes Problem darstellte. Ihre moderne Arbeitsweise war aber vermutlich nicht das Einzige, woran die sonst ausschließlich männlichen Staatsbediensteten ihres Ranges Anstoß nahmen.

Ana Lúcia Lobato war eine aparte Erscheinung. Überaus attraktiv. Groß gewachsen und gertenschlank. Dunkelhaarig. Helena kannte die Frau bisher nur von Fotos und hatte sie auch nie mit offenen Haaren gesehen, aber sie war sicher, dass sie ihr bis hinunter zur Hüfte reichten, sobald sie den strengen Knoten löste, zu dem sie das Haar hochgesteckt hatte. Wie immer trug Lobato einen Anzug, der ihre langen Beine betonte, heute einen in hellem, beinahe türkisfarbenem Blau. Die eng geschnittenen

Hosen waren mittlerweile eine Art Markenzeichen von ihr geworden.

Ana Lúcia Lobato war Ende dreißig, wirkte aber jetzt im strahlenden Morgenlicht älter, was sie zum einen ihrer kräftezehrenden Arbeit, zum anderen aber auch den Widerständen innerhalb ihrer Behörde zu verdanken hatte. Es war allgemein bekannt, dass sie die Absicht verfolgte, bald zur Oberstaatsanwältin ernannt zu werden. Und nach allem, was Helena bisher über Lobato gehört hatte, hegte sie keine Zweifel, dass ihr dies auch gelingen würde. Zumal sie mit Rückendeckung vom Justizministerium rechnen konnte, wie gemunkelt wurde. Die Regierung wollte frischen Wind in den höchsten Besoldungsstufen und eine bessere Frauenquote – womit die Weichen so gut wie gestellt waren.

Lobato nahm auf einem der Lederhocker Platz, die um einen runden Glastisch drapiert waren. Alles ohne Lehne, damit nicht der Eindruck entstand, man könne es sich hier zu gemütlich machen. Ungeduldig deutete die Staatsanwältin an, dass auch Helena sich endlich setzen sollte. Grundsätzlich war Helena jemand, der im Gespräch mit Vorgesetzten gerne stehen blieb, doch diesmal kam sie der Aufforderung nach. Die Staatsanwältin nickte wohlwollend und griff dann nach dem Tablet-PC, der vor ihr auf dem Tisch lag. Mit schnellen Fingern tippte sie darauf herum, bis sie die Akte von Frederico Pedrosa angezeigt bekam. Für Sekunden herrschte Schweigen. Helena rutschte auf dem Hocker herum, konnte aber keine gute Position für sich finden. Erst als Lobato von dem Bildschirm in ihrem Schoß aufblickte, hielt sie inne.

»Ich schätze Sie, Inspetora. Das wissen Sie doch?«

Helena sagte nichts. Sie hatte bis zum gestrigen Telefonat noch nie persönlich Kontakt zu der Staatsanwältin gehabt. Lobato kannte allenfalls Berichte von ihr, die sie für Anklageerhebungen verfasst hatte. Und was in den polizeiinternen Akten über sie vermerkt war, war mit großer Wahrscheinlichkeit nicht durchgängig positiv. Sie wusste also keineswegs, dass – oder wieso – Ana Lúcia Lobato ihr solche Wertschätzung entgegenbrachte.

»Sie haben keinen leichten Stand in Ihrer Abteilung, auch das ist mir bekannt«, fuhr die Staatsanwältin fort. »Was das angeht, kämpfen wir an ähnlichen Fronten. Sie und ich, wir sind für Veränderung und Transparenz, und damit haben viele unserer Kollegen immer noch ein Problem. Nun, wie dem auch sei, ich betraue Sie mit diesem Fall, weil Sie meiner Ansicht nach die Richtige dafür sind.«

Helena nickte knapp. »Ich bin mir nur nicht sicher, ob es wirklich ein Fall fürs Morddezernat ist. Ich meine, die Fakten sprechen nicht einmal für Totschlag.«

»Das weiß ich.« Lobato seufzte. »Zum jetzigen Stand der Ermittlungen haben wir nichts als einen Unfall, dem allenfalls eine Anklage wegen Vernachlässigung der Aufsichtspflicht gegen die Eltern folgen kann. Aber das reicht mir nicht, Inspetora«, fügte sie eindringlich hinzu. »Diese Schokolade war das Einzige, was der Junge an diesem Tag zum Essen finden konnte. Ich war vor Ort, Inspetora. Im Kühlschrank befand sich *nichts*, zumindest nichts, was Frederico ohne irgendeine Form der Zubereitung hätte essen können. Seine letzte Mahlzeit hatte er mittags in der Schule erhalten. Danach war er den Rest des Tages allein zu Hause und bekam logischerweise irgendwann Hunger. Er hat siebenmal bei seiner Mutter auf dem Handy angerufen und dreimal beim Vater. Andere Nummern waren in dem Hausanschluss nicht einprogrammiert. Es gab also sonst niemanden, an den er sich hätte wenden können. Was hätte er tun sollen, mit seinen sechs Jahren und der Ungewissheit darüber, wann seine Eltern endlich nach Hause kommen?«

Helena lag die Frage auf der Zunge, aus welchem Grund die Telefondaten der Eltern überprüft worden waren. Vor allem, wie Lobato diese Befugnis nach der aktuellen Sachlage überhaupt hatte erteilen können. »Zu den Nachbarn gehen vielleicht?«, schlug sie stattdessen vor, ohne zu wissen, ob diese Option bestand. In der dünnen Akte hatte sie nichts dazu gefunden.

»Sehen Sie sich die häusliche Situation an und urteilen Sie selbst«, erwiderte Lobato. Ihre Miene wurde hart. »Nehmen Sie sich die Eltern vor, und seien Sie dabei bloß nicht zimperlich! Ich will mehr als das, was uns im Moment als Aussagen vorliegt. Ist das klar?«

# 3
# Henrik

Nach und nach beschlich ihn der Verdacht, dass er diesmal danebenlag. Danebenlag, weil er es selbst heraufbeschworen hatte. Was natürlich in erster Linie mit dem Keller zu tun hatte. Nach dem Wasserschaden, der im vergangenen Jahr das Untergeschoss – und damit verbunden die Bausubstanz des Gebäudes an sich – arg in Mitleidenschaft gezogen hatte, stand nun eine umfangreiche Sanierung des Fundaments an. Was voraussetzte, dass der Keller endlich vollständig leer geräumt werden musste.

Hätte es sich dabei um einen normalen Keller gehandelt, wäre das eine zwar unliebsame, aber durchaus überschaubare Angelegenheit gewesen. Doch das Untergeschoss des Hauses Nummer 38 in der Rua do Almada war von seinem Onkel überwiegend als Inventarlager genutzt worden und beherbergte einen immensen Bestand an antiquarischen Büchern und dazu eine Vielzahl von Antiquitäten. Kurz gesagt alles, was sich in über vierzig Jahren angesammelt und nie oder nur zeitweilig einen Platz im darüberliegenden Laden gefunden hatte. Tonnen von Druckwerken, wurmstichiges Mobiliar und allerlei unkatalogisiertes Zeug, das über die Jahrzehnte zusammengekauft worden war.

Bisweilen fragte sich Henrik, ob es nicht vielleicht allein an dem manchmal bis unter die Kellerdecke gestapelten Nachlass seines Onkels lag, dass das Haus noch nicht eingestürzt war. Was eigentlich ein ausreichendes Argument gewesen wäre, den jetzigen Zustand zu belassen, oder? Nun, er wusste, dass dies auch nur eine Ausrede war, sich vor der staubigen Arbeit des Entrümpelns zu drücken.

Allerdings musste er tatsächlich ständig befürchten, etwas zu entsorgen, das Martin Falkner wohlweislich verwahrt hatte. Sprich, es aus einem anderen Grund aufgehoben hatte als dem, es irgendwann einmal an einen Sammler zu veräußern. Das bedeutete, dass mit dem Leerräumen des Kellers Dinge verloren gehen mochten, die sein Onkel dort ganz bewusst verborgen hatte, so wie dies auch im Antiquariat selbst der Fall war. Denn dieses Haus barg Geheimnisse der besonderen Art: versteckte Hinweise auf ungeklärte Verbrechen, die in Lissabon im Laufe der letzten vier Jahrzehnte – oder sogar noch früher – begangen worden waren. Martin hatte sich dieser Verbrechen angenommen und seine Recherchen dazu im Antiquariat archiviert. Auslöser für seine privaten Ermittlungen war ein schwerer Schicksalsschlag gewesen, der ihn vor dreißig Jahren getroffen hatte. Damals hatte Martin begriffen, dass nicht immer auf die Behörden Verlass war, sondern dass Korruption und Vetternwirtschaft Polizei und Staatsanwaltschaft gelegentlich davon abhielten, Verbrechen aufzuklären und Schuldige zu verurteilen.

Onkel Martins Absichten waren anerkennenswert, sein Vorgehen jedoch mehr als unkonventionell. In seinem offenkundig chaotischen Warenbestand hatte er verschlüsselte Botschaften hinterlassen, die auf diese ungeklärten Verbrechen verwiesen. Und nun war es an Henrik, der mit dem Haus seines Onkels auch dessen Antiquariat und die darin vergrabenen Geheimnisse geerbt hatte, das ganze Geflecht zu entwirren. Als ehemaligem Kriminalkommissar war es ihm längst zum Anliegen geworden, diese ungesühnten Vergehen aufzuklären. Einerseits weil sein Gespür für Unrecht auch ohne Dienstmarke immer noch bestens funktionierte. Andererseits weil ihn jedes Mal, wenn er hier etwas auf der Spur war, eine Art Fieber überkam, das sich nur dadurch auskurieren ließ, dass er die Wahrheit ans Licht brachte. Und das, obwohl sein selbstloses Engagement nicht unbedingt dafür sorgte, dass die Täter auch juristisch zur Verantwortung gezogen wurden. Doch darum ging es ihm gar nicht. Viel wichtiger war es Henrik, den Hinterbliebenen der Opfer das Gefühl zu geben, dass es jemand gab, der sein Möglichstes daransetzte, irgendwie für Gerechtigkeit zu sorgen.

So gesehen hatte er neben der Verantwortung, die Martin ihm mit seinen archivierten Verbrechen auferlegt hatte, noch einen weiteren Grund, den Inhalt des Kellers mit größtem Bedacht zu durchstöbern, bevor alles unwiederbringlich in Müllcontainern landete. Leider rückte der Termin immer näher, an dem die Baufirma mit der Arbeit beginnen wollte.

Daher kam es ihm gerade recht, dass ihm neulich erst etwas unter die Finger gekommen war, weswegen er seinen Tag heute *nicht* im Untergeschoss seines Hauses verbrachte. Diese jüngste Entdeckung hatte er verborgen in einem Nachschlagewerk über Lissabons Architektur gefunden, einem wertvoll wirkenden Folianten mit aufwendigen Radierungen und uralten Schwarz-Weiß-Fotografien. Zwischen diesen Seiten steckten Notizen seines Onkels – in gewohnter Manier verschlüsselt.

Wie immer galt es, zuerst die Zeichen und Hinweise von Martin richtig zu interpretieren. Nie waren diese auf den ersten Blick verständlich und zumeist auch nicht alle an ein und demselben Ort verborgen. Eher galt es, einer Art Köderspur zu folgen, wollte man alle Teile des Rätsels finden und zusammenfügen. Detektivarbeit eben. Knifflig und bisweilen gefährlich, sobald man sich dem näherte, was es aufzudecken galt. Und derjenige in Sicht kam, der Martins Meinung nach zur Rechenschaft gezogen werden sollte.

Leider waren die Hinweise diesmal recht dürftig; sämtliche Spuren, denen er gefolgt war, hatten in Sackgassen geendet. Auch heute sah es nicht danach aus, als ob der Ermittlungsfaden, der ihn hier heraufgeführt hatte, neue Erkenntnisse brächte. Immerhin stand jetzt fest, dass das Aqueduto das Águas Livres der Ort war, an dem diese Verbrechen einst verübt worden waren.

# 4

Zum Glück glich der herrliche Tag den Frust über den zähen Fortgang der Ermittlung in vollem Maße aus. Endlich roch es nach Frühling. Er hätte nicht einmal eine Jacke gebraucht. Zumindest nicht, solange er hier oben in der Sonne stand. Von der Anhöhe des Largo da Igreja im Stadtteil Campolide aus verfügte er über einen weiten Ausblick, unter anderem hinüber zum Parque Eduardo VII, wo die Botanik ihre Auferstehung aus der Winterstarre bereits in zahllosen Grüntönen feierte. Nach Westen hin ragte das erstaunliche Aquädukt auf, das überhaupt erst für die Gründung diese Viertels verantwortlich gewesen war. Als man im 18. Jahrhundert mit dem Bau der Wasserleitung für Lissabon begann, brauchte man Unterkünfte für die zahlreichen Arbeiter, weshalb man sie dort ansiedelte, wo die bis gut fünfundsechzig Meter hohen Bögen über das Alcântaratal führten. Dieser Abschnitt des Aquädukts war zwar nur ein kleines Teilstück der damals errichteten, knapp sechzig Kilometer langen Gesamtstrecke der städtischen Wasserversorgung, dafür aber ohne Frage der auffälligste, mit seinen imposanten fünfunddreißig Bögen, die sich über den Flusslauf erstreckten und es dabei auf knapp tausend Meter Länge brachten.

Nach seiner Fertigstellung war das Aquädukt allen zugänglich, doch trug eine Vielzahl von Selbstmorden und vorsätzlichen Tötungen – an jenen, die nicht freiwillig springen wollten – dazu bei, dass man der Öffentlichkeit das Betreten des Bauwerks wieder verwehrte. Was freilich nicht bedeutete, dass man nicht dennoch Menschen von dort oben in die Tiefe stoßen konnte. In Martins Archiv waren ein paar dieser Fälle dokumentiert, die bis zum heutigen Tag ungeklärt geblieben waren.

Natürlich war das Nationaldenkmal längst nicht mehr in Betrieb, sondern bereits vor nahezu einem halben Jahrhundert stillgelegt worden. Mitte der 1980er-Jahre hatte man es dann wieder für Besucher und Touristen geöffnet, was sich in der Tat als findiger Schachzug erwies. Seitdem organisierte das Wassermuseum, zu dem das Aquädukt gehörte, Führungen, bei denen man auch ins Innere des Bauwerks gelangte. Unter anderem auch in das Wasserreservoir Mãe d'Água das Amoreiras, was alles in allem sehr beeindruckend war. Beeindruckend und auch erschreckend in Bezug auf die mysteriösen Geschehnisse rund um das Aqueduto das Águas Livres, die sich damals dort ereignet hatten. Jene Fälle, die Martin archiviert hatte, reichten weit zurück. Täter und Umstände waren nie ermittelt worden, soweit Henrik das mit Helenas Unterstützung in Erfahrung hatte bringen können. Laut den Polizeiakten handelte es sich um Suizide, was Henrik allerdings nicht so stehen lassen wollte. Denn Martin schien davon überzeugt gewesen zu sein, dass die angeblichen Selbstmorde von drei jungen Männern keine waren. Laut Ansicht seines Onkels waren sie nicht freiwillig von dem Bauwerk gesprungen.

Seit Henrik im Antiquariat auf Hinweise dazu gestoßen war, versuchte er mehr darüber herauszufinden. Vorrangig im Antiquariat, da wie immer nicht auszuschließen war, dass Martin weitere Informationen über die Vorfälle am Aquädukt in irgendeiner Form in der Rua do Almada 38 verwahrt hatte. Aber natürlich recherchierte Henrik auch am Tatort. Daher betrachtete er an diesem lauen Frühlingstag nun zum wiederholten Mal die gigantische Konstruktion, über die Lissabon einst mit Wasser versorgt worden war. Leider wollten sich auch heute weder neue Eingebungen noch Erkenntnisse einstellen. Stattdessen mehrten sich bei ihm die Zweifel.

Schon am Montag hatte er zusammen mit einer Touristengruppe aus den Niederlanden an der Führung teilgenommen. Zwar hatte er die Architektur und die ausgeklügelte Technik bewundert, aber keinerlei Idee bekommen, wie der Täter oder auch die vermeintlichen Selbstmörder es nachts geschafft haben sollten, die Schranken und verschlossenen Türen zu überwinden, um dorthin zu gelangen, von wo sie in die Tiefe gestürzt waren. Das war es nämlich, was diese Suizide von denen anderer Menschen im angegebenen Zeitraum unterschied. Alle drei waren laut dem Untersuchungsbericht unabhängig voneinander an derselben Stelle ums Leben gekommen.

Selbstverständlich waren die Zugänge vor drei Jahrzehnten deutlich weniger gesichert gewesen. Die Drehkreuze mit Strichcode-Scanner hatte es damals noch nicht gegeben. Und auch keine Security, wie sie heute in solchen Einrichtungen nicht mehr wegzudenken war. Dennoch war genau das der Knackpunkt, ein Detail, das er nicht außer Acht lassen durfte. Leider war das aber auch schon alles, was er in den letzten Tagen zusammengetragen hatte. Das – und die logische Folgerung, dass man sich auch einfacher hätte umbringen können, als sich vom Aqueduto das Águas Livres zu stürzen. Mit einer einfachen und entsprechend hohen Straßenbrücke hätte man letztlich denselben Effekt erzielen können. Aber reichte das, um daraus auf Morde zu schließen? Nun, Martin schien davon überzeugt gewesen zu sein, sonst wären die drei Männer und die Umstände ihres Ablebens nicht als Vermächtnis im Antiquariat gelandet.

Warum also das Aquädukt? Wenn man in diese Richtung weiterdachte, war man schnell bei Dingen wie Ritualmorden oder kultischen Opferungen. Ein symbolischer Akt, den nur der Mörder erklären konnte, sofern er überhaupt noch am Leben war. Hatte die mächtige Anlage womöglich eine besondere Bedeutung für den Täter gehabt? Oder für die Ermordeten? Lauter vage Hypothesen ohne Belege und Beweise.

In seiner Tasche vibrierte das Handy und riss ihn aus seinen Grübeleien. Helenas Name leuchtete auf dem Display. Ungewöhnlich für diese Uhrzeit. Statt sich zu freuen, spürte er ein ungutes Gefühl aufkeimen. Grundsätzlich vermied sie es nämlich, sich bei ihm zu melden, während sie im Dienst war. Nach wie vor hatte sie ein Problem damit, ihre Beziehung gegenüber ihren Kollegen und Vorgesetzten öffentlich zu machen. Was unter anderem daran lag, dass Henrik ein gewisser Ruf anhaftete. Manchmal scherzte er darüber, dass in ihrer Dienststelle auch ein Bild von ihm an der Wand mit den gesuchten Terroristen und den flüchtigen Schwerverbrechern hing. Ein Scherz, über den Helena nicht wirklich lachen konnte. Seit er in Lissabon lebte, hatte er schon öfter Zeit in einer Gefängniszelle verbracht, auch wenn es dabei meist nur darum ging, ihn für eine Weile aus dem Verkehr zu ziehen. Bislang war es nie zu einer Anklage gekommen. Und trotzdem, er war so etwas wie ein rotes Tuch für einige Leute in der PSP.

Rief Helena also mitten am Tag bei ihm an, konnte das eigentlich nur bedeuten, dass etwas passiert war. Dementsprechend gedämpft nahm er das Gespräch entgegen.

»Wo bist du?«, fragte sie sofort, ganz wie es ihre Art war. In der Regel verzichtete sie auf Begrüßungsfloskeln oder Small Talk und kam lieber gleich zum Wesentlichen.

»Campolide.«

»Schon wieder?«

»Du kennst mich doch. Wenn ich mich in was verbeiße, lass ich so schnell nicht wieder los.«

Sie ging nicht darauf ein, sondern kam gleich zum Thema. »Ich bin in der Nähe, können wir uns treffen?«

# 5
# Helena

Sie verabredeten ein Treffen im Jardim Amália Rodrigues, einer terrassenförmigen Anlage, die den Parque Eduardo VII nach Nordwesten hin verlängerte und ihn damit zur größten innerstädtischen Grünfläche von Lissabon machte. Um dort hinzugelangen, erbat Henrik sich eine halbe Stunde, weil er zu Fuß gehen wollte. Helena hingegen war schon vor Ort, weil die Parkanlage nur durch die Rua Marquês de Fronteira vom Justizpalast getrennt wurde. Also schlenderte sie in einer für sie ungewöhnlichen Gemächlichkeit über die Straße und setzte sich auf eine der Steinstufen, um die Aussicht zu genießen. Der Parque Eduardo VII ersteckte sich in einer Flucht mit der Avenida da Liberdade über zwei Kilometer vom Praça Marquês de Pombal bis runter zum Praça dos Restauradores. Die Laubdächer der mächtigen Platanen, welche die Allee bildeten, waren in den letzten Tagen bereits erstaunlich dicht geworden, obschon bis dahin quasi noch Winter in der Stadt geherrscht hatte. Jenseits des Baixa-Viertels hing noch ein milchiger Morgendunst über dem Tejo, und auch dieser Anblick barg einen ungeahnten Zauber. Vor ihr breitete sich die Stadt aus, in der sie aufgewachsen war. Ihr geliebtes Lissabon. So betriebsam und gleichzeitig so wunderbar anzuschauen. Sie hatte noch nie das Bedürfnis empfunden, woanders zu leben. Und das, obwohl sie auch die Schattenseiten der Metropole bereits zur Genüge kennengelernt hatte. Aber sie hatte von Anfang an gewusst, was sie als Polizistin jeden Tag aufs Neue erwarten durfte und welchen Dämonen sie sich zu stellen hatte.

Und sie hatte sich nicht davon abschrecken lassen. Im Gegenteil, sie strebte stets dorthin, wo die Abgründe am tiefsten waren.

Nachdem sie erfolgreich die Polizeiakademie abgeschlossen hatte, bewarb sie sich bei der Kriminalpolizei und wurde zu ihrer Überraschung sofort angenommen. So war sie dort gelandet, wo sie ihrem Empfinden nach am meisten für die Stadt und die Menschen tun konnte. Ihr ging es schlicht darum, das Verbrechen zu bekämpfen und die Wahrheit ans Licht zu bringen, auch wenn das ziemlich pathetisch klang. Besonders wenn man bedachte, was sie heute wusste. Nach all der Ernüchterung, die sie während ihrer Jahre bei der Divisão de Investigação Criminal erfahren hatte.

Natürlich hing die Entscheidung für ihren Beruf auch mit ihrem Bruder Tomás zusammen. Tomás war sieben gewesen, als er 1986 spurlos verschwand.

Lange davor war bei ihm eine Autismusstörung diagnostiziert worden, die das Familienleben schwierig gemacht hatte. Ihr Bruder hatte stets im Mittelpunkt von allem gestanden, auch wenn er das älteste der drei Geschwister war. Zwischen Tomás und ihr war da noch Clara. Clara und Helena, die kleinen Schwestern, die immer vernünftig und folgsam sein mussten, während Tomás alles erlaubt war.

Doch nachdem Tomás weg war, war alles noch viel schrecklicher geworden …

Sie hatte die Jacke ausgezogen, so sehr wärmte die Sonne zur Mittagszeit. Ohne jeden Schatten um sie herum war es hier nur deshalb auszuhalten, weil vom Fluss her ein kühlender Wind heraufstrich. Eine Atlantikbrise, frisch und wohltuend. Der salzige Atem des nahen Meers, hatte sie früher immer gedacht, obwohl es sich eher um die Gerüche der am Flussufer gelegenen Viertel handelte. Doch das machte ihr nichts aus, solange der Wind damit ihren Kopf durchlüftete. Häufig genug hielt ihre Vergangenheit sie gefangen, jedenfalls öfter, als sie es gebrauchen konnte. Und dazu war nicht einmal ein Fall nötig, bei dem ein Kind betroffen war.

Nicht zum ersten Mal fragte sie sich, ob die Staatsanwältin sie deshalb ausgewählt hatte, um die Umstände von Frederico Pedrosas Tod noch einmal zu hinterleuchten. Weil sie familiär vorbelastet war.

Sie vernahm ein Geräusch neben sich und blickte auf. Er trug eine Sonnenbrille und lächelte sein für ihn so typisches Lächeln, dem irgendwie immer eine Spur Verlegenheit anhaftete. »Du bist pünktlich«, lobte sie ihn scherzhaft. Pünktlichkeit war definitiv eine seiner *deutschen Eigenschaften*, mit denen sie ihn gerne aufzog. Abgesehen davon, dass er wahrlich noch ein paar andere hatte. Doch so nach und nach kam sie auch damit zurecht.

Auf den zweiten Blick wirkte Henrik etwas abgekämpft. Auch das gehörte zu ihm. Stieß er auf eines jener ungeklärten Verbrechen, die sein Onkel ihm hinterlassen hatte, verfiel er leicht in diesen angeschlagenen Zustand, der ihn ständig müde wirken ließ. Zudem glitt er in dieser Phase gelegentlich in einen Tunnel, der keine Sicht nach rechts und links mehr ermöglichte. Allerdings stand sie ihm dabei in nichts nach. Bekam sie einen Fall zugewiesen, der sie packte, musste sie aufpassen, nicht ebenfalls die Welt um sich herum auszugrenzen.

»Ich hab mich beeilt«, sagte er und setzte sich leicht außer Atem zu ihr auf den steinernen Absatz. Dabei war er in den letzten Monaten immer besser in Form gekommen. Als sie ihm das erste Mal begegnet war, hatte er locker zehn Kilo mehr auf den Rippen gehabt. Sie küssten sich, eher auf die freundschaftliche Art und weniger wie zwei Liebende. Ein Verhalten, das sie sich angewöhnt hatten, als sie noch in der Phase das Abwägens feststeckten. Eine Zeit, in der es mit ihnen ständig auf und ab ging, wo auf Täler der Aussichtslosigkeit Gipfel mit klarem Blick auf eine gemeinsame

Zukunft folgten. Während Helena sich immerzu dem Konflikt ausgesetzt fühlte, dass sie wegen ihres Arbeitgebers eigentlich keine Beziehung zu dem *alemão* haben sollte.

»Was für ein Wetter«, stellte er fest und blickte nun seinerseits über den Park hinweg auf die Avenida da Liberdade.

»Wie kommst du voran?« Er hatte ihr von den Toten am Aquädukt erzählt, kaum dass er im Antiquariat auf die entsprechenden Hinweise gestoßen war. Auch was das anging, hatte er sich deutlich gebessert und die Geheimniskrämerei irgendwann sein lassen, als er merkte, dass er sie damit bloß immer weiter von sich wegstieß. Soweit sie das beurteilen konnte, verschwieg er ihr nichts mehr von dem, was er aus den Tiefen des Antiquariats zutage förderte. Zu Beginn ihrer Bekanntschaft hatte dieses stete Misstrauen für große Probleme zwischen ihnen gesorgt. Und seine oft illegalen Alleingänge, die er während seiner Ermittlungen unternahm, hatten nicht nur ihn, sondern auch sie immer wieder in Schwierigkeiten gebracht. Doch nun schien es, dass sie das im Griff hatten. Dass *er sich* im Griff hatte.

»Gar nicht«, antwortete er, ohne den Blick von der Aussicht zu wenden. »Ich verfüge über zu wenig Informationen. Das Spiel ist im Grunde immer das Gleiche. Martin hat seine Brotkrumen gestreut, ohne dass ein System dahinter zu erkennen ist.«

Wie üblich, wenn Henrik glaubte, ein ungelöstes Verbrechen entdeckt zu haben, hatte er Helena darum gebeten, für ihn die Polizeiakten einzusehen. Zu überprüfen, ob dort ein Vorfall hinterlegt war, der den Fund im Antiquariat bestätigte und die Sache vom Verdachtsfall zu einem echten Vergehen werden ließ. Ihm war dabei durchaus bewusst, was er von ihr verlangte. Schließlich war selbst Polizist gewesen und kannte die Konsequenzen. Trotzdem hatte er auch hier eine Erwartungshaltung an den Tag gelegt, mit der sie anfangs nur schwer hatte umgehen können. Gelegentlich konnte er sie auf seine Seite ziehen, weil er an ihr Gewissen appellierte und sie daran erinnerte, dass sie es selbst nicht gutheißen konnte, was ihre Kollegen über all die Jahre vertuscht hatten. Irgendwie hatten sie schließlich auch hier zueinandergefunden. Sie unterstützte ihn bei seinen privaten Ermittlungen im Rahmen ihrer Möglichkeiten – allerdings nur, wenn sie von der Relevanz und Glaubwürdigkeit der Hinweise überzeugt war. Sagte sie Nein, akzeptierte er das. Denn egal, wie ehrenhaft seine Absichten auch waren, er wusste, dass letztendlich sie es war, die sich durch die Weitergabe von Polizeiinterna strafbar machte.

Nun, sie waren auf einem guten Weg.

Die Aktenlage bei den so lange zurückliegenden Selbstmorden am Aqueduto das Águas Livres war natürlich äußerst dünn. Das war für mutmaßliche Suizide nichts Ungewöhnliches. Andererseits hatte sie mittlerweile verstanden, dass die Fälle, derer sich Martin Falkner angenommen hatte, oft auffällig nachlässig von den ermittelnden Beamten behandelt worden waren. Zumeist roch es tatsächlich nach Korruption und Vertuschung. Das hatte Helena zwar schon seit Längerem geahnt, aber Martins Archiv hatte ihr erst so richtig vor Augen geführt, dass eine ganze Reihe von Gewalttaten verübt worden waren, bei denen die Behörden unverständlich träge agiert oder schlicht und einfach weggesehen hatten. Und wenn es etwas gab, was Helena auf keinen Fall konnte, dann den Blick von offensichtlichem Unrecht abzuwenden. Dennoch war sie bei dem, was Henrik die Aquädukt-Morde nannte, bisher zurückhaltend geblieben und noch immer ziemlich skeptisch.

»Bist du an was Neuem dran?«, fragte er in ihre Gedanken hinein. Normalerweise vermied sie es, mit ihm über ihre Fälle zu reden. Und sie hatte auch diesmal nicht die Absicht gehabt.

Sich mit Henrik hier zu treffen, sollte vielmehr dazu dienen, für eine Stunde *nicht* über Frederico Pedrosa nachdenken zu müssen. Andererseits war diese Ermittlung etwas anders gelagert – und sie hatte insgeheim sogar damit gerechnet, dass er sie danach fragte. Als ehemaliger Polizist erlag man diesen antrainierten Mechanismen, selbst wenn man wie er diesen Beruf seit ein paar Jahren nicht mehr ausübte. Sie wandte sich ihm zu, und er schob nach zwei Sekunden die Sonnenbrille ins kurz geschnittene Haar, damit auch sie ihm in die Augen sehen konnte.

»Wie kommst du darauf?«

»Na, wir treffen uns hier, kaum hundert Meter vom Justizpalast entfernt. Und du warst sogar vor mir da. Deshalb vermute ich, du bist einfach nur hier rüberspaziert, nachdem du bei einer Unterredung mit einem der Staatsanwälte warst. Sofern ich also bis hierhin nicht falschliege, deutet das für mich auf einen neuen Fall für Inspetora Gomes hin.«

»Gut kombiniert.«

Er musterte sie herausfordernd. »Und? Das war doch wohl noch nicht alles.«

»Wieso, was meinst du?«

Er grinste schief. »Sie zitieren dich in die Schaltzentrale der Lissabonner Polizei – da steckt doch mehr dahinter. Haben sie dir einen Spezialauftrag aufs Auge gedrückt?«

Sie wusste, dass er im Scherz sprach, allerdings lag er damit gar nicht so daneben. »Pass lieber auf, dass deine Fantasie nicht mit dir durchgeht!« Sie hörte selbst, dass die Ermahnung etwas schwächlich klang. Doch sie wollte ihm nicht zugestehen, dass er die Situation ziemlich gut interpretiert hatte. »Ich weiß noch nicht, ob es da überhaupt was für mich zu ermitteln gibt. Nach jetzigem Stand liegt nicht mal ein Verbrechen vor.«

Henrik hob überrascht die Brauen. »Das heißt, du sollst zuallererst rausfinden, ob überhaupt gegen jemanden Anklage erhoben werden kann?«

»So in der Art. Wir haben seit ein paar Monaten eine neue Staatsanwältin, Ana Lúcia Lobato …«

»Verstehe! Diese Dame sucht wohl etwas, mit dem sie sich zu ihrem Einstand profilieren kann?«

Helena schüttelte den Kopf. »So schätze ich sie eigentlich nicht ein … aber irgendwie ist sie seltsam.«

# 6

Sie hatte erwartet, Andreia Pedrosa zu Hause anzutreffen. Versunken in Trauer um ihren Sohn, mit rot geheulten Augen und ungewaschenem Haar. Doch auf ihr mehrfaches Läuten öffnete niemand.

Die Pedrosas wohnten in der Rua Coelho do Rocha, ganz in der Nähe des Prazeres-Friedhofs. Helena musste das Gebäude nicht betreten, um zu wissen, dass das vierstöckige Wohnhaus mit der elfenbein und zartrosa gestrichenen Fassade über Wohneinheiten in der Größe verfügte, die sich die portugiesische Mittelschicht heutzutage leisten konnte. Helena hörte auf, den Klingelknopf zu malträtieren. Was ihren Besuch anging, hatte sie eigentlich nicht vorgehabt, die Mutter des Jungen vorzuwarnen. Allerdings hegte sie auch nicht die Absicht, eine unbestimmbare Zeit vor dem Haus zu warten. Also wählte sie die Handynummer, über die sie laut ihren Akten Andreia Pedrosa erreichen konnte. Auch hier tönte es lange ins Leere, und sie rechnete schon damit, dass jede Sekunde die Mailbox anspringen würde, doch dann stand die Verbindung plötzlich.

»Pedrosa!«

»Hier spricht Inspetora Helena Gomes, Polícia Criminal, wir sollten uns unterhalten.« Wie immer kam sie gleich zur Sache.

Für lange Sekunden war nicht einmal ein Atemgeräusch zu hören. »Kriminalpolizei? Ich verstehe nicht.«

»Es geht um den Tod Ihres Sohnes, wo kann ich Sie treffen?«

»Treffen? Wann?«

»Jetzt sofort!«, verlangte Helena und ermahnte sich, nicht noch ruppiger zu werden.

»Ich bin in der Arbeit«, erklärte Andreia Pedrosa verhalten.

Damit hatte Helena nicht gerechnet, aber vielleicht hätte sie nicht von sich ausgehen dürfen. Wenn sie sich vorstellte, Sara zu verlieren, hätte sie nicht gewusst, ob sie überhaupt je wieder fähig wäre, etwas anderes zu tun als zu trauern. Im Untersuchungsbericht war vermerkt, dass Andreia Angestellte im Oceanário de Lisboa war, nicht aber, was sie dort für eine Funktion innehatte. Bis sie dort war, blieb der Mutter genug Zeit, um sich auf die erneute Konfrontation mit der Polizei vorzubereiten. Genau das, was sie mit dem unangekündigten Auftauchen bei den Pedrosas zu Hause eigentlich hatte vermeiden wollen.

»Gut, ich brauche eine halbe Stunde, halten Sie sich bitte bereit«, sagte sie.

»Können wir …«

»Was?«

»Ich meine, ist es möglich, dass wir uns nicht gerade an meinem Arbeitsplatz unterhalten?« Ohne ihre Antwort abzuwarten, schlug Fredericos Mutter einen Treffpunkt in dem Park vor, der ans Aquarium grenzte und ebenfalls zum einstigen Expo-Gelände gehörte, auf dem nach der Weltausstellung in den 1990er-Jahren ein moderner Stadtteil entstanden war.

Trotz zahlreicher Baustellen schaffte sie es nahezu pünktlich zum Parque das Nações. Das herrliche Wetter hatte viele Leute ins Freie gelockt, vorwiegend Touristen, die der Empfehlung ihrer Reiseführer gefolgt und einfach zu erkennen waren. Menschen aus aller Welt erkundeten das weitläufige Areal, strebten zur Seilbahn oder planten einen Besuch im größten Meeresaquarium Europas. Helena überquerte den Vorplatz des Oceanário, wo sich wie erwartet eine große Besuchertraube angesammelt hatte, die sich darauf freute, eingelassen zu werden. Sie selbst mochte solche Menschenaufläufe nicht, fühlte sich schnell unwohl, sobald die

Personenzahl unüberschaubar wurde. Nach mehreren Schulungen über Terrorismusbekämpfung in den letzten Jahren war sie für solche Situationen besonders sensibilisiert.

Dennoch, trotz ihrer Vorbehalte war es Henrik gelungen, sie vor ein paar Wochen dazu zu überreden, das Aquarium zusammen mit Sara zu besuchen. Da ihre Tochter von Henriks Vorschlag schon vor ihr Wind bekommen hatte, war Helena praktisch vor vollendete Tatsachen gestellt worden. So kam es, dass zu den ersten Aquariumbesuchern an diesem Tag sie drei gehörten – und das erwies sich schnell als Segen. Um diese frühe Uhrzeit gab es noch keinen Massenansturm, und ohne von Hunderten Leuten umringt zu sein, hatte sie sich dann tatsächlich auf die Begeisterung von Sara und Henrik einlassen können, die sich an den gewölbten Glaswänden die Nasen platt drückten, um riesige Haifische, Rochen und zahllose andere Fische beim schwerelosen Gleiten durch die künstlich geformten Riffe zu beobachten. Es war ein schöner Ausflug gewesen, und ihm Nachhinein war sie froh, dass sie sich dazu hatte breitschlagen lassen, zumal sie nun wusste, was sie versäumt hätte.

*Und wir sind wieder ein Stück näher zusammengerückt.*

Jetzt beeilte sie sich, rasch an den vor Kassen und Eingang wartenden Schlangen vorbeizukommen, um in den dahinter gelegenen Jardim das Ondas zu gelangen. Dort entdeckte sie Andreia Pedrosa wie vereinbart auf einer der Bänke, die, beschattet von Pinien und Zypressen, einen Blick hinaus auf den Tejo boten, über den sich in unmittelbarer Nähe die siebzehn Kilometer lange Ponte Vasco da Gama spannte. Dass es sich bei der Frau tatsächlich um Fredericos Mutter handelte, bestätigte sich, als diese sich von der Parkbank erhob, kaum dass sie Helena auf sich zukommen sah. Schon von Weitem war ihr der Unmut darüber anzumerken, dass man sie zu diesem Treffen nötigte. Sie nahm einen letzten, langen

Zug von ihrer Zigarette und schnippte die Kippe vor sich auf den gekiesten Weg, um sie auszutreten.

Jene Angestellten, die sich um die Gäste des Oceanário oder das Wohl der Meeresbewohner kümmerten, waren uniform in einen maritimen Look gekleidet. Die schwarze Bluse und die violette Chiffonhose, die Andreia trug, deuteten darauf hin, dass sie im Aquarium weder mit Besuchern noch mit den Tieren in Kontakt kam. Andreias dunkles Haar umrahmte in sanften Locken ihr ovales Gesicht. Die vierunddreißigjährige Mutter des kleinen Frederico war eine schöne Frau mit sinnlichen Lippen und schmalen Hüften, die das Make-up, das sie heute Morgen aufgetragen hatte, nicht wirklich gebraucht hätte. Außer vielleicht in der Absicht, ihr Leid über den Verlust ihres Sohnes hinter einer Maske zu verbergen. Doch wenn Helena nicht Bescheid gewusst hätte, wäre ihr gar nicht aufgefallen, dass Andreia in Trauer um ihr verstorbenes Kind war. Die hellbraunen, makellos mit Mascara betonten Augen zeugten nicht eben davon.

Helena zeigte ihren Dienstausweis vor, und Andreias Miene versteinerte sich noch mehr. Der Frau war jetzt klar, dass Helena wirklich von der Kriminalpolizei und nicht etwa eine Journalistin war, die sie mit einem Vorwand von ihrer Arbeit weggelockt hatte. Helena wollte ihr nichts unterstellen, aber vielleicht wäre es ja Andreia sogar lieber gewesen, ihre Geschichte einer Medienvertreterin zu erzählen?

Einander zugewandt setzten sie sich auf die Bank. »Was genau machen Sie im Oceanário?«, begann Helena, die sich vorgenommen hatte, weniger forsch in das Gespräch einzusteigen. Sie hatte Vorbehalte gegen diese Frau, von denen sie sich schleunigst lösen musste.

»Ich bin in der Verwaltung. Das ist nicht besonders aufregend, selbst dann nicht, wenn es sich um ein gigantisches Aquarium handelt, das sechzehntausend Meerestiere beherbergt und jährlich über eine Million Besucher vorweisen kann. Aber Sie sind bestimmt nicht gekommen, um mehr über das Oceanário zu erfahren, Inspetora.«

Der Wind, der den Fluss heraufwehte, war deutlich kühler als noch heute Vormittag. Vor allem hier, im Schatten der Bäume. Der Frühling würde hoffentlich nicht schon wieder eine Pause einlegen.

»Sprechen wir über Frederico«, sagte Helena und glaubte, nun doch einen Schatten von Trauer in Andreias maskenhaften Zügen zu erkennen.

»Es ist so schrecklich, was mit ihm passiert ist. Aber ich verstehe nicht, was Sie noch hören wollen. Wir haben der Polizei längst Rede und Antwort gestanden.«

»Sie müssen nicht beunruhigt sein. Es geht nur um ein paar letzte Details«, sagte Helena und hoffte, Andreia damit etwas von ihrem Misstrauen zu nehmen. »Er war alleine zu Hause, als es passierte. Wieso?«

Leise Irritation kräuselte die straffe Stirn. »Wieso er alleine war?«

»Ja. Immerhin war er erst sechs Jahre alt.«

»Aber das haben wir doch schon alles Ihren Kollegen gesagt. Es gab ein Missverständnis zwischen mir und meinen Mann. Eigentlich wollte er längst zu Hause sein, aber ihm kam was dazwischen. Und weil er wiederum einen meiner Termine verwechselt hatte, dachte er, *ich* wäre bereits daheim.«

»Und Sie haben deswegen nicht kurz telefoniert, um sich zu versichern?«

Andreia hielt für zwei, drei Sekunden inne. »Manchmal ist es schwierig«, antwortete sie dann.

»Das ist es für alle Eltern.«

»Glauben Sie, ich mache mir deswegen keine Vorwürfe?«, erwiderte Andreia.

*Du siehst mir nicht sonderlich danach aus,* dachte Helena, wahrte jedoch ihre ausdruckslose Miene und wartete stumm auf eine Fortsetzung.

»Frederico war schlau für sein Alter, und er wusste sehr wohl, dass er keine Nüsse essen durfte.«

»Nun, offenbar wusste er aber nichts von den versteckten Nüssen in dieser Schokolade.«

»Es waren Pralinés«, korrigierte Andreia sie. »Sie waren ein Geschenk, vermutlich von einem Geschäftspartner meines Mannes. Und ja, es war gedankenlos von Mauro, dass er sie mit nach Hause gebracht oder sie nicht wenigstens so verstaut hat, dass Frederico sie nicht finden konnte.« Sie gab den Schwarzen Peter also an ihren Mann weiter.

»In der Aussage, die meine Kollegen aufgenommen haben, geben Sie an, dass Frederico zuletzt mittags in der Schule gegessen hat. Bis acht Uhr abends ist das eine lange Zeit für ein kleines Kind. Ich nehme an, er hatte Hunger und hat sich daher auf die Suche nach was Essbarem gemacht.«

Andreia nickte stumm und starrte dabei auf den Fluss hinaus.

Helena fuhr fort. »Aber wie Sie vorhin sagten, Frederico war schlau; und deshalb hat er ja auch versucht, Sie anzurufen. Könnte es sein, dass er von Ihnen hören wollte, ob er diese *Pralinés* essen durfte, die er aufgestöbert hatte?«

»Ich … ich weiß es nicht.«

»Sie wissen es nicht, weil Sie nicht ans Telefon gegangen sind, weder Sie noch Ihr Mann«, erklärte Helena, deren Beherrschung kurz bröckelte.

»Es war ein hektischer Tag, bei mir ebenso wie bei Mauro. Das soll um Gottes willen keine Entschuldigung sein dafür, dass wir Frederico allein zu Hause haben warten lassen. Und auch nicht, dass ich nicht ans Telefon gehen konnte. Wissen Sie, er hat oft bei mir angerufen, meistens aus nichtigen Gründen, um mir irgendwas zu erzählen, was ihm gerade eingefallen war …« Sie schüttelte den Kopf. Ihre Stimme hatte bei den letzten Sätzen deutlich an Kraft verloren, die Augen waren glasig geworden.

Helena musterte sie schweigend, damit Andreia von alleine weitersprach. Diese Taktik war in manchen Fällen effektiver als ein hart durchgeführtes Verhör. Und sie hatte auch diesmal Erfolg damit.

»Frederico war von Beginn an ein schwieriges Kind«, sagte Andreia nach einer Weile. Sie klang matt. »Das war auch der Hauptgrund, warum Mauro und ich uns letztlich gegen ein weiteres Kind entschieden … Sie müssen wissen, er wollte einfach nicht essen. Schon als er noch ein Säugling war, war es eine Herausforderung, auch nur ein paar Tropfen Milch in ihn reinzukriegen. Und später wurde das nicht besser. Manchmal vermittelte er mir den Eindruck, er würde lieber verhungern, als sich etwas von dem in den Mund zu schieben, was ich ihm hinstellte. Und glauben Sie mir, ich habe alles probiert, jeden Trick angewandt, zu dem man mir geraten hat. Und Sie können sich denken, dass ich von diesen Ratschlägen jede Menge zu hören bekam. Es ist wohl ein ungeschriebenes Gesetz, dass es alle immer besser wissen als man selbst. Freunde, Bekannte, Verwandte. Und allen voran die Ärzte, die wir seinetwegen aufsuchten. Alle hatten schlaue Ratschläge parat! Für mich hörten die sich sehr bald nur noch wie Vorwürfe an. Ich war die unfähige Mutter, die es nicht schaffte, ihr Kind richtig zu ernähren …« Sie schüttelte den Kopf und hielt für ein paar Sekunden inne. »Jedenfalls, das mit der Esserei setzte sich fort. Er hat immer nur sehr eingeschränkt gegessen. Bis zuletzt …« Andreias Blick blieb auf den Tejo gerichtet. Es war bei den feuchten Augen geblieben. Für Tränen reichte es immer noch nicht.

Helena entschied, dass sie bereit für einen Nadelstich war. »Haben Sie ihn geschlagen? Sie oder Ihr Mann?«

Jetzt zuckte Andreias Blick zu Helena, und sie rutschte instinktiv so weit von der Polizistin weg, wie es ihr die Armlehne der Bank gestattete. Wut loderte in ihren Augen auf. »Haben Sie Kinder?«, fragte sie schließlich, als sie wieder Worte fand. Der gespielt ruhige Ton, den sie bisher angeschlagen hatte, war gänzlich verschwunden.

Normalerweise wäre Helena bei einer Vernehmung auf so eine intime Gegenfrage niemals eingegangen. Aber dieser Fall war eben auch nicht die Art von Verbrechen, mit denen sie es üblicherweise zu tun hatte. Der fragwürdige Tod von Frederico Pedrosa war eine sensible Angelegenheit, und obschon Feingefühl nicht unbedingt ihre größte Stärke war – nicht privat und erst recht nicht, wenn sie sich im Dienst befand –, war wohl genau das in diesem heiklen Stadium der Ermittlung angebracht. Daher entschied Helena, sich ausnahmsweise darauf einzulassen. Vor allem ahnte sie, dass Andreia sich ihr gegenüber völlig verschließen würde, wenn sie nicht einen Schritt auf sie zu machte. Also nickte sie. »Eine Tochter. Etwa im Alter von Frederico.«

»Und, ist Ihnen noch nie die Hand ausgerutscht?«

# 7
# Henrik

Die Schellen über der Ladentür bimmelten blechern. Er sah auf die Uhr. Mit einem Kunden zu dieser frühen Stunde konnte man eigentlich nicht rechnen. Sein Geschäft lag schließlich nicht in einer der belebten Einkaufsstraßen; wer zu ihm kam, hatte sich in der Regel in den Gassen unterhalb des Bairro Alto verlaufen. Die paar Liebhaber antiquarischer Bücher, die das Antiquariat gezielt aufsuchten, konnte er an einer Hand abzählen. Henrik schob den Bildband, den er eben durchgesehen hatte, zurück ins Regal und spähte um die Ecke. Die Ladentür hatte sich wie von Zauberhand geöffnet und wieder geschlossen, dennoch war über die Stellage am Eingang hinweg niemand auszumachen.

»Óla!«, rief er vorsichtshalber und bekam ein leises Kichern zur Antwort. Gleichzeitig vernahm er tapsende Schritte. Bevor er sich weiter wundern konnte, erschien Sara in dem Mittelgang, der auf die Kasse zuführte.

»Óla, Henrik!«, sagte sie und rannte auf ihn zu. Sie hatte den rosafarbenen Rucksack geschultert, mit dem sie üblicherweise in den Kindergarten ging.

»Sara? Was machst du hier?«

»Bin schon mal ausgestiegen. Mama sucht noch einen Parkplatz«, erklärte sie, als sie direkt vor ihm stand. Es war nicht ungewöhnlich, dass Helena unverhofft auftauchte. Obwohl er nicht gerne überrascht wurde, freute er sich natürlich darüber, sie zu sehen, wann immer sie Zeit fand. Doch sie hatte noch nie unangemeldet ihre Tochter mitgebracht. Schon gar nicht an einem Morgen mitten unter der Woche. Noch während er nach einer Erklärung suchte, tänzelte Sara um ihn herum und verschwand hinter dem Vorhang, der die Kammer, die er sein Büro nannte, vom Verkaufsraum abtrennte. Irritiert folgte er ihr, um festzustellen, dass sie bereits an seinem Schreibtisch Platz genommen hatte.

»Hast du Stifte und Papier?«, fragte sie, nachdem sie mit baumelnden Beinen einmal mit dem Drehstuhl um die Achse gekreiselt war. Sara hatte Helenas Haare und ihre mokkabraunen Augen geerbt. Beste Voraussetzungen also, um es ihm unmöglich zu machen, sich nicht von der Kleinen um den Finger wickeln zu lassen. Er konnte mit Fug und Recht behaupten, dass ihm Sara mittlerweile ziemlich ans Herz gewachsen war.

»In der obersten Schublade«, sagte er und kramte gleichzeitig in seinem Kopf, ob er eventuell irgendeine Abmachung mit Helena vergessen hatte. »Ist heute kein Kindergarten?«

»Läusealarm«, berichtete Sara, während sie unbeirrt in der genannten Schublade kramte. »Mama meint, da ist es besser, ich bleib bei dir.«

»Du hast doch ohnehin gerade nicht so viel zu tun«, ertönte es hinter ihm.

Henrik drehte sich zu Helena um, die sich in diesem Moment zu ihnen in das enge Kabuff gesellte.

»Meine Eltern sind vorgestern nach Porto gefahren. Wegen Tante Carla, die hat sich doch die Hüfte gebrochen. Und sonst fällt mir so kurzfristig niemand ein, der auf Sara aufpassen kann, bis die im Kindergarten wieder Entwarnung geben.«

»Wir kommen schon zurecht, Mama«, fügte Sara selbstbewusst an und grinste. Mittlerweile lagen ein schmaler Stapel Druckerpapier und sämtliche Kulis auf dem Schreibtisch, die sich bis vor fünf Sekunden noch in der Schublade befunden hatten. »Hast du keine Buntstifte?«

Immer noch völlig überrumpelt, fand Henrik keine Argumente, um noch aus der Nummer mit der Kinderbetreuung rauszukommen.

Helena rückte an ihn heran und legte ihm die Hand auf die Brust. »Tut mir leid, wenn ich dich damit so überfalle«, entschuldigte sie sich leise und drückte ihm ein kleine Sporttasche in die Hand. »Hier sind ein paar Sachen von Sara. Da sind auch ihre Buntstifte drin. Vielleicht kann ich heute etwas früher Schluss machen. Dann koch ich uns was zum Abendessen. Als kleine Entschädigung.« Damit hauchte sie ihm einen Kuss auf die Lippen und huschte durch den Vorhang davon.

»Das wird cool«, sagte Sara und drehte noch eine Runde auf dem Schreibtischstuhl.

# 8
# Helena

Abgesehen von dem Argwohn, den sie gegenüber dieser Frau schon vorher gehegt hatte und der durch ihr Gespräch verstärkt worden war, hatte ihre Unterhaltung mit Andreia Pedrosa keine neuen Erkenntnisse gebracht. Letztendlich hatte Helena lediglich mit einer Mutter gesprochen, die ihren Sohn zu lange unbeaufsichtigt allein gelassen hatte. Ihrer Einschätzung nach war dies an jenem verhängnisvollen Tag zwar keine einmalige Sache gewesen, aber natürlich würde sie das noch genauer hinterfragen. Nämlich dann, wenn es sich nicht mehr nur um ein Gespräch, sondern um ein Verhör handelte. Falls es dazu überhaupt kam. Denn das musste die Staatsanwältin entscheiden.

Was sie bislang am meisten störte, war, dass weder Vater noch Mutter auf die Anrufe ihres Sohnes reagiert hatten. Auf keinen einzigen von den zehn, die innerhalb von rund einer halben Stunde erfolgt waren. Zehn Anrufe. Das signalisierte doch Verzweiflung, fand Helena. Verzweifelte Versuche, die Frederico unternommen hatte, bevor er sich dazu entschloss, die Schokolade zu essen.

*Es waren Pralinés.*

Nachdem Helena die Hinweise auf körperliche Misshandlung angesprochen hatte, hatte Andreia dichtgemacht. Sobald dieser Vorwurf ausgesprochen war, hatte jegliche Bereitschaft geendet, die Unterredung fortzusetzen. Damit hatte Helena kalkuliert. Sie hatte die Provokation gesucht und die erwartete Reaktion erhalten. Gleich darauf hatte Fredericos Mutter sich damit herausgeredet, endlich zurück zur Arbeit zu müssen, und Helena hatte sie ziehen lassen.

Als Nächstes stand nun die Unterhaltung mit dem Vater an. Davor musste sie allerdings erst mit ihrem schlechten Gewissen klarkommen. Henrik so mit Sara zu überfallen war nicht in Ordnung. Nicht wegen ihrer Tochter, die nach der überraschenden Schließung des Kindergartens gleich Feuer und Flamme für die alternative Betreuung war. Aber was Henrik betraf – auch wenn sie ihm ohne Weiteres zutraute, auf ihre Tochter aufzupassen. Wäre dem nicht so gewesen, hätte sie jemand anders dafür aufgetrieben. Als alleinerziehende Mutter und mit einem Job, bei dem man nur selten auf feste Arbeitszeiten zählen konnte, lernte man, flexibel zu sein und schnell zu entscheiden.

Und da sie den anstehenden Termin mit Mauro Pedrosa auf keinen Fall verschieben wollte, war Henrik unter den gegebenen Umständen die beste Wahl. Außerdem musste er ohnehin lernen, mit ihrer Tochter zurechtzukommen, sagte sie sich, während sie ihren Wagen Richtung Fluss durch die engen Gassen steuerte.

Pedrosa betrieb einen Import-Exporthandel, dessen Verwaltung in der Rua Ivens lag, unmittelbar am kleinen Largo da Academia Nacional. Hier erstrahlten sämtliche Häuser in neuem Glanz. Um dem kleinen Platz seine ursprüngliche Pracht zurückzugeben, hatte man in den letzten Jahren viel Geld in die Hand genommen. Allerdings keine staatlichen Gelder, wohlgemerkt. Und damit es sich für die Privatinvestoren auch lohnte, waren die meisten Immobilien zu ertragreichen Bürogebäuden umfunktioniert worden. Das gehörte leider zunehmend zu dem sich wandelnden Stadtbild. In Lissabon wurde nahezu an jeder Ecke gebaut, aufwendig renoviert und verschönert, nur leider zugunsten der falschen Klientel. Menschen, die seit jeher in den alten Stadtteilen gelebt hatten, konnten sich die Preise für die modernisierten Wohnungen nicht mehr leisten und wurden hinaus in die Vorstädte verbannt. Helena schüttelte den Kopf. Es war widersinnig, sich jetzt darüber aufzuregen. Jedenfalls musste es ziemlich kostspielig sein, sich hier einzumieten, keine fünf Gehminuten vom berühmten Praça do Comércio und der Rua Augusta entfernt. Zentraler oder vielmehr repräsentativer ging es in Lissabon kaum – sofern man auf derlei Prestige Wert legte.

Pedrosas Büro befand sich im zweiten Stock eines für das Stadtbild typischen Klassizismusbaus, einst errichtet in Anlehnung an die Renaissance und die Manuelinik, für die Portugal bekannt war. Keine Fliesen, dafür jede Menge aufwendiger Stuckarbeiten und Kunstschmiedegeländer an den Balkonen der Fassade zur Straße hin, herrlich anzusehen. Daher war es doppelt schmerzvoll, dass die Stadtverwaltung auch dieses denkmalgeschützte Gebäude auf den freien Immobilienmarkt geworfen hatte.

Diesmal hatte Helena sich angekündigt, vor allem um sicherzugehen, dass sie Fredericos Vater auch antraf. Es war ohnehin davon auszugehen, dass seine Ehefrau ihn längst vorgewarnt hatte. In dem offenen, in Marmor gearbeiteten Treppenhaus war es kühl. Es würde noch einige Sonnentage brauchen, bis auch hier die Frühlingswärme Einzug hielt, die heute bereits wieder deutlich zu spüren war. In Mauros Unternehmen mit dem klangvollen Namen Eagle Trade Company gab es nirgendwo einen Adler und auch keine Empfangsdame. Der Vorraum war ohne weitere Anmeldung zugänglich und mit etlichen Kartons in den unterschiedlichsten Größen zugestellt. Er diente wohl hauptsächlich als Lager, was alles andere als repräsentativ war. Das Frachtgut bildete eine Gasse, die auf das eigentliche Büro des Händlers zuführte, und Helena fühlte sich sofort an die Unordnung in Henriks Keller erinnert.

Sie hatte vorab recherchieren wollen, welche Waren Mauro Pedrosa ins Land holte oder in die Welt hinaussandte, doch die Website der Eagle Trade Company hielt dazu keine Informationen bereit. Sie war lediglich eine digitale Visitenkarte, die Adresse, Telefonnummer und den E-Mail-Kontakt angab. Bei einer Kollegin von der Einfuhrbehörde hatte sie sich bereits gestern darüber schlaugemacht, dass es sich bei Pedrosas Handelsware hauptsächlich um medizinische Bedarfsartikel handelte. Von Mullverbänden bis zu Injektionsnadeln, deren Export aus dem asiatischen Raum erfolgte und einen Weitervertrieb zumeist nach Osteuropa vorsah. Laut dem Zoll gab es keine Auffälligkeiten, was nichts anderes bedeuten musste, als dass die Kollegen noch nicht genauer hingesehen hatten.

Helena betrat das Büro, ohne zu klopfen, um wenigstens ein kleines Überraschungsmoment für sich zu haben. Es funktionierte. Mauro lehnte zu ihrer Rechten an einem Aktenschrank und telefonierte. Als er sie bemerkte, zuckte er kurz zusammen, suchte sogleich einen sicheren Stand und strich sich mit der freien Hand eine nicht existierende Haarsträhne hinters Ohr, als hätte sie ihn bei etwas Verbotenem ertappt.

Auch Pedrosas Arbeitszimmer wirkte unaufgeräumt. Offenbar hatte er hier nicht viel Kundenverkehr, weshalb sich Helena fragte, wozu er so exklusive Geschäftsräume überhaupt benötigte oder wen er damit zu beeindrucken hoffte. Nach dreimaligem Blinzeln erinnerte er sich anscheinend wieder daran, dass ihm dieser Besuch angekündigt worden war, winkte sie heran und dirigierte sie mit einer affektierten Geste zu einer Sitzecke, die beinahe den ganzen linken Teil des Raums einnahm. Zwei Stühle an einem Bistrotisch, die nicht sonderlich bequem aussahen. Sie dachte an das Büro von Staatsanwältin Lobato und fragte sich beiläufig, ob die Sache mit den funktionalen

Sitzgelegenheiten irgendeinem Trend folgte. Überhaupt war das gesamte Mobiliar zu modern und raubte dem Zimmer mit der hohen Stuckdecke jegliches Flair. Helena wartete nicht darauf, dass Mauro sein Gespräch zu Ende brachte, sondern setzte sich unaufgefordert. Was sie von dem Telefonat aufschnappte, ließ vermuten, dass es um eine verzögerte Lieferung aus Taiwan ging. Mauros Tonfall war frostig. Helena musterte den Mann, der vor nunmehr sechs Tagen sein einziges Kind verloren hatte. Sie korrigierte diesen Gedanken sofort, da sie nicht wusste, ob Pedrosa nicht noch andere Kinder hatte. Kinder, die nicht aus der Ehegemeinschaft mit Andreia stammten. Ähnlich wie bei seiner Frau vermisste sie auch bei Mauro die sichtbare Trauer, die nach so einem Verlust in seine Gesichtszüge hätte gemeißelt sein müssen. Mauros schlanke Figur steckte in einem marineblauen Anzug. Darunter trug er ein weißes Hemd, ohne Krawatte. Um sein kantiges Kinn lief ein Vollbart, so akkurat und kurz gestutzt, wie es gerade Mode war. Das volle schwarze Haar war mit viel Gel zurechtgezupft. Helena schätzte, dass er morgens ähnlich viel Zeit im Badezimmer verbrachte wie seine Frau. Außerdem gelangte sie zu der Erkenntnis, dass die Pedrosas ihrem Auftreten nach überhaupt nicht in die Wohnung in der Rua Coelho da Rocha passten. Offenbar ein typischer Fall von *Mehr Schein als Sein*. Belogen sie sich auch selbst oder nur alle anderen? Helena hatte bereits eine Abfrage ihrer Finanzen beantragt. Auch dazu hatte ihr Staatsanwältin Lobato die nötige Befugnis zukommen lassen.

Endlich nahm Mauro das Handy vom Ohr und trat zu ihr an den Tisch. »Verzeihen Sie! Mauro Pedrosa«, stellte er sich vor und streckte ihr die Hand entgegen. Sein Ehering war schmal und aus Gold. Erst jetzt wurde ihr bewusst, dass sie diesen bei Andreia vermisst hatte.

»Inspetora Gomes«, sagte sie, während sie ihm die Hand drückte. »Ich hatte angerufen.«

»Sim, sim, ich weiß. Ich hatte nur noch nicht mit Ihnen gerechnet. Im Moment ist viel zu tun, die Geschäfte gönnen mir keine Verschnaufpause.« Bevor er ihr gegenüber Platz nahm, knöpfte er sich das Jackett auf.

Falls seine *Geschäfte* eine Entschuldigung sein sollten, wieso er nicht angemessen um sein Kind trauerte, dann empfand Helena das als kläglich. Bei einem bestimmten Schlag von Leuten – zu dem sie Pedrosa ab der ersten Minute ihrer Begegnung zählte – fiel es ihr schwer, die professionelle Neutralität zu wahren, die sie für ihren Job unbedingt brauchte. Eigentlich passierte ihr das sogar ziemlich oft, erkannte sie; eigentlich erstaunlich, dass sie schon so lange damit durchkam. Aber vielleicht machte diese vorpreschende Emotionalität sie ja auch aus. Vielleicht war sie genau deshalb die erfolgreiche Ermittlerin, weil sie sich dieser Gefühlswelt aussetzte, statt sie zu unterdrücken.

»Sie kommen wegen Frederico?«, fragte Mauro, als gäbe es in seinem Leben weitere Delikte, weswegen sich die Polizei für ihn interessieren könnte. Nun, womöglich war das gar nicht so abwegig. Vielleicht war er längst im Fokus der Kollegen aus dem Dezernat für Wirtschaftskriminalität, ohne dass bisher eine für alle Abteilungen zugängliche Akte über ihn geführt wurde. Sie nahm sich vor, auch diesbezüglich nachzuforschen.

»Es gibt eine Untersuchung«, antwortete sie knapp.

»Aber wir haben bereits alles zu Protokoll gegeben. Meiner Ansicht nach ist es pietätlos von Ihnen, weiter in dieser Wunde zu bohren. Finden Sie nicht, wir sind bereits gestraft genug? Immerhin haben wir unseren Sohn verloren«, erklärte Mauro in scharfem Ton. »Ich wüsste nicht, was ich Ihnen noch zu sagen hätte.«

Helena beugte sich ihm entgegen. »Wo waren Sie zum Zeitpunkt des Unglücks?«

Mauro hob die Arme und ließ die Hände entnervt auf die Oberschenkel klatschen. »Lesen Sie den Bericht Ihrer Kollegen.«

»Nun ja, *im Büro* ist eine ziemlich dehnbare Aussage. Gibt es Zeugen dafür?«

»Zeugen?«, fauchte der Geschäftsmann. »Wofür brauche ich einen Zeugen, werde ich jetzt plötzlich verdächtigt?«

»Bei der Untersuchung von Frederico wurden auffällig viele alte Verletzungen gefunden. Knochenbrüche. Narben. Noch nicht völlig abgeheilte Hämatome.«

»Mein Gott, er war ein umtriebiges Kind. Musste jede Mauer hochklettern, an der er vorbeikam. Er war nur schwer zu bremsen. Leider hat ihn ein Sturz vom Klettergerüst nicht davon abgehalten, jedes Mal sofort wieder raufzusteigen, sofern es die Verletzungen zuließen, die er sich dabei gelegentlich zuzog. Es gab eine Empfehlung des Kinderarztes, ihn vor der Einschulung auf ADHS zu testen. Steht das auch in Ihrem verdammten Bericht? Oder worauf wollen Sie hinaus?«

Mauro wusste natürlich genau, worauf sie abzielte. Und er kam ihr tatsächlich mit der ADHS-Ausflucht. Damit sank er noch mehr in ihrem Ansehen. ADHS war für viele Eltern ihrer Generation eine probate Ausrede, um sowohl das Verhalten ihrer Kinder zu rechtfertigen als auch um erklären zu können, warum die Erziehung ihres Nachwuchses sie überforderte. Kinderärzte und Pharmaindustrie machten es diesen Leuten damit ziemlich leicht. Helena verspürte Wut über Mauros Gelaber, brachte aber dennoch genug Geduld auf, um ihn seine Frage selbst beantworten zu lassen.

»Von mir hat er die Verletzungen jedenfalls nicht. Ich musste meinen Jungen nicht schlagen, um ihn zur Räson zu bringen.«

»Und Andreia? Konnte sie ihn ebenfalls allein mit Worten in Griff kriegen? Oder packte sie auch mal härter zu?«

Sein Blick verdunkelte sich noch mehr. »Das hängen Sie uns nicht an!«, knurrte er.

Helena zählte im Stillen bis zehn, ohne ihn dabei aus den Augen zu lassen. »Was sollte ich Ihnen anhängen wollen, wenn da nichts war?«

Mauro presste seine ohnehin schmalen Lippen so fest aufeinander, dass sie fast weiß wirkten.

»Also, was haben Sie an dem Abend so Wichtiges gemacht, dass Sie vergessen haben, sich um Ihren Sohn zu kümmern?«

Einen Moment lang starrte er sie an, dann erhob er sich abrupt. »Das führt zu nichts.« Er zupfte sein Hemd zurecht, während er zurück zum Schreibtisch ging. Die Absätze seiner Lederschuhe klackten laut auf dem polierten Parkett. Ohne sich zu setzen, klappte er den Laptop auf, der auf dem Tisch stand. »Ich muss ein paar dringende Telefonate führen, Inspetora«, erklärte er, ohne den Blick vom Bildschirm zu nehmen.

Helena erhob sich ohne Hast, schritt zur Tür und öffnete sie. Dann drehte sie sich noch einmal zu Mauro Pedrosa um. Er starrte auf sein Notebook hinunter und tat, als wäre sie schon gar nicht mehr da

»Ich bestelle sie ein«, sagte sie ruhig und verließ das Büro.

# 9

Wäre Tomás ihnen nicht entrissen worden, sie wäre vermutlich nie Polizistin geworden. Diese Wahrheit hatte sie lange vor sich hergeschoben, bis sie endlich bereit gewesen war, sie sich einzugestehen. Der verschwundene Bruder war all die Jahre eine Bürde gewesen, vorrangig für ihre Eltern, aber letztlich auch für sie. Gleichwohl war Tomás für sie auch zu einem Antrieb geworden, obschon sie ihn nicht zurückholen konnte. Die Auswirkungen dieses Unglücks auf ihre Familie wurden zwar mit den Jahren leichter, doch der Schatten, der über ihnen lag, wich niemals ganz. Die Arbeit bei der Polizei hatte ihr geholfen, die Erfolge, die sie dort erzielte, bestärkten sie. Sie hatte eine Tochter geboren und damit große Freude und Liebe erfahren, auch wenn die Beziehung zu Saras Vater schnell wieder ein Ende nahm. Zu verschieden waren ihre Ansichten, und ein Kind hatte er nie gewollt. Im Nachhinein war sie froh, dass sie nichts mehr mit ihm zu tun hatte. Da er sich für Sara nicht interessierte, musste sie den Kontakt zu ihm nicht aufrechterhalten. Er war ohnehin fortgezogen, hoch in den Norden. Wann hatte er zuletzt angerufen, um mit seiner Tochter zu sprechen? Sie konnte sich nicht erinnern. Einerseits war es nicht verkehrt, wenn ein Kind auch einen Vater hatte, aber es machte keinen Sinn, es zu erzwingen. Und letztlich kamen sie gut zu zweit zurecht.

Dieses Jahr wurde ihr kleines Mädchen nach dem Sommer eingeschult. Mein Gott, die Zeit war regelrecht dahingeflogen. Und Sara hatte sich schon seit Ewigkeiten nicht mehr nach ihrem Vater erkundigt. Umso öfter fragte sie nach Henrik. Und danach, wann sie endlich zu ihm hinüber ins Bairro Alto zogen. Es war noch gar nicht lange her, da war dieser Gedanke ein Störenfried in Helenas Kopf gewesen, doch nun wurde er von Tag zu Tag anschmiegsamer. Auch wenn sie ihn jetzt im Moment absolut nicht gebrauchen konnte. Sie sollte weniger darüber nachdenken, ob sie fortan in einer festen Beziehung mit Henrik Falkner leben konnte, sondern sich lieber auf Frederico Pedrosa konzentrieren. *Sie, Sara und Henrik. Eine Familie?*

Für die *deutsche Seite* stand eigentlich genau das schon fest, wurde ihr bewusst. Ebenso wie für ihre eigenen Eltern. Für die war die Sache so richtig ernst geworden, als sie zu Weihnachten alle zusammen ein paar Tage bei Henriks Eltern in der Nähe von Stuttgart verbracht hatten. Eine Einladung, die in erster Linie von Henriks Vater Albrecht ausgegangen war, auch wenn er es allen als die Idee seiner Frau Simone verkauft hatte. Simone war ein schwieriger Charakter, und Helena hatte bislang keinen Zugang zu ihr gefunden. Was vermutlich auch mit den Vorbehalten zu tun hatte, die Henrik selbst gegenüber seiner Mutter hegte. Vermutlich wäre die ganze Situation trotz aller Besinnlichkeit zu Weihnachten aus dem Ruder gelaufen, wären nicht auch Helenas Eltern mit dabei gewesen. Deshalb haben sich alle zusammengerissen, keiner wollte sich eine Blöße geben. Die Einzige, die während dieser Tage wirklich Spaß hatte, war Sara gewesen, weil sie von allen Seiten verwöhnt wurde …

*Und wir sind wieder ein Stück näher zusammengerückt.*

Sie hieb mit dem Handballen aufs Lenkrad. Jetzt steckte sie genau in den Überlegungen fest, die sie hatte vermeiden wollen. Und nicht nur das, sie steckte obendrein im Stau. Im Bereich des Bahnhofs Cais do Sodré, von wo aus die Züge bis an die Küste fuhren, wurde gerade besonders viel gebaut, was es unmöglich machte, hier ohne größere Verzögerung durchzukommen. Sie war auf dem Weg in die Dienststelle. Ihr Kollege Lui hatte schon per SMS nachgefragt, wo sie blieb. Zur Klärung eines anderen Falls hatten sie für heute ein paar Leute zu Vernehmungen vorgeladen, womit sie vermutlich den Rest des Tages beschäftigt sein würde. Sicher würde Lui wissen wollen, wieso sie zu spät kam, also sollte sie ihm besser eine gute Ausrede präsentieren. Am einfachsten war es wohl, sie erklärte ihm die Situation in Saras Kindergarten und dass es eine Weile gedauert hatte, jemanden aufzutreiben, der auf ihre Tochter aufpasste. Dann durfte sie sich zwar wieder seine veralteten Ansichten über berufstätige Mütter anhören, aber dafür geriet sie nicht in die Verlegenheit, von ihrer *Sonderermittlung* zu berichten. Lui zu belügen war nicht schwer. Was das anging, war er kein besonders talentierter Polizist.

Staatsanwältin Lobato hatte sie jedenfalls sehr eindringlich darum gebeten, vorerst mit niemandem über diese Untersuchung zu reden. Zumindest so lange nicht, bis sich gewisse Verdachtsmomente erhärteten und aus Lobatos Vermutungen eine Anklage formuliert werden konnte.

Während sie auf die Rücklichter des Wagens vor ihr in der Autoschlange starrte, fragte Helena sich erneut, ob die Staatsanwältin von Tomás wusste und daraus gefolgert hatte, dass Helena besonders empfänglich war, wenn es sich beim Opfer eines Verbrechens um ein Kind handelte.

Nachdem deutlich geworden war, dass Tomás sich nicht wie ein normales Kind entwickelte, hatten sich ihre Eltern erstaunlich vernünftig verhalten. Auch wenn sie mitten in Lissabon wohnten, war das Alfama in gewisser Hinsicht nicht viel besser als ein einsames Dorf in den Bergen. Man lebte unter den neugierigen und bisweilen argwöhnischen Augen der Nachbarn. Jeder wusste über jeden Bescheid. Die enge Gemeinschaft – zusammengehalten von der Kirche und dem Umstand, derselben sozialen Schicht anzugehören – war Fluch und Segen zugleich. Unterschied sich jemand von den Normen dieser verwobenen Struktur, rutschte er schnell ins Abseits. So kam es, dass Bekannte und Verwandte wegen des behinderten Kindes auf Distanz zur Familie Gomes gingen. Helena war sich nicht sicher, ob die Geschichte stimmte, die immer mal wieder erzählt worden war. Darüber, dass Tante Clara wegen Tomás einmal einen Exorzisten bestellt hatte. Was auch immer damals genau passiert war, danach kam es zum Bruch zwischen den Geschwistern, und wenig später war Tante Clara dann nach Porto gezogen. Vermutlich weil sie nicht mehr in unmittelbarer Nähe zu einem Kind leben wollte, das vom Teufel besessen war.

Tomás' Krankheit war nicht nur innerhalb der Familie eine Belastung, dennoch taten ihre Eltern alles, damit ihr Sohn ein besseres Leben führen konnte als andere Kinder mit ähnlichen Diagnosen oder anderen Behinderungen, egal ob geistiger oder körperlicher Natur. Ihre Eltern arrangierten sich nicht nur mit diesem Schicksal, sie trotzten auch den Widerständen, auf die sie im Viertel ebenso wie bei den Behörden trafen. Helena konnte sich jedenfalls nicht erinnern, dass ihr Bruder jemals weggesperrt oder vor den anderen Leuten versteckt worden war, wenn sich gegen alle Erwartung doch mal Besuch ankündigte. Dabei waren derlei unmenschliche Praktiken selbst in den 80er-Jahren in Portugal die durchaus übliche Vorgehensweise. Ungeachtet aller Aufgeklärtheit galten Behinderte damals vielfach nach wie vor als eine Strafe Gottes. Und das nicht nur bei den sogenannten einfachen Leuten. Weshalb man auch immer wieder davon hörte, dass sich Familien solch unliebsamer Nachkommen entledigt hatten.

Manchmal war sich Helena nicht sicher gewesen, ob ihre Eltern nicht ebenso gehandelt hatten. Dass Tomás' Verschwinden auf irgendeine Weise doch von ihnen beeinflusst worden war. Weil er schlichtweg nicht der Sohn war, den ein Vater sich wünschte: ein

Sohn, mit dem man ins Fußballstadion gehen konnte oder auf eine Familienfeier, ohne sich die abschätzigen Blicke der Verwandten einzufangen. Es hatte eine Phase in ihrem Leben gegeben, in der Helena sich deswegen immer wieder hin- und hergerissen fühlte. Einerseits traute sie so ein Verhalten ihren Eltern nicht zu, andererseits hielt sich ein Rest von Zweifel hartnäckig. Ein Zweifel, den sie erst endgültig loswurde, nachdem sie mit Henriks Hilfe herausgefunden hatte, welches Schicksal ihr Bruder tatsächlich hatte erleiden müssen, nachdem er 1986 als Siebenjähriger für immer verloren ging.

# 10
# Henrik

»Was suchen wir?«

»Hinweise«, sagte Henrik. So wie Sara ihn ansah, wusste er sofort, dass dem Mädchen diese Antwort nicht ausreichte. »Mein Onkel hat hier Dinge versteckt.«

»Spielsachen?«, fragte sie aufgeregt.

Henrik schüttelte den Kopf. »Ähm … eher Nachrichten.«

»Versteh ich nicht.« Sara blickte ein wenig enttäuscht zu ihm auf. Er stand vor dem Regal, in dem Bücher über die Stadtgeschichte, über Architektur und bauliche Sehenswürdigkeiten Lissabons aufgereiht waren. Eigentlich hatte er vorgehabt, sie nach und nach durchzublättern. Doch nun war klar, er musste auch Sara eine Aufgabe erteilen. Irgendetwas, wofür sie sich so begeistern konnte, dass er ein wenig Zeit für sie fand. Nach einer Viertelstunde hatte sie nämlich die Lust am Malen mit ihren Buntstiften bereits wieder verloren und war ihm ins Antiquariat hinterhergerannt.

»Onkel Martin hat viel aufgeschrieben, bloß leider nicht einfach auf einem Block, den er mir dann auf den Schreibtisch gelegt hat. Was er mir mitteilen wollte, hat er überall hier im Laden versteckt. Zum Beispiel in vielen der Bücher in Form von Notizen und heimlichen Botschaften. Und meine Aufgabe ist es, diese Nachrichten zu finden und den Sinn dahinter zu begreifen.«

»Warum?«

»Weil sie wichtige Informationen enthalten, mit denen ich anderen Menschen helfen kann.«

Sara rieb sich die Stupsnase. »Ich meine, warum hat er dir nicht einfach einen Brief geschrieben, in dem alles drinsteht?«

»Das hätte er natürlich tun können, aber ich glaube, er wollte nicht, dass andere Leute seine Nachrichten vor mir entdecken. Darum hat er das, was er für mich aufgeschrieben hat, so gut verborgen.«

»So gut, dass du es selber nicht finden kannst?«

Henrik musste lachen. »Ja, mit so manchem seiner Verstecke hat Martin es wirklich übertrieben. Er lässt mich nicht nur suchen, es ist auch immer ein bisschen wie Rätselraten.«

Sie klatschte begeistert in die Hände. »Und ich kann dir dabei helfen?«

Henrik nickte. »Ja, das kannst du, ganz bestimmt. Ich schätze mal, du bist ziemlich gut im Suchen und Rätselraten.«

Sara hüpfte auf und ab. »Ja, das bin ich! Wo fangen wir an?« Sie ließ den Blick durchs Antiquariat schweifen.

Er hob verschwörerisch die Augenbrauen. »Nicht hier im Laden. Es gibt im Haus noch einen Ort, an dem Onkel Martin Geheimnisse versteckt hat.«

# 11
# Helena

Catia saß hinter dem Tresen und blätterte in einem Buch, dessen lederner Umschlag so spröde aussah, als würde er jeden Moment zu Staub zerfallen. Da sie die Ladentür offen gelassen hatte, vermutlich um durchzulüften, hatten die Schellen sie nicht vorgewarnt. Daher blickte sie erschrocken auf, als Helena plötzlich vor ihr stand.

»Du?«

Wie gewohnt trug Catia ein schwarzes Kleid und hatte ihre wilde, mittlerweile stahlgraue Mähne mit Stoffbändern zusammengebunden. Helena hatte sich nie nach dem Alter der Frau erkundigt, ging aber davon aus, dass sie Mitte bis Ende fünfzig war. Damit war klar, dass Catia noch die Diktatur miterlebt hatte. Oder besser das Ende dieser dunklen Ära Portugals und den Umbruch, der relativ friedlich erfolgt war. Jedenfalls nach außen hin. Doch damals vor rund einem halben Jahrhundert war viel hinter den Kulissen passiert, von dem die Welt nichts mitbekam. Gräueltaten, die nie ans Licht der Öffentlichkeit drangen. Portugal trat von der Finsternis einer faschistischen Herrschaft ins Licht einer demokratischen Republik. Und aus diesem Prozess der Umwälzung gingen nicht alle als Gewinner hervor. Henrik hatte überdies durchklingen lassen, dass Catias Eltern Anhänger von António de Oliveira Salazar und seinem Estado Novo gewesen waren. Dem *Neuen Staat*, der über vierzig Jahre lang das Land in Finsternis gehalten hatte, bis 1974 eine Revolution zur Befreiung aus dieser Diktatur führte. Catias

Familie blieb offenbar auch danach dem alten Regime treu ergeben, was dazu führte, dass aus der Tochter eine traumatisierte Jugendliche wurde, die sich irgendwann aus den Fängen dieser fanatischen Anhängerschaft befreien konnte. Doch obwohl sie daraufhin umso obsessiver dem revolutionären Gedanken der Freiheit anhing, lebte sie über Jahrzehnte ein Leben voller Lügen. Ähnlich wie viele ehemalige Raucher nach einer erfolgreichen Entwöhnung oft zu militanten Nichtrauchern wurden, so wandelte sich Catia zu einer unbelehrbaren Verfechterin linksliberalen Gedankenguts. Eine Einstellung, die zwangsläufig dazu führen musste, unter anderem sämtliche Exekutivkräfte und deren Befugnisse infrage zu stellen. Henrik war nicht ins Detail gegangen, doch was er ihr anvertraut hatte, reichte, um das Misstrauen, das Helena seit ihrer ersten Begegnung gegenüber Catia hegte, weiter zu nähren. Zwischen Henriks Mitarbeiterin und ihr hatte noch nie so etwas wie Sympathie geherrscht, und das würde vermutlich auch so bleiben. Dass Catia seit etwa einem halben Jahr obendrein hier im Haus wohnte, machte es nicht einfacher. Erst recht nicht, seit sie hier ebenfalls regelmäßig ein und aus ging.

Obschon Catia sowohl Martin als auch Henrik hintergangen hatte, hatte er ihr die frei gewordene Dachgeschosswohnung überlassen. Aus Gutmütigkeit, wie Helena annahm, auch wenn er es damit erklärte, dass er Catia so besser unter Kontrolle hatte. Was natürlich die Frage aufwarf, weshalb er sie *überhaupt* kontrollieren musste …

»Henrik ist im Keller«, sagte Catia, ohne ihr in die Augen zu sehen. »Mit deiner Tochter.«

Die letzten Worte klangen wie ein Vorwurf. Helena verkniff sich jegliche Bemerkung, drehte sich um und verließ das Antiquariat durch die Tür, die ins Treppenhaus führte. Leider war es später geworden als geplant. Und offensichtlich hatte Henrik sich nicht mehr anders zu helfen gewusst, als sich mit Sara in seinem zugestellten, modrigen Keller zu verkriechen. Doch schon auf der steilen, engen Treppe tönte ihr das Gekicher ihrer Tochter entgegen. So wie es sich anhörte, hatten die beiden tatsächlich Spaß dort unten!

Im Keller empfing sie der süßliche Geruch von faulendem Holz, gemischt mit dem von feuchtem, sich zersetzendem Papier. Sie kannte das Gutachten über die Bausubstanz und wusste, wie sehr Henrik um sein Haus bangte. Es musste noch eine Menge investiert werden, um das Gebäude zu retten. Simone unterstützte ihn dabei finanziell, auch wenn ihm diese Vereinbarung nicht sonderlich behagte. Henriks Mutter hatte ihn dadurch in eine gewisse Abhängigkeit manövriert, mit der er nur schwer umgehen konnte. Wann immer das Thema zwischen ihnen zur Sprache kam, klang er nicht sehr zuversichtlich. Von daher war es vermutlich müßig, darüber zu spekulieren, ob sie hier dauerhaft einziehen sollte. In jedem Fall musste vorher endgültig geklärt werden, dass das Haus nicht doch noch in sich zusammenfiel.

Helena folgte den Lauten, bis sie die beiden in einer der mit Brettern abgetrennten Nischen fand. Umringt von Kartons, Möbeln und allem möglichen Krempel. »Was macht ihr hier?«, fragte sie, auch um auf ihre Anwesenheit aufmerksam zu machen.

»Mamãe!«, rief Sara.

Das klang weniger entzückt, als sie es sich gewünscht hätte. Immerhin hatte sie die Kleine vor nahezu zehn Stunden hier abgesetzt. Doch wie es schien, war sie bislang nicht vermisst worden.

»Wir suchen nach Geheimnissen«, erklärte Sara beiläufig und steckte den Kopf sogleich wieder unerschrocken in einen mit Staub und Spinnweben bedeckten Umzugskarton.

»Hallo Helena!«, grüßte nun auch Henrik und lächelte verlegen. Er sah nicht sauberer aus als ihre Tochter.

Helena musste nun doch grinsen. »Und habt ihr was gefunden?«

»Jede Menge gruslige Sachen, aber Henrik meint, das Richtige war noch nicht dabei«, erklang Saras Stimme gedämpft aus dem Karton.

»Und was wäre das Richtige?«

»Geheimnisse von Onkel Martin.«

»Aha, daher weht der Wind. Tja, sieht so aus, als hätte ich hier niemandem gefehlt«, stellte Helena fest.

Henrik wischte sich durch sein kurz geschnittenes Haar. Eine Geste, die ihr inzwischen sehr vertraut war. »Im Gegenteil, wir haben dich sehr vermisst, deshalb mussten wir uns ja eine Beschäftigung suchen, um uns abzulenken. Hab ich recht, Sara?«

»Exatamente«, stimmte Sara ihm zu und kicherte laut in die Schachtel hinein, in der sie herumkramte.

»Dann gehe ich mal hoch und mache uns was zum Abendessen, wenn ihr nichts dagegen habt.«

»Das wäre fantastisch«, erwiderte Henrik.

Helena nickte amüsiert. *Wer von euch zwei ist eigentlich das Kind?* »Ihr braucht aber nicht auf die Idee kommen, dass ihr euch dermaßen schmutzig an den Tisch setzen könnt. Nur wer geduscht und sauber erscheint, bekommt auch was auf den Teller!«

»Zu Befehl, Inspetora!«, sagte Henrik, und Sara gluckste ausgelassen.

Auf dem Weg hoch in Henriks Wohnung stellten sich bei ihr ein wohlig warmes Kribbeln und ein ungewohntes Glücksgefühl ein. Fühlte es sich so an, Teil einer normalen Familie zu sein? Der Gedanke beseelte sie im selben Maß, wie er sie erschreckte.

# 12
# Helena

1999

Die Jahrtausendwende stand bevor. Diese Aussicht war magisch und aufregend, aber auch beängstigend. Selbst für einen Teenager. Oder sie dachte bloß wieder viel zu viel nach. So wie immer. Außerdem war es fast noch ein Dreivierteljahr bis zum Millennium. Vorher würde sie noch ihren siebzehnten Geburtstag feiern. Die meisten in ihrem Alter, die sie kannte, machten sich deutlich weniger Sorgen, egal um was. Das rückte sie in ihre übliche Außenseiterrolle – ohne dass sie dies sonderlich störte. Sie musste nicht unbedingt irgendwo dazugehören, wie sie das von Mitschülerinnen oder Jugendlichen aus der Nachbarschaft kannte. Echte Freundinnen oder Freunde hatte sie ohnehin nicht viele. Vermutlich war sie mit ihrer Einstellung und ihren etwas verschrobenen Ansichten zu anstrengend für die Gleichaltrigen in ihrem Umfeld. Außerdem blieb sie auch nach zwölf Jahren das Mädchen im Viertel, dessen Bruder auf so unerklärliche Weise verschwunden war. Manche Dinge gerieten im Alfama nur sehr langsam in Vergessenheit.

Selbst wenn sie sich viele Gedanken machte, hatte sie keine Angst vor der Zukunft. Obwohl die Leute vermutlich genau das über sie dachten. Sie stand eben einfach vor wichtigen Entscheidungen, da war es doch nachvollziehbar, wenn man fortwährend darüber ins Grübeln kam.

Sie war in der letzten Klasse der Sekundarstufe und hatte durchweg gute Noten. Das hieß, sie musste sich bald entscheiden, was sie danach machen wollte. Ihre Eltern bestärkten sie, den weiterführenden Ergänzungsunterricht zu besuchen, den sie zur Vorbereitung auf das Studium an einer Universität brauchte. Aber wollte sie überhaupt studieren? Ging es nach Tante Carla, wäre Helenas Platz – vor allem nach dem Verschwinden ihres Bruders – in einem Nonnenkloster gewesen. Um dem Unglück, das laut Carla über ihrer Familie schwebte, durch ihre Hingabe als Braut Christi endlich entgegenzuwirken. Ihrer Ansicht nach musste Helena dankbar sein, denn ihre Eltern hatten weder das von ihr verlangt, noch dass sie sich endlich eine Arbeit suchte, wie es nach Meinung ihrer Tante der Anstand gebot, um der Familie nicht weiter auf der Tasche zu liegen. Ihre Schwester hatte es in Carlas Augen richtig gemacht. Sie war zwei Jahre älter als Helena und arbeitete seit gut einem Jahr als Sekretärin in einer Fischkonservenfabrik oben in Loures, einem kleinen Ort zwanzig Kilometer nördlich von Lissabon. Schon allein die Fahrt mit dem Bus hin und zurück kostete Clara täglich zwei Stunden. Vermutlich würde sie bald von zu Hause aus- und näher an ihren Arbeitsplatz ziehen, sobald sie es sich leisten konnte. Das war dann zumindest etwas, worum sie Clara beneiden würde. Ging Helena weiter zur Schule, bedeutete das, sie würde auch weiter bei ihren Eltern wohnen müssen. Weiter in dieser beengten Wohnung, in der wenig Privatsphäre möglich und sie nach wie vor den Blicken der Nachbarn ausgeliefert war. Wobei sie das ungenierte Glotzen weniger störte als das permanente Einmischen der Leute in ihre Angelegenheiten.

Doch noch bevor eine Entscheidung über ihre Zukunft getroffen wurde oder zum Ende des Jahres das Millennium über sie hereinbrach, musste sie diese eine Sache hinter sich bringen. Nach den Osterfeiertagen hatte die Kirchengemeinde eine Kinder- und Jugendfreizeit angeboten. Drei Tage Besinnen und Wandern im Sintra-Gebirge. Pater Oliveiros hatte sie vor ein paar Wochen eindringlich gefragt, ob sie nicht als Betreuerin für die jüngeren Teilnehmer mitkommen wollte. Sie war von dem Vorschlag nicht eben begeistert gewesen, hatte sich aber letztlich überreden lassen. Wer konnte einem Geistlichen schon etwas abschlagen? Das wäre beinahe so, als würde man dem Herrgott persönlich einen Korb geben.

So kam es also, dass Helena, übermüdet von den ausgiebigen Osterfeierlichkeiten, am frühen Ostermontag einen von der Diözese extra für die Fahrt bestellten Bus bestieg – nur um sofort festzustellen, dass sie nach Pater Oliveiros definitiv die älteste unter den Ausflüglern war. Irritiert musste sie einsehen, dass die besagte *Jugend* quasi nicht vorhanden war, sofern sie die zwei ihr bekannten, zwölfjährigen Zwillingsbrüder aus dem Nachbarhaus nicht dazuzählte, die sich übereifrig als Ministranten in der Kirchengemeinde verdingten. Der Rest der Fahrgäste war deutlich jünger, die Kleinsten nicht älter als sieben Jahre. Der Padre wirkte dennoch recht zufrieden, die vierundzwanzig Sitzplätze für die Fahrt belegt zu wissen.

Auch wenn er aus Helenas Sicht alt wirkte, war Pater Oliveiros dennoch der jüngste Priester, den sie kannte. *Er dürfte kaum dreißig sein*, hatte ihre Mutter kürzlich geantwortet, nachdem sie gefragt hatte. Wie meistens wollte ihre Mutter nicht wissen, warum sie fragte – und ausnahmsweise war sie froh darüber, denn sie hätte ihr keine plausible Antwort geben können. Ihre Mutter irrte eben nach wie vor im undurchdringlichen Nebel des Verlusts herum, und auch zwölf Jahre nachdem sie ihren Jungen verloren hatte, sah es nicht danach aus, als ob sie dort jemals wieder herausfinden würde. Vermutlich war es für Helena ganz gut, einmal ein paar Tage wegzukommen, auch wenn die Umstände erbaulicher hätten sein können.

Was Pater Oliveiros anging, fehlte ihm trotz seiner relativ jungen Jahre bereits das Haupthaar. Er war völlig kahl bis auf einen schmalen, dunklen Haarkranz, der ihm in Höhe seiner Ohren hinten um den runden Schädel wuchs. Auf der Straße trug er stets einen schwarzen Hut, um seine Glatze vor der Sonne zu schützen. Das war vermutlich auch der Grund, weshalb sein rundes Gesicht stets von teigiger Blässe war. Er maß keine eins siebzig, schätzte Helena, die sich schon eine Weile lang größer vorkam, wenn sie ihm direkt gegenüberstand. Außerdem war der Padre schon ähnlich beleibt wie seine wesentlich betagteren Kollegen. Die dreiunddreißig Knöpfe an seiner Soutane standen vor allem am Bauch immer unter besonderer Spannung.

Predigte der Padre sonntags von der mit Blattgold verzierten Kanzel zu ihnen herab, relativierte sich dieser Größenvergleich jedoch. Dann wirkte er bisweilen sogar einschüchternd auf Helena, vor allem wenn er den Kirchgängern energisch ins Gewissen redete und dabei so richtig in Fahrt kam. Seine Predigten waren allerdings auch schon der einzige Anlass, um mit erhobener Stimme zu sprechen. Bei allen anderen Gelegenheiten war er ein zurückhaltender Flüsterer, was bei Helena immer den Eindruck erweckte, dass er alles dafür tat, um nur nicht aufzufallen.

Die Fahrt in die Berge dauerte über zwei Stunden, da sie auf halbem Weg eine Pause an einer Raststätte einlegten. Diese Pause stellte für Helena die erste Herausforderung ihrer Besinnungsreise dar. Sie erhielt die Aufgabe, mit den Mädchen geschlossen auf die Toilette zu gehen. Das stresste sie so sehr, dass ihr erst nachdem der Bus wieder losgefahren war, einfiel, dass sie vergessen hatte, ebenfalls zu pinkeln. Doch da sie sich nicht die Blöße geben wollte, für einen weiteren Halt verantwortlich zu sein, verkniff sie es sich, bis sie endlich am Ziel waren.

Der Padre hatte der Gruppe Unterkünfte im Convento dos Capuchos organisiert. Das Kapuzinerkloster existierte seit dem 16. Jahrhundert, und die meisten der einstigen Mönchszellen waren vor nicht allzu langer Zeit zu Gästezimmern umfunktioniert worden, ohne dass sich dadurch etwas an der spartanischen Einrichtung geändert hätte. Im Gegenteil. In die ehemals als Einzelzimmer gedachten Zellen war jeweils ein zusätzliches Bett gequetscht worden, was die kargen Zimmer mit den unverputzten Steinwänden noch enger machte. Folglich teilten sich je zwei Kinder eine Zelle. Nur Helena und Pater Oliveiros bekamen ein Zimmer für sich. Und dafür war sie wirklich dankbar.

Der Legende nach hatte sich einst der berühmte Seefahrer João de Castro bei der Jagd im heutigen Naturpark Sintra-Cascais verirrt. In einer nächtlichen Vision wurde ihm dabei aufgetragen, ein Kloster an eben der Stelle zu errichten, wo ihm diese widerfahren war, und fortan lebten dort oben in den Sintra-Bergen Kapuzinermönche über Jahrhunderte in völliger Abgeschiedenheit.

Diese Legende war eigentlich genau die Art von Geschichte, mit der man auch den Nachwuchs aus den weniger gottesfürchtigen Familien der Gemeinde zur Teilnahme an dieser Freizeit hatte verlocken wollen. Und tatsächlich waren eine Handvoll Kinder mitgefahren, die man nicht jeden Sonntag bei der Messe sah. Aber freilich waren jene in der Überzahl, die bei kirchlichen Veranstaltungen schon ihrer Eltern wegen immer mit dabei sein mussten, stets darauf bedacht, sich bei jedem sich bietenden Anlass gut mit Gott zu stellen.

Abgeschieden war der Konvent nach wie vor. Man gelangte dorthin nur über einen ausgewaschenen Feldweg, der dem Busfahrer und seinem Vehikel alles abverlangte. Der Ort Sintra war etwa zehn Kilometer entfernt, und dazwischen gab es nichts als Wald. Von den Kapuzinern waren drei übrig geblieben, die sich redlich darum bemühten, alles einigermaßen in Schuss zu halten. Was aufgrund ihres Greisenalter aber nur noch mäßig gelang. Aus diesem Grund war für die Gäste auch Selbstversorgung angesagt. Vorab war den Teilnehmern an der kirchlichen Freizeit aufgetragen worden, ausreichend Proviant mitzunehmen. Nach ihrer Ankunft stellte sich dann heraus, dass etwa ein Drittel der Eltern diese Anweisung im Einladungsschreiben der Pfarrei überlesen hatte. Der Padre, bereits ganz im Modus der Besinnlichkeit befangen, sah darin keine Nachlässigkeit der Erziehungsberechtigten, sondern erkannte sofort ein Zeichen Gottes. Auf diesem Wege würden die Kinder lernen zu teilen und am eigenen Leib erfahren, was Askese bedeutete, wie sie Jesus Christus einst bei seinem vierzigtägigen Aufenthalt in der Wüste durchlebt hatte. Ein verlängertes Fasten über Ostern hinaus, wenn man so wollte.

Helena war nicht erpicht darauf, ihre Vorräte an andere abzutreten, war sich aber dessen bewusst, dass sie als die Älteste bei jeder sich bietenden Gelegenheit vom Padre als Vorbild hingestellt werden würde. Sie hatte demnach keine Wahl. Jemanden in den nächstgelegenen Ort zu entsenden, um mehr Essen zu besorgen, war nämlich mangels fahrbaren Untersatzes keine Option. Der Bus war bereits wieder weg und würde auch nicht vor Mittwochabend zurückkommen. Leider war auch das alte, rostige Fahrrad, das irgendwann einmal im Kloster gelandet war, keine Hilfe. Es stand auf zwei platten Reifen und sah auch sonst aus, als wären die Mönche zuletzt vor dreißig Jahren damit zum Einkaufen ins Dorf geradelt. Die drei verbliebenen Geistlichen ernährten sich von dem, was ihr bescheidenes Gemüsebeet und die umliegenden Obstbäume hergaben. Nur dass es jetzt im Frühjahr noch nichts zu ernten gab. Und die Vorräte, die im letzten Jahr eingelagert worden waren, waren nach den Wintermonaten zu einem kläglichen Rest zusammengeschrumpft. Selbst wenn sie gewillt gewesen wären, das wenige, was ihnen noch geblieben war, mit den Kindern zu teilen, war dies nicht zu verantworten. Abgesehen davon, dass vierundzwanzig Kinder davon in den anstehenden drei Tagen ohnehin nicht satt geworden wären.

Welcher klerikale Vorgesetzte auch immer entschieden hatte, dass eine von Pater Oliveiros Aufgaben in der Gemeinde die Kinder- und Jugendarbeit sein sollte, hatte wenig Menschenkenntnis bewiesen. Oder nie von Angesicht zu Angesicht mit dem Priester zusammengesessen. Dem Padre mangelte es in jeder Hinsicht an Durchsetzungsvermögen gegenüber den jungen Schäfchen in seiner Pfarrei. Abgesehen von seinen donnernden Reden von der Kanzel wusste Helena nicht, wie energisch Oliveiros bei Erwachsenen auftrat – gegenüber Kindern und Teenagern jedenfalls war er ihrer Meinung nach viel zu nachgiebig. Und das nutzten viele aus, vor allem jene, die vor ihm bereits strenge und kompromisslose Priester erlebt hatten. Dabei hätte man doch meinen können, dass besonders bei Jugendlichen aus Sicht der Erwachsenen eine starke, vielleicht sogar einschüchternde Autorität erwartet wurde. Gerade in jenem Alter, da der Mensch noch geformt werden konnte, so wie man ihn haben wollte, im festen Glauben, für Kirche und Gesellschaft. Pater Oliveiros jedoch war weit davon entfernt, ein Former zu sein. Er war sanftmütig und oftmals unentschlossen, gerade dann, wenn er eigentlich als strenger Hirte gefragt gewesen wäre. Selbst die jüngsten Mitglieder der Gemeinde fanden dies im Umgang mit ihm für gewöhnlich schnell heraus.

So war es absehbar und genau genommen schon von vornherein klar, dass es im Kloster an Helena hängen blieb, unter den

Mädchen und Jungen für Ordnung zu sorgen, sofern dies nötig wurde. Was bei dem wild zusammengewürfelten Haufen beinahe jede Stunde einmal der Fall war. Die Streitereien drehten sich zum Glück vorerst um Belanglosigkeiten, die Wogen waren schnell wieder geglättet. Nur wenn es um die Rationierung der knappen Essensvorräte ging, wurde es hin und wieder etwas heftiger, und während der Padre auch hier nur Gottes Hilfe herbeiflehte, packte Helena dann auch mal fester zu.

Neben der schlechten Planung hinsichtlich der Nahrungsmittel war das zweite Manko an ihrer Herberge das Fehlen von Elektrizität. Der Konvent verfügte über keine Stromversorgung, weshalb im Elternbrief auch auf das Mitbringen von Taschenlampen und Kerzen hingewiesen worden war. Bei der Hälfte der Kinder war weder das eine noch das andere eingepackt worden. Die Belegung der Zellen folgte daher allein dem pragmatischen Gedanken, dass je ein Kind mit Lichtquelle mit einem ohne zusammengesteckt wurde. Wobei der Herrgott mit dem Padre ein Einsehen hatte, was die strikte Geschlechtertrennung betraf. Diese ging nämlich zum Segen aller auf. Kein Mädchen musste wegen der schmalen Taschenlampen- und Kerzenbestände mit einem Jungen die Zelle teilen, was niemals hätte gebilligt werden können, nicht einmal bei den Sieben- und Achtjährigen.

Erkundete man am Tag der Ankunft lediglich die nähere Umgebung, so war tags darauf eine längere Wanderung durch die Sintra-Berge angesagt. Helena hoffte auf ordentlich viele, herausfordernde Kilometer, die das ausgelassene Rudel hinreichend müde machen würden. Obwohl sie allesamt darüber informiert waren, was sie während der Kirchenfreizeit erwartete, waren nur wenige Kinder sonderlich erpicht darauf, hinter Pater Oliveiros durch den Wald zu stapfen und sich seine ausschweifenden Erläuterungen zu Flora und Fauna anzuhören. Auch mit seinem

Wissen über Kräuterkunde konnte er nur mäßig beeindrucken. Die Exkursion war verpflichtend, dem Priester zuzuhören allerdings nicht.

Obwohl er, was den Umgang mit Kindern anging, ein schlechter Hirte war, nannte er sie während der Prozession dennoch fortwährend seine Lämmchen. Und wie Lämmchen folgten sie ihm durch den Wald, stets bemüht, den Anschluss zu wahren, denn als Kinder der Stadt trauten sie seiner Orientierung in der Wildnis nicht so ganz. So folgten sie ihm gezwungenermaßen und murrend, weil ihnen in ihrem zumeist ungeeigneten Schuhwerk schnell die Füße wehtaten. Und was das anbelangte, konnte selbst Helena sich nicht ausschließen. Wie nicht anders zu erwarten, war sie dazu abgeordnet, die Nachhut zu bilden, damit niemand auf der Strecke blieb. Das machte ihr zwar keine Freude, aber auf die Art entkam sie zumindest den Unterhaltungen, die der Padre ihr so gerne aufzwang, und wurde auch sonst weitgehend in Ruhe gelassen. Außerdem eignete sich der Platz am Ende der Gruppe gut dazu, alle im Blick zu haben und den eigenen Gedanken nachzuhängen.

Schon auf der Fahrt hierher und beim gestrigen Abendessen war ihr der stille Junge aufgefallen, der es vorzog, sich aus allem rauszuhalten. Beim Frühstück war er der Einzige gewesen, der nicht einmal nach mehr von dem verlangte, was so knapp bemessen war. Helena war nicht sicher, ob er überhaupt ein Stück Brot oder etwas von dem Obst abbekommen hatte, das für die Kinder bereitgestellt war. Alles, was sie bislang von ihm mitgekriegt hatte, war, dass er Sandro hieß.

Sandro hielt Abstand zu allen anderen, auch während der Wanderung, die sie im Lauf des Vormittags bis hinauf zu einem Ort führte, den der Pfarrer Ermida do Senhor do Rio Verde nannte. Wegen der zurückhaltenden Art des Jungen fühlte sich

Helena für ihn besonders verantwortlich, ohne sagen zu können, warum genau.

Auch heute trug der Padre seinen obligatorischen schwarzen Anzug und den Priesterkragen, was Helena für eine mehrstündige Wanderung durch die Sintra-Berge unvorteilhaft fand. Doch trotz seiner kurzen Beine und des Übergewichts bewegte er sich leichtfüßig über den unebenen, zumeist steinigen Grund. Sie brauchten fast drei Stunden bis zu der Einsiedelei – eine dem Verfall preisgegebene Kapelle, die dem Padre entschieden bedeutender erschien als seinen Lämmern. Er wirkte sehr gerührt, als sie dieses Zwischenziel erreichten, ohne dass er ihnen preisgeben wollte, weshalb ihn seine Gefühle derart übermannten.

Die meisten Kinder hatten wohl darauf gehofft, noch etwas Spannenderes zu sehen zu bekommen als holprige, von alten, überwachsenen Steinmauern eingefasste Pfade eine Ruine und wild wuchernde Natur. Doch Pater Oliveiros führte die Gruppe einfach wieder zurück zum Konvent, auf ebenso endlosen und verschlungenen Wegen wie jenen, auf denen sie den Marsch zu der versteckten Eremitage angetreten hatten. Es gab nicht einmal ein Picknick zwischendurch. Und das karge Mittagessen durften sie erst zu sich nehmen, als sie wieder im Kloster waren.

Danach ordnete der Padre Nachmittagsruhe an. Vorgeblich aus Rücksicht auf die Kapuziner, aber vermutlich wollte auch er selbst ungestört seine Siesta abhalten. Allerdings waren einige der Jungs weniger erschöpft von dem langen Fußmarsch und wagten sich auf die Wiese nördlich der Anlage, um Fußball zu spielen. Niemand schien zu wissen, wer aus der Gruppe den schon arg deformierten, eiernden Lederball mitgebracht hatte. Helena verspürte keine Verpflichtung, dem lautstarken Toben der Jungen Einhalt zu gebieten. Der Padre tauchte ebenfalls nicht auf, vermutlich weil er ohnehin wusste, dass keiner auf ihn hören würde.

Helena setzte sich in den Schatten eines Pinienhains mit der Absicht, in dem Buch zu lesen, das sie mitgebracht und mit dem sie gestern Abend schon begonnen hatte, nachdem alle in ihre Zellen geschickt worden waren. Es handelte sich um José Saramagos neuestes Werk *Die Geschichte von der unbekannten Insel*, und auch wenn der Titel in ihr gewisse Sehnsüchte weckte und es sich zudem nur um ein sehr dünnes Werk handelte, war es ebenso schwer zu lesen wie die anderen Bücher des bekannten Autors und Nobelpreisträgers, an denen sie sich zuvor schon versucht hatte. Schnell wurde ihr bewusst, dass sie nach dem gestrigen Tag – als die Müdigkeit sie in dem unbequemen Bett in ihrem Zimmer recht schnell dazu gezwungen hatte, es nach zwei Seiten bereits wieder wegzulegen – auch diesmal nicht in die Geschichte finden würde. Die Ablenkung durch die Fußballspieler war einfach zu stark. Also lehnte sie sich zurück an den Stamm hinter sich und beobachtete das ausgelassene Treiben.

Und da war er wieder. Sandro. Sie hatte mittlerweile herausgefunden, dass er acht Jahre alt war. Und dass der Padre ihn zu seinem Leidwesen ausgerechnet in ein Zimmer mit Miguel gesteckt hatte, der ohne Zweifel einer der ärgsten Rabauken war, die sie dabeihatten. Nach und nach beteiligten sich alle Jungs und sogar einige der Mädchen an dem immer härter werdenden Spiel auf der Wiese. Nur Sandro hielt sich mal wieder fern. Klar, er war ziemlich dünn, allerdings für sein Alter schon recht groß. Helena war sich sicher, dass er sich beim Kampf um den Ball durchaus hätte behaupten können. Schon während der Wanderung hatte er zu den wenigen gehört, die problemlos das Tempo des Padre mithalten konnten. Auch wenn seine Schüchternheit ihn nicht so aussehen ließ, hielt sie ihn für ein zähes Bürschchen. Dennoch, auch jetzt gesellte er sich nicht einmal zu den Mädchen, die sich zu schade für das wilde Gerangel waren, sondern versteckte sich hinter einem der Büsche, welche die dem Kloster zugewandte Seite der Wiese begrenzten.

Helena kannte freilich längst nicht alle aus dem Viertel, ahnte jedoch, dass Sandros Familie noch nicht lange bei ihnen im Alfama wohnte. Und so wie der Junge sich benahm, würde es noch viel länger dauern, bis er endlich Anschluss fand. Sie ging davon aus, dass seine Eltern ihn genau deswegen mit zu dieser Freizeit geschickt hatten, damit er Freundschaften knüpfte. Nur würde daraus wohl nichts werden, wenn er weiter so lethargisch und schüchtern blieb.

Er tat Helena leid, doch sie schaffte es nicht, sich aufzuraffen und zu ihm zu gehen, um ihn hinter seinem Busch hervorzuscheuchen. Nie hätte sie zu diesem Zeitpunkt mit dem Vorfall gerechnet, dessen Zeugin sie in der bevorstehenden Nacht werden sollte.

# 13
# Henrik

»Jeder schaut noch eine Kiste durch, dann machen wir Feierabend«, schlug Henrik vor, nachdem Helena sie wieder alleine gelassen hatte. Sara nickte zustimmend, auch wenn er ihr ansah, dass sie noch lange nicht genug von Staub und Dreck hatte. Dabei waren sie bislang hauptsächlich bloß auf jede Menge weiterer Bücher gestoßen. Bücher, die er in aller Eile beurteilen musste, und zwar nicht unbedingt auf ihren monetären Wert hin. Das war bei antiquarischen Werken und Sammlerstücken ohnehin schwierig, auch wenn er mittlerweile etwas Erfahrung darin besaß. Natürlich wollte er vermeiden, dass seltene und womöglich gefragte Ausgaben unter den Unmengen von antiquarischen Büchern, die hier im feuchten Keller vor sich hin moderten, im Abfall landeten. Doch in erster Linie ging es ihm darum, keines derjenigen Bücher zu entsorgen, die Martin als Verwahrort für seine versteckten Botschaften ausgewählt hatte. Unter dem, was sie in den letzten Stunden ausgepackt, gesichtet, sortiert und wieder verpackt hatten, war nichts Auffälliges gewesen. Auch nicht bei dem anderen Krempel, der sich in den Kartons befand. Keine weiteren Hinweise auf ungeklärte Verbrechen also, was irgendwie auch eine Erleichterung war.

Diese Sorgfalt kostete immens viel Zeit, ohne dass man sicher sein konnte, ob sie sich in dem Ausmaß wirklich lohnte. Und trotz des akribischen Vorgehens hielt sich hartnäckig das Gefühl, dass etwas Wichtiges verloren gehen könnte.

Abgesehen von einer Pause nach dem Mittagessen, während der beide ein Nickerchen gemacht hatten, hatten sie sich den Tag über bis zu den hintersten, an der Wand aufgestapelten Kisten vorgearbeitet. Diese letzten Kartontürme zerrte er nun von der mit Stockflecken übersäten Mauer weg, die das Treppenhaus vom restlichen Keller abgrenzte. Mit der ganzen Kraft, die einer Sechsjährigen gegeben war, ging Sara ihm auch dabei tatkräftig zur Hand. Man musste die Kleine einfach lieben.

Als er sicher war, dass auch die vier verbliebenen Stapel nicht umstürzten, nahm Henrik die oberste der Schachteln und stellte sie vor Sara ab. Sie war nicht sonderlich schwer, also wohl nicht mit Büchern beladen. Genau das Richtige, um das Mädchen darin herumwühlen zu lassen. »Viel Spaß damit«, sagte er.

Wie schon bei etlichen Kisten zuvor öffnete sie den Deckel mit so viel Begeisterung, als würde sie ein lang ersehntes Weihnachtsgeschenk auspacken. Er wünschte, er könnte nach all der Plackerei noch einen ähnlichen Enthusiasmus aufbringen, aber er hatte in all der Zeit, seit er sich durch das Inventar im Antiquariat wühlte, schon in zu viele solcher Kartons geschaut. In jenem, den er für sich bereitstellte, steckten mal wieder nur Bücher. Unzählige weitere Seiten, die sein Daumen auffächern würde, um sicherzugehen, dass er nichts übersah.

»Cool, da ist Cristiano Ronaldo drauf«, sagte Sara hinter seinem Rücken, als er gerade nach dem Ausgabejahr eines in Leder gebundenen Romans suchte, von dessen Autor er noch nie etwas gehört hatte. Henrik drehte sich nach dem Mädchen um. Sie hielt ein Foto in der Hand, dessen eine Ecke ein Eselsohr aufwies.

»Hat er denn auch darauf unterschrieben?«, fragte Henrik im Scherz. Das Fotopapier war deutlich zu alt, als dass darauf der portugiesische Fußballstar abgelichtet sein konnte. Sara reichte ihm die Aufnahme, und er sah ihr an, wie stolz sie auf ihren Fund war. Das Licht im Keller kam von zwei schwächelnden Vierzig-Watt-Glühbirnen, die im Gang zwischen den einzelnen Nischen nackt von der Decke baumelten. Mit dem Foto in der Hand trat er aus dem Verschlag und stellte sich direkt unter eine dieser Lampen, was ein wenig half.

»Ronaldo!«, wiederholte Sara, die neben ihn getreten war und erwartungsvoll zu ihm aufblickte.

Henrik zog die Stirn in Falten. Das Bild zeigte vier junge Männer, alle elegant in Anzüge gekleidet. Zwei davon erkannte er sofort: João de Castro, den Kunstmaler und ehemaligen Lebensgefährten seines Onkels. Von João hatte er während seiner Zeit in Lissabon schon ein paar Aufnahmen gesehen, und sein Lächeln und der klare, eine Spur ins Überhebliche tendierende Blick machten ihn auch auf diesem Bild unverkennbar.

Der Mann, der unmittelbar rechts neben dem Künstler posierte, war Martin. Die familiären Umstände hatten es Henrik zwar nie ermöglicht, Martin persönlich zu treffen, aber seit er dessen Erbe angetreten hatte, waren ihm auch von seinem Onkel schon Fotografien in die Finger gekommen. Wenn auch bisher kein Bild darunter gewesen war, auf dem der Bruder seiner Mutter ähnlich jung ausgesehen hatte wie auf diesem. Das Foto musste entstanden sein, kurz nachdem Martin in den frühen 1980er-Jahren nach Lissabon ausgewandert war.

Der dürre Kerl, der statt einem hellen Hemd einen schwarzen Rollkragenpullover unter dem Sakko trug, mochte Renato sein. Renato Fernandes, ein Schauspieler und Sänger, der noch bis vor Kurzem hier im Haus unterm Dach gewohnt und in all den Jahren sein Faible für Rollkragenpullis anscheinend nie verloren hatte. Henrik hatte dem Mimen und einstigen engen Freund von Martin lange vertraut – bis er herausgefunden hatte, worin dieser verstrickt war. Kaum hatte er Renato mit diesem Verdacht konfrontiert, war dieser verschwunden. *Geflüchtet*, um es auf den Punkt zu bringen. Eigentlich hatte Henrik sich schon eine ganze Weile darum kümmern wollen, ihn ausfindig zu machen. Das Foto, das Sara eben aus der Schachtel gezogen hatte, bestärkte ihn in diesem Vorhaben. Und vor allem machte es deutlich, dass die Geister aus der Vergangenheit einen nicht in Ruhe ließen, egal, wie viel Zeit verstrich. *Irgendwann sehen wir uns wieder, Renato!*

Henrik verscheuchte seinen Groll auf den Mann und konzentrierte sich wieder auf das Bild. Bei João und Martin hegte er keine Zweifel, bei Renato war er relativ sicher. Nur: Wer war der Vierte im Bunde? Der, der bei längerem Betrachten tatsächlich irgendwie Cristiano Ronaldo ähnelte, auch wenn seine Frisur der Mode der 1980er-Jahre entsprach. Henrik drehte das Foto um. Abzüge aus der Zeit der analogen Fotografie waren oft auf der Rückseite mit einem Datumsstempel versehen worden … was hier leider nicht zutraf. Jedenfalls stand fest, dass es zu einem Zeitpunkt aufgenommen wurde, da der portugiesische Fußballgott noch nicht einmal geboren war.

Henrik war schon einige Male auf Fotos gestoßen, die Martin entweder zwischen Buchseiten oder in Karteikästen zusammen mit historischen Postkarten verwahrt und auf denen sein Onkel Botschaften hinterlassen hatte. Kurze Anmerkungen, Hinweise, die zuerst nicht unbedingt einen Sinn ergaben, bis sie sich als wertvoll für eine Ermittlung entpuppten. Oder die ihm anderweitig bei einem der Fälle aus dem Archiv der ungeklärten Verbrechen weitergeholfen hatten. Aber auf dem Foto mit den vier Männern fehlte selbst das. Ließ sich daraus schlussfolgern, dass die Aufnahme in keinem Zusammenhang zu einem der im Antiquariat archivierten Verbrechen stand? War es einfach nur ein Schnappschuss, der irgendwie in einem dieser unzähligen Kartons gelandet war, die den Keller füllten? Henrik stellte fest, dass er sich schwer damit tat, dieses Foto einfach so als belanglos abzutun.

»Juhu, eine Höhle«, jauchzte Sara plötzlich. Ihr hatte seine sorgfältige Betrachtung des Fotoabzugs wohl zu lange gedauert, also war sie zurück in das Kellerabteil gegangen, in dem sie aktuell für Ordnung sorgten. Aufgeschreckt durch ihre Bemerkung folgte er ihr und fand sie zwischen den Kartons, die er zuletzt verschoben hatte. Dabei war ein Spalt zwischen den Kistentürmen und der Kellerwand entstanden, der breit genug war, damit sie dahinterspähen konnte.

»Höhle?«, fragte Henrik ungläubig und steckte das Foto mit den vier Männern in seine hintere Hosentasche.

»Voll das Geheimnis!«, rief Sara enthusiastisch. »Wir brauchen eine Taschenlampe!«

Nun, Höhle war vielleicht nicht der passende Ausdruck, stellte er schließlich fest, als er noch etwas mehr Platz geschaffen hatte und neben Sara auf die Knie ging. Tatsächlich klaffte dort ein Loch im Mauerwerk, das einen Hohlraum dahinter vermuten ließ. Durch besagten *Höhleneingang* passte jedoch allenfalls eine Katze oder ein kleiner Hund.

»Wo führt die hin?«, wollte Sara wissen, die aufgeregt neben ihm hockte.

»Wenn mich nicht alles täuscht, unter die Kellertreppe«, antwortete Henrik. Er zückte sein Handy, schaltete die Taschenlampenfunktion an und beugte sich hinunter, bis sein Kopf den Steinboden berührte, um in das finstere Loch zu leuchten.

Sara zappelte hinter ihm herum. »Und, kannst du es sehen? Ist es da drin, das Geheimnis?«

# 14

Das Abendessen, das Helena aus dem gezaubert hatte, was Henriks mageren Vorräte noch hergaben, schmeckte köstlich.

Weil sie schon spät dran gewesen war, hatte sie es nicht mehr geschafft, noch einkaufen zu gehen, und ihnen daher aus den vorhandenen Resten etwas Leckeres zubereitet. Kartoffeln und Tomaten im Ofen gebacken und dazu leckeres Migas aus altem Brot und einer Chouriço, die noch im Kühlschrank gelegen hatte. Erst als er das Essen gierig in sich hineinschaufelte, stellte Henrik fest, wie ausgehungert er war. Sara schien es genauso zu ergehen.

»Jetzt sagt schon, habt ihr noch was Aufregendes entdeckt?«, wollte Helena schließlich wissen. Sie saßen schon bei der Nachspeise, sogenannten Rabanadas, die Henrik mit dem verglich, was ihm seine Oma früher ab und an als Arme Ritter vorgesetzt hatte, und die sehr süß und stark nach Zimt schmeckten. Dabei hatte er bis vor einer halben Stunde nicht einmal gewusst, dass überhaupt Zimt im Haus war.

Sara schielte verschwörerisch zu ihm herüber, und er nickte wohlwollend. Seit sie beim Essen saßen, hatte er ihr angesehen, dass sie ihr *Geheimnis* trotz ihrer Vereinbarung nicht viel länger für sich behalten konnte.

»Wir haben eine Höhle entdeckt«, sprudelte es sofort aus ihr heraus.

»Eine Höhle?«, fragte Helena skeptisch nach.

Henrik nickte lächelnd. »Ein kleines Loch im Gemäuer.«

»Ja, aber leider durfte ich nicht reinkrabbeln.«

»Zu eng«, kommentierte Henrik schulterzuckend. »Du hättest niemals durchgepasst.«

»Ja, ja«, murrte Sara. »Wenn du den lockeren Stein noch rausgemacht hättest, hätte es gereicht.«

»Ich wollte doch nicht riskieren, dass das Haus einstürzt!«, protestierte er gespielt empört.

Sara blies die Backen auf. »Und dein Arm war zu kurz.«

Nach der Entdeckung des Lochs in der Mauer hatte er das Mädchen tatsächlich nur schwer davon abhalten können, den Kopf in das Loch zu stecken. Eigentlich nur um sie von einem erneuten Versuch abzuhalten, hatte er ihr angeboten, den Bereich hinter der Mauer abzutasten. Für ein paar Minuten war Sara sehr enttäuscht gewesen, dass in ihrer *Höhle* nichts versteckt war. Zumindest nichts, was in der Reichweite von Henriks Fingern lag, nachdem er den Arm bis zum Schultergelenk in die Maueröffnung geschoben hatte.

»Na, ihr macht ja Sachen«, kommentierte Helena und warf ihm einen kritischen Blick zu.

Er hob entschuldigend die Augenbrauen. Es hatte ihn ziemlich Überwindung gekostet, blind in der Dunkelheit hinter der Mauer herumzutasten. Nur sehr ungern wollte er sich von einer Ratte in die Hand beißen lassen oder seine Finger in irgendwas eklig Schleimigem versenken. Also behauptete er Sara gegenüber, dass da nichts war. Auch wenn er ihr damit nicht die Wahrheit sagte. Denn er hatte tatsächlich etwas erspürt, das weder Mauerwerk noch gestampfter Lehmboden war. Es hatte sich wie ein Stück Stoff angefühlt, klebriges Gewebe, das dort vermutlich schon etliche Jahre vor sich hin rottete. Wenn er sich ein wenig mehr gestreckt hätte, hätte er es sicher auch zu fassen bekommen. Aber das wollte er nicht. Nicht vor Sara. Denn auch wenn er nur die Ränder hatte ertasten können, glaubte er zu wissen, was in diesen Stofffetzen eingewickelt war. Und es beflügelte seine Fantasie in ähnlicher Weise wie die Befürchtung, dass sich jede Sekunde die scharfen Zähne eines in seiner Ruhe gestörten Nagers in sein Fleisch bohren konnten. Daher hatte er sich auch nicht weiter bemüht, noch tiefer in die Höhle hineinzugreifen, so wie die neben ihm kniende Sara es von ihm verlangt hatte. Nein, er hatte es dabei belassen. Denn was auch immer hinter dieser Mauer verwahrt wurde, war keinesfalls für Kinderaugen bestimmt.

»Außerdem habe ich noch ein Foto mit Cristiano Ronaldo drauf gefunden«, verkündete Sara und riss ihn damit aus seinen Gedanken.

# 15
# Helena

Auf dem Küchentisch vibrierte ihr Handy.

Es hatte entnervend lang gedauert, bis sie Sara endlich so weit hatte, dass sie zu Bett ging. Der Tag war offensichtlich so aufregend für sie gewesen, dass sie immer noch völlig aufgedreht war, obwohl sie vom stundenlangen Wühlen in alten Kartons doch hundemüde hätte sein müssen. Helena verstand natürlich, dass das für Sara heute so etwas wie eine abenteuerliche Schatzsuche gewesen war. Jedenfalls hatte Henrik ihr das wohl auf diese Weise verkauft, um sie damit langfristig bei Laune zu halten.

*Ich könnte ihn wegen Kinderarbeit drankriegen!*

Sie schmunzelte. Nein, sie machte ihm deswegen natürlich keinen Vorwurf. Im Gegenteil, sie freute sich immer noch darüber, dass die beiden so gut miteinander auskamen. Und dass Sara – obwohl die Aktion auf sie offenbar dieselbe Wirkung hatte, als hätte sie literweise Kaffee getrunken – dennoch recht ausgeglichen wirkte. Zumindest bis die Diskussionen wegen des Zubettgehens losgingen.

Helena spähte aufs Display ihres Smartphones. Es war nicht die Bereitschaft, sondern eine Mobilfunknummer, die sie nicht kannte. Es hatte eine Zeit in ihrem Leben gegeben, da hätte sie nicht einmal im Traum daran gedacht, nicht an ihr Diensthandy zu gehen, Feierabend hin oder her. Mittlerweile fiel es ihr deutlich leichter, einen Anruf gelegentlich auch zu ignorieren. Außerdem war sie bereits mit ihrem zweiten Glas Wein beschäftigt … und Henrik war gerade im Keller, um eine weitere Flasche zu holen.

Der unbekannte Anrufer bewies Geduld. Sie atmete tief ein und nahm das Gespräch schließlich entgegen, nicht nur damit endlich das lästige Schnurren aufhörte, sondern vor allem weil ihr Bauchgefühl sie dazu drängte.

»Wie weit sind Sie?«

»Senhora Lobato … Frau Staatsanwältin?«

»Nennen Sie mich Ana Lúcia!«

»Ich …« Helena griff nach dem Weinglas, das noch einen letzten Schluck enthielt. Während sie trank, sah sie auf die Uhr über der Küchentür. Es war fast halb zehn. Sie fragte sich, ob die Juristin noch im Büro hinterm Schreibtisch saß oder von ihrer Couch im Wohnzimmer aus anrief. Unvermittelt hatte sie das Bild vor Augen, wie sich Ana Lúcia Lobato mit angezogenen Beinen zwischen weichen Kissen unter eine flauschige Decke kuschelte. Ebenfalls ein Glas Wein in der einen Hand, während sie mit der anderen das Telefon ans Ohr hielt.

»Haben Sie mit den Eltern gesprochen? Was denken Sie?«

»Ich habe vorgefühlt«, antwortete Helena, immer noch damit beschäftigt, den überraschenden Anruf und die Bilder zu verarbeiten, die er heraufbeschwor.

»Vorgefühlt, aha!« Das klang nicht eben begeistert. »Dann kann ich davon ausgehen, dass Sie nachfassen werden?«

Dass Helena sich von Mauro Pedrosa mit den Worten verabschiedet hatte, ihn demnächst zum Verhör vorzuladen, war bis zu diesem Moment eigentlich nur eine leere Drohung gewesen. Doch nach dem, was Lobato gerade geäußert hatte … Die Staatsanwältin war eindeutig gewillt weiterzumachen. »Ja, das liegt in meiner Absicht«, sagte Helena deshalb, auch wenn sich das in ihren eigenen Ohren wenig überzeugt anhörte.

»Das sollte es! Ich will nicht, dass diese Leute so einfach davonkommen, verstehen Sie!«, entgegnete Lobato.

Verdammt, die Juristin machte ja ordentlich Druck. Helena hatte kein gutes Gefühl deswegen, vor allem weil sie absolut nicht abschätzen konnte, wohin diese Ermittlung führte. Sie schluckte. Lobatos rauer Ton ließ die Sofaszene vor ihrem inneren Auge verpuffen. Und ganz sicher hatte die Staatsanwältin auch noch keinen Wein intus, so messerscharf, wie ihre Stimme durchs Telefon tönte.

»Gut, Inspetora, hören Sie zu! Ich möchte, dass Sie die Verhöre der Eltern vorbereiten. Und ich möchte, dass sie diese nicht bei Ihnen auf der Dienststelle durchführen!«

*Soll wohl niemand mitkriegen. Was hast du vor, Ana Lúcia?*

»Aber die Untersuchung ist doch ... offiziell, oder?«, fragte Helena und wusste, dass ihr die Verunsicherung anzuhören war.

»Natürlich. Seien Sie unbesorgt. Es ist nur so, dass die Situation gerade etwas widersprüchlich ist. Der Oberstaatsanwalt sieht keinen weiteren Handlungsbedarf. Das sagt er allerdings nur, weil er vom Ministerium angehalten wurde zu sparen. Oder *seine Ressourcen sinnvoll einzusetzen*, wie er es formulieren würde. Das bedeutet für uns, wir müssen ein wenig improvisieren. Und vor allem müssen wir jetzt schnell sein. Daher habe ich ihnen fürs Wochenende im Justizpalast einen Raum zuweisen lassen. Ich schicke ihnen gleich noch die Zugangsdaten für die Pforte und die Raumnummer. Dort können Sie Ihre Vernehmungen bis Ende der Woche ungestört fortführen.«

Eigentlich war morgen bereits Freitag.

»Ich meinte, bis Sonntagabend«, fügte Lobato hinzu und ersparte ihr damit eine peinliche Nachfrage.

*Bis Sonntagabend? Einen Raum? Für uns? ... Für Ana und mich?*

»Wollen Sie bei den Unterredungen dabei sein?«

Es entstand eine Pause, fast als hätte Lobato noch nicht darüber nachgedacht. »Nein, nein. Ich muss übers Wochenende leider zu meinen Eltern nach Fátima. Eine dringende Familienangelegenheit, die ich nicht verschieben kann.«

»Nichts Schlimmes, hoffe ich.«

»Schlimm? Nein, machen Sie sich keine Gedanken … Jedenfalls baue ich darauf, dass Sie mir am Montag berichten!«

Das mit den Befragungen am Wochenende schien ihr ziemlich wichtig zu sein. Helena suchte immer noch nach einer Erklärung für das ungewöhnliche Vorgehen, weil ihr die Sache mit dem Oberstaatsanwalt nicht so ganz koscher vorkam. Gleichzeitig erkannte sie die Taktik, die Lobato gegenüber Fredericos Eltern vorlegte. Bestellte sie das Ehepaar Pedrosa Samstag oder gar Sonntag ein, würde das deutlich mehr Eindruck hinterlassen. Es signalisierte die Tragweite, welche die Staatsanwaltschaft dem Fall plötzlich beimaß. Offenbar war er so dringlich, dass man ihn selbst am Wochenende nicht ruhen lassen wollte. Was sich für die beiden bis dahin noch wie eine abgeschlossene Sache vonseiten der Behörden angefühlt haben musste, kehrte nun plötzlich mit Wucht zu ihnen zurück.

*Was zum Teufel hast du vor, Ana Lúcia?*

Eigentlich kam Helena Lobatos straffer Zeitplan irgendwie auch entgegen. Zum einen machte es ihr seit jeher nichts aus, am Wochenende zu arbeiten, sofern sie jemanden hatte, der sich in der Zeit um Sara kümmerte. Zum anderen konnte sie so ihren Kollegen aus dem Weg gehen. Weder Lui noch sonst jemand musste sie etwas erklären – was ja ganz im Sinn der Staatsanwältin war.

*Das bedeutet für uns, wir müssen jetzt schnell sein.*

»Wir können das so machen«, willigte sie ein. Vermutlich hatte sie sowieso keine andere Wahl.

»Wunderbar, Inspetora. Ich wusste, ich kann mich auf Sie verlassen.« Lobato trennte ohne ein weiteres Wort die Verbindung.

»War das dienstlich?«, fragte Henrik in ihrem Rücken.

Sie erschrak ein wenig. Jedenfalls heftig genug, dass sie den letzten Gedanken verlor, gerade in dem Moment, da sie dachte, ihn zu fassen zu kriegen.

*Nennen Sie mich Ana Lúcia!*

»Dienstlich, ja«, bestätigte sie. Wie lange hatte er wohl schon mit der Weinflasche in der Hand im Flur gestanden? Dann fiel ihr ein, dass sie während des Anrufs selbst nur knappe Fragen gestellt und wortkarge Antworten gegeben hatte, aus denen sich wohl kaum etwas Brauchbares zusammenreimen ließ. Abgesehen davon vertraute sie ihm.

»Wieso hat sie eigentlich so lange gewartet?«, fragte er nun, während er sich setzte.

»Was meinst du?«

»Lobato. Warum hat sie fünf Tage verstreichen lassen, bis sie dich zu der Untersuchung dazu geholt hat? Hatte sie vielleicht nicht von Anfang an Zweifel? Oder hat irgendwas ihre Meinung geändert?«

Helena hatte keine Antwort auf diese Frage, die auch ihr schon durch den Kopf gegeistert war.

*Was hat dich zögern lassen?*

Ja, diese Frage war da gewesen, und zwar schon eine ganze Weile, ohne dass sie ihr Beachtung geschenkt hatte. Jetzt hatte Henrik sie wieder darauf gestoßen, und sie war ihm mehr als dankbar dafür.

*Was zum Teufel hat dich so lange aufgehalten, Ana Lúcia?*

Diese Frage würde sie der Staatsanwältin stellen müssen. Vielleicht später, wenn … Ihre Finger spielten mit ihrem Handy. Ja, am liebsten hätte sie Lobato gleich noch mal zurückgerufen, aber dafür fühlte sie sich noch nicht bereit. Diese verfluchte Frage war wie eine lästige Mücke, die man summen hörte, aber einfach nicht zu sehen bekam.

# 16
# Helena

1999

Sie schreckte hoch. Augenblicklich stellte sich ein Gefühl eigenartiger Orientierungslosigkeit ein, das sie oft befiel, wenn sie unsanft aus dem Schlaf gerissen wurde. Vor allem wenn sie erst vor einer Sekunde weggedämmert war. Es bedurfte ein paar schneller Atemzüge, bis ihr einfiel, wo sie sich befand. Dass sie nicht immer noch in einem Traum feststeckte, sondern in einem schmalen, unbequemen Bett lag, das in einer einstige Mönchszelle stand. Sie hatte sich die kratzige, etwas streng riechende Zudecke weit über die Schultern gezogen, weil die Kälte zu ihr ins Zimmer gekrochen kam, kaum dass die Sonne im Atlantik versunken war. Immer noch benommen, tastete sie nach der Taschenlampe, die sie mangels eines Nachttischs auf den Boden neben dem Bett gestellt hatte. Die Batterien waren nicht mehr die besten. Sie musste dreimal gegen den Schaft schlagen, bis die Lampe ohne Flackern einen gelblichen Lichtkegel gegen die Zimmertür warf. Der Schrecken, der ihren Schlaf unterbrochen hatte, verflüchtigte sich. Erleichtert stellte sie fest, dass sich niemand außer ihr in der Zelle befand. Was hatte sie bloß gehört? Oder gemeint, zu hören? War es nur das kantige Fragment eines nahenden Traums gewesen, an dem sich ihr Unterbewusstsein gestoßen hatte? So heftig, dass sie davon wieder wach geworden war?

Helena wischte die Wolldecke zur Seite und stellte die nackten Füße auf den kalten Steinboden. Hier oben in den Wäldern herrschten spürbar niedrigere Temperaturen als unten in der Stadt. Das Bett ächzte, als sie sich erhob. Sie tapste zur Tür, legte ihr Ohr gegen das spröde Holz und hielt die Luft an. Draußen auf dem Flur war es still. Sie verfluchte sich und ihren nervösen Impuls – als es einen lauten Rums tat, der sie zusammenzucken ließ. Das Echo des Knalls war noch nicht verhallt, da gellte ein Schrei durch die jahrhundertealten Klostergänge.

Vielleicht lag es an dem Trauma, das ihre Familie wegen Tomás immer noch durchlebte, dass sie in Momenten, da andere Mädchen in Entsetzen verfielen und kreischend Schutz suchten, eine unerklärliche Gelassenheit verspürte. Natürlich schoss auch ihre Herzfrequenz in die Höhe, und ein kalter Schauder schüttelte sie durch. Dennoch konnte sie der aufkeimenden Furcht trotzen. Der Fluchtreflex blieb aus. Auch diesmal. Beherzt trat sie zur Tür ihrer Kammer, öffnete sie und lugte hinaus in den Gang, in dem es noch finsterer war als in ihrer Zelle. Zumindest dort, wohin der Schein der Taschenlampe nicht reichte. Sie wusste, dass der Flur etwa zwanzig Meter voraus einen Knick machte. Und aus der Dunkelheit, die hinter dieser Ecke lauerte, hallten nun schnelle Schritte. Jemand rannte. Direkt auf sie zu.

# 17
# Henrik

Die Tür flog auf, und etwas wirbelte durchs Schlafzimmer. Henrik schreckte aus dem halb wachen Zustand, in dem er friedlich vor sich hin träumte und wäre dabei beinahe aus dem Bett gefallen. Helena beanspruchte mit Fortdauer der Nacht zunehmend mehr Platz, was ihn dazu zwang, immer weiter zum Rand der Matratze zu rutschen.

»Ihr habt verschlafen«, ließ Sara verlauten und kraxelte vom Fußende her auf das Bett und zwischen Helena und ihn, was ihm augenblicklich peinlich war, weil er nackt unter der Zudecke lag. Auch Helena regte sich nun. Er bekam mit, wie sie einen Arm um ihre Tochter legte und sie an sich zog. »Es ist noch Zeit«, nuschelte sie.

Henrik fiel plötzlich auf, dass er, seit er in Lissabon lebte, keinen Wecker mehr gestellt hatte. Zum einen wachte er in der Regel ohnehin zeitig auf, zum anderen gab es nur selten so frühe Verpflichtungen, die es rechtfertigten, sich auf diese unnatürliche Weise aus dem Schlaf holen zu lassen. Doch nun war da mit einem Mal dieser zweibeinige Wecker, und an den musste er sich wohl gewöhnen.

Seine geliebte Frau Nina war gestorben, bevor sie sich ernsthaft damit befassen konnten, was Kinder für ihr Zusammenleben bedeuten mochten. Nachwuchs hatten sie niemals ausgeschlossen, aber sie waren sich auch einig gewesen, dass dafür noch Zeit war. Zuerst wollten sie sich beruflich hinreichend absichern und auf jeden Fall auch noch ein paar Reisen unternehmen. Reisen von der Art, die mit Kindern schwer zu realisieren gewesen wären. Ja, sie hatten Pläne. Unendlich viele Pläne. Und dann war es mit einem Mal zu spät für alles. Nina verlor ihr Leben bei einem Verkehrsunfall, und er stand mit Mitte dreißig als Witwer da. Gedanken an Nina, die ihn nach wie vor regelmäßig heimsuchten, waren ebenfalls ein probater Wecker, der den Schlaf schnell aus seinem Hirn pustete. Er schlug die Bettdecke ein wenig zur Seite und setzte sich auf. »Ich mache mal Frühstück«, sagte er und fischte rasch nach seiner Unterhose, die halb unterm Bett lag.

»Prima, dann können wir noch ein bisschen kuscheln«, murmelte Helena schlaftrunken.

»Du kannst auch alleine kuscheln, ich helfe lieber Henrik«, entschied Sara und befreite sich aus der Umarmung ihrer Mutter.

»Lasst mich ruhig alle allein«, protestierte Helena nicht sonderlich ernst, drehte sich zur Seite und zog sich die Decke bis übers Ohr. Henrik beeilte sich, ins Bad zu kommen. Doch Sara schien nicht zu beabsichtigen, ihm dort die erhoffte Privatsphäre zu gewähren. Also beließ er es bei einer Katzenwäsche und lieferte sich mit dem Mädchen ein Duell beim Zähneputzen. Das bestand darin, den meisten Schaum im Mund zu sammeln. Der Wettkampf war nicht seine Idee, und tatsächlich verlor er ihn auch.

Eine Viertelstunde später war der Frühstückstisch gedeckt, und Kaffeeduft zog durch die Wohnung. Vor ein paar Wochen erst hatte er sich eine passable Kaffeemaschine zugelegt. Der morgendliche Gang um die Ecke zur nächstgelegenen Pastelaria, wo er sich für gewöhnlich mit starkem Kaffee und leckerem Gebäck eindeckte, hatte ihm nie etwas ausgemacht. Aber so war es natürlich bequemer, vor allem wenn er Übernachtungsbesuch hatte.

Sara zog los, um endlich ihre Mutter aus den Federn zu holen. Vor ihm dampfte der frische Kaffee aus dem Becher. Einer Eingebung folgend griff er sich das Foto, das er gestern Abend auf die

Anrichte neben der Kaffeemaschine gelegt hatte. Nachdem Sara beim Essen davon angefangen hatte, hatte Helena die Aufnahme des vermeintlichen Cristiano Ronaldo natürlich sofort sehen wollen. Amüsiert hatte sie danach Sara immer wieder damit aufgezogen, bis es für die Kleine endlich Zeit wurde, ins Bett zu gehen. Jetzt vertiefte er sich noch einmal in die Gesichter der Männer. João, Martin, Renato – und ein Unbekannter. Alle vier sahen sie irgendwie zufrieden auf. Aber auch unternehmungslustig. Er fragte sich, was sie nach der Aufnahme wohl vorgehabt hatten. Und wie stets, wenn er so ein Bild vor sich hatte, interessierte ihn auch, wer es geschossen hatte. Vielleicht konnte ihm das Catia beantworten. Sie arbeitete schon lange für Martin, und es konnte durchaus sein, dass ihre Bekanntschaft bis zum Zeitpunkt der Aufnahme zurückreichte.

Im grellen Licht der Morgensonne, die durchs Küchenfenster fiel, konnte er das körnige Foto jetzt deutlich besser studieren als gestern im düsteren Keller. Bisher hatte sich ihm noch nicht erschlossen, wo genau es entstanden war. Nun fiel ihm ein Detail ins Auge, das ihn gleich noch ein Stück wacher machte. War das möglich?

»Cristiano Ronaldo«, flüstere Helena ihm ins Ohr und hauchte einen Kuss hinterher. Er zuckte zusammen, und sie lachte. Ihr vom Duschen nasses Haar hinterließ eine feuchte Spur auf seiner Wange.

»Habe ich dich beim Nachdenken gestört?«

Henrik fühlte sich tatsächlich ertappt und versuchte, die Situation mit einem Lächeln zu überspielen. Wie beiläufig legte er das Foto mit der Bildseite nach unten zurück auf die Anrichte. Helena umrundete den Tisch und setzte sich auf ihren bevorzugten Platz, ohne ihn aus den Augen zu lassen. Er kannte diesen besonderen Blick von ihr nur zu gut.

»Wo ist der Wildfang?«, erkundigte er sich schnell, um sie davon abzuhalten, ihrerseits nachzuhaken. Zum Beispiel danach, was gerade in seinem Kopf vorgegangen war, als sie die Küche betreten hatte. Doch auch Helena brauchte nicht zu antworten, denn besagter Wildfang kam in dem Moment hereingestürmt und unterband damit alle weiteren Fragen.

# 18
# Helena

*Was er nur ständig mit diesem Foto hat …*

Manchmal kam er ihr so verschroben vor. Was das betraf, schien er seinem Onkel ziemlich ähnlich zu sein. Ja, wenn sie genauer darüber nachdachte, war es eigentlich unglaublich, dass Martin Falkner seinem Neffen Henrik dieses Vermächtnis hinterlassen hatte, ohne ihn vorher jemals getroffen zu haben. Ohne dass der Antiquar wusste, wie sein Neffe überhaupt tickte, hatte er sich den ehemaligen Kriminalkommissar herausgepickt, um ihm sein delikates Erbe anzuvertrauen. Aber die Wahl war zweifellos gut. Denn wer außer Henrik hätte Martins Absicht erkennen können? Wer außer ihm hätte zudem die Leidenschaft aufgebracht, es nicht nur dabei zu belassen, das Archiv der ungeklärten Verbrechen zu verwalten, sondern sich auch darangemacht, diese Vergehen weiterzuverfolgen?

*Wer sagt überhaupt, dass Martin seinen Neffen nicht kannte? Vielleicht hat er ihn aus der Ferne beobachtet.*

Doch nach einer Weile verscheuchte Helena diese Grübeleien; sie hatte einfach keine Zeit dafür, sich über das Verhältnis von Onkel und Neffen den Kopf zu zerbrechen. Nein, heute war *sie* an der Reihe. Sie hatte ihm oft genug bei seinen mysteriösen Fällen unter die Arme gegriffen, nun war es an der Zeit, dass er sich revanchierte. Mitten in der Nacht hatte sie diesen Entschluss gefasst und war irgendwann, in einer jener Phasen des Wachseins, die ihren Schlaf immer mal wieder unterbrachen, mit sich übereingekommen, es mit einem Weg zu versuchen, der zwar in ihrer Behörde nicht auf Zustimmung stoßen würde, der ihr aber methodisch günstiger erschien. Außerdem war bei dieser Ermittlung ohnehin so vieles anders, da musste sie schon allein wegen der knappen Zeit, die ihr die Staatsanwältin eingeräumt hatte, etwas improvisieren.

*Was zum Teufel hat dich so lange aufgehalten, Ana Lúcia?*

Schon summte sie wieder, diese Mücke. Doch bevor sie sich erneut damit befassen konnte, summte noch etwas anderes. Das Handy lag neben dem Kaffeebecher, den Henrik ihr hingestellt hatte. Sie setzte sich zu Sara und ihm an den Tisch.

*Die Vorzeigefamilie beim Frühstück.*

»Vom Kindergarten«, verkündete Helena, nachdem sie die eingegangene SMS gelesen hatte. »Die Einrichtung ist entseucht. Alle Eltern, deren Nachwuchs nicht von Läusen befallen war, dürfen ihre Kinder wieder hinbringen.«

Sara zog einen Flunsch.

»Willst du dich echt darauf verlassen?«, fragte Henrik sogleich, als hätte er sich mit ihrer Tochter abgesprochen, dass ihnen diese Nachricht missfiel. »Ich meine, wie können die sicher sein, dass die Kinder, die heute wieder dort abgesetzt werden, nicht doch Läuse haben? Werden etwa alle ausgekämmt, bevor sie reingelassen werden?«

»Hey, mach dich nicht lustig!«

»Ist mein Ernst«, beteuerte Henrik und biss so genussvoll in sein Pão de Deus, dass der Puderzucker aufstaubte.

»Man *muss* sich auf so was verlassen können, zumindest als alleinerziehende Mutter.«

»Gib ihnen doch wenigstens noch bis Montag Zeit«, sagte er, nachdem er fertig gekaut hatte. Dabei blinzelte er in Saras Richtung. »Lass sie heute noch mal bei mir und gerne auch am Wochenende, falls du einen Einsatz hast.«

»Bin dafür!«, warf Sara ein und verschmierte dabei noch mehr Nussnougatcreme um ihren Mund bis hinauf zur Nasenspitze.

»Das ist lieb von dir«, wandte sich Helena an Henrik. »Aber ich habe heute einen anderen Auftrag für dich.«

»Was anderes als Kinderbetreuung?«, fragte er, und fast hätte sie ihm den betroffenen Tonfall abgenommen.

»Es ist wichtig!«

Er hob beschwichtigend die Hände. »Okay, okay. Um was geht's?«

»Eine Observation.«

# 19
# Helena

1999

Jetzt, da jemand aus der Dunkelheit dieses fünfhundert Jahre alten Gemäuers auf sie zustürmte, verließ sie doch der Mut. Noch hatte sie Zeit, zurück in ihre Zelle zu huschen, die Tür hinter sich zu schließen und sich, wenn nötig, dagegenzustemmen. Sie konnte mucksmäuschenstill ausharren, bis alles vorüber war. Doch stattdessen hielt sie den Taschenlampenstrahl wie gebannt den sich schnell nähernden Schritten entgegen. Einen Wimpernschlag später bog etwas Massiges um die Ecke, schwärzer als die Schatten, die den kalten Gang füllten, und stolperte in den Lichtkegel.

Geblendet riss die Gestalt die Arme nach oben, kam dabei noch mehr ins Straucheln, hielt sich dann aber doch auf den kurzen Beinen und bremste schwer schnaufend ab.

Helena senkte die Taschenlampe.

»Mein Kind! Gott sei Dank!«, keuchte der Padre. Seine Stimme klang wie die überspannte Saite einer Violine.

»Was ist passiert?«

»Komm schnell, ich brauche deine Hilfe!«, rief er und machte auf dem Absatz kehrt, ohne ihre Reaktion abzuwarten.

Für ein paar Momente blieb sie, wo sie war, und starrte verdutzt dem Priester hinterher, den dieselbe Dunkelheit verschluckte, die ihn vor wenigen Sekunden ausgespuckt hatte. Dann blickte sie verwirrt an sich hinab. Es war so kalt in ihrer Mönchszelle gewesen, dass sie auf ihr Nachthemd verzichtet hatte und einfach in Jogginghose und dickem Pulli unter die Decke geschlüpft war. Darüber konnte sie nun erst recht froh sein. Sie hätte sich geschämt, hätte Pater Oliveiros sie im Nachthemd gesehen, auch wenn ihm das in seinem momentanen Zustand vermutlich gar nicht aufgefallen wäre. Er hatte ja noch nicht einmal bemerkt, dass sie ihm nicht folgte.

*Er braucht meine Hilfe.*

Dieser Gedanke riss sie endlich aus ihrer Starre. Auch wenn ihr nicht sonderlich wohl dabei war, setzte sie sich in Bewegung. Barfuß huschte sie den Gang entlang und bog um die Ecke. Dort, am Ende des Flures war ein schwacher Lichtschein zu erahnen. Nicht mehr als das Flackern einer Kerze, das durch die offen stehende Tür aus einer der Kammern drang. Sie wusste gleich, dass es die Zelle war, in der Sandro und Miguel untergebracht waren. Und wie es aussah, war Oliveiros dort hinein verschwunden.

Mittlerweile war sie überzeugt, dass sie vor dem Schrei das Schlagen einer Tür gehört hatte. Daher wunderte sie sich, dass keines der anderen Kinder neugierig den Kopf hinaus auf den Gang streckte, während sie ihn entlangschritt. Immerhin lag ihre Kammer fast am weitesten von jener entfernt, aus der der Lärm gekommen war.

Vorsichtig betrat sie schließlich die Zelle, den Lichtkegel ihrer Taschenlampe zu Boden gesenkt. Der breite Rücken des Padres versperrte ihr weitgehend die Sicht. Dennoch konnte sie sehen, dass die beiden Jungen auf ihren Betten hockten. Als Nächstes erkannte sie, dass Miguel Blut aus der Nase lief. Damit nicht genug – es schien auch, als hätte der Junge bis gerade eben noch geweint. Seine Augen waren rot, und die Wangen glänzten nass. Der Priester hatte sie jetzt bemerkt und rückte zur Seite, damit sie Platz in der engen Kammer fand. Auf dem Fensterbrett gegenüber der Tür tanzte die Kerzenflamme in der Zugluft, die durch die schlecht verkitteten Glasscheiben drang.

»Was ist passiert?, fragte sie, nun schon zum zweiten Mal, seit sie so unsanft geweckt worden war.

»Sie haben sich geprügelt«, erklärte der Padre. Er war so aufgebracht, dass er kaum zu verstehen war. Wobei er nicht wütend klang, sondern vielmehr um Fassung zu ringen schien. Fühlte er sich so hilflos, weil aus einem seiner Lämmchen ein Wolf geworden war? Noch dazu aus dem, von dem man es am wenigsten erwartet hätte ... »Ich ging vorhin zufällig hier vorüber und bekam den Streit mit.« Er deutete auf Sandro und schüttelte den Kopf. »Er war wie vom Teufel besessen, ich konnte ihn kaum von dem anderen runterzerren. Und als es mir endlich gelang, da kreischte er mir so heftig entgegen, dass mir immer noch die Ohren klingeln ... Ich musste doch tatsächlich hinaus in den Gang flüchten!«

Weder Sandro noch Miguel schafften es, ihr oder dem Priester in die Augen zu sehen. Sie fand die kleine Auseinandersetzung, die mit einer blutigen Nase endete, nicht wirklich gravierend. Jedenfalls konnte sie nicht nachvollziehen, wieso der Padre so ein Drama daraus machte. Auch nicht, warum er sie unbedingt hatte dazuholen müssen. Mitten in der Nacht. Genau genommen hatte sie kein Gefühl dafür, wie spät es wirklich war.

»Und jetzt?«, wollte sie wissen. Die Lage hatte sich ja offenbar bereits beruhigt, und keiner der beiden traf Anstalten, sich näher zu dem Geschehen zu äußern.

»Wir sollten sie trennen, zumindest für heute Nacht«, entgegnete Pater Oliveiros. »Würdest du Sandro mit zu dir nehmen? Dann kümmere ich mich um den Verletzten.«

Meinte er das ernst? Sie suchte den Blick des Priesters, doch der wich ihr aus.

»In deiner Kammer gibt es ja noch ein freies Bett, und Zudecke und Kissen kann der Junge mitnehmen.«

Helena fühlte sich zu überrumpelt, um zu widersprechen.

»Du hast es gehört!«, wandte sie sich stattdessen an Sandro und machte sich dann auf den Weg zurück in ihr Zimmer, darauf lauschend, wie ihr mit einigem Abstand das Tappen nackter Füße folgte. Zwei Minuten später lag Sandro in dem Bett, auf dem sie bis jetzt ihre Reisetasche abgestellt hatte, die sie nun mangels eines Schranks oder einer sonstigen Ablage zwischen Wand und Kopfteil ihres Betts gestopft hatte. Der Junge hatte sich zugedeckt bis übers Kinn, als wollte er sich vor ihr verstecken. Frustriert knipste sie die Taschenlampe aus und rollte sich in die muffige Wolldecke.

Schnell merkte sie, dass sie nicht einschlafen konnte. Zum einen waren die Gedanken in ihrem Kopf zu laut, zum anderen spürte sie, dass ihr neuer Zimmergenosse ebenfalls keine Ruhe fand. Nicht dass er sich ständig hin und her wälzte oder irgendwelche Laute oder Geräusche von sich gab. Genau das Gegenteil war der Fall. Er war so absolut still, dass er einfach wach sein *musste*. Nicht einmal Atemgeräusche waren zu hören. Unmöglich, dass der Junge schlief. Das Gedankenkarussell in ihrem Kopf nahm Fahrt auf. Was war da bloß passiert? Ausgerechnet der auffallend zurückhaltende Sandro hatte dem einen halben Kopf größeren und gewiss zehn Kilo schwereren Miguel eine Abreibung verpasst, und zwar so heftig, dass sogar Tränen geflossen waren. Von der lädierten Nase mal ganz abgesehen. Woher war die Wut gekommen, die aus diesem schmächtigen Körper herausgebrochen war? Irgendwann ertrug sie es nicht länger, also setzte sie sich schließlich wieder auf, tastete nach der Taschenlampe und sandte einen Lichtstrahl hinauf zu der mit wurmstichigen Holzbalken durchzogenen Zimmerdecke.

Sofort schreckte Sandro hoch und warf ihr einen entsetzten Blick zu. Seine Augen schimmerten feucht.

»Warum habt ihr euch gezankt?«, wollte Helena wissen.

Sandro schniefte, blieb aber stumm.

»Er hat dich geärgert?«

Der Junge nickte verhalten.

»Hast du auch was abgekriegt?«

Er überlegte lange, dann schüttelte er den Kopf, doch sie merkte, dass er den rechten Arm komisch hielt, als hätte er dort Schmerzen.

»Tut dir die Schulter weh?«

»Ein … ein bisschen«, gab er leise zu.

»Zeig mal!«, verlangte sie.

»Besser nicht.«

Helena stand auf und richtete den Lichtkegel direkt auf Sandro. »Stell dich nicht so an!«

Der Junge zuckte zusammen und rutschte zurück bis an die Wand.

»Los jetzt!«, knurrte sie und zog finster die Brauen zusammen.

Sandro stieß einen seltsamen, fast schon winselnden Laut aus, dann schob er sein ausgeblichenes und arg verschossenes Benfica-T-Shirt nach oben und streifte es sich über den Kopf. Im weichen Licht der Taschenlampe blickte Helena auf den spitz zulaufenden Brustkorb des Achtjährigen. Jede einzelne Rippe war zu sehen – und außerdem jede Menge Narben und blaue Flecken.

# 20
# Henrik

Die Gasse lag im Schatten. Der Wind, der die Rua do Almada heraufblies, trug noch deutlich die Kühle der Nacht mit sich. Doch ein Blick nach oben versprach einen weiteren wolkenlosen Tag. Catia fegte den Gehweg vor dem Schaufenster. Es war eine Art Ritual von ihr, das sie eingeführt hatte, nachdem sie in Renatos ehemalige Wohnung unterm Dach gezogen war. Er trat aus der Ladentür und lehnte sich an die Mauer. Obwohl sie ihn bemerkt hatte, schwang sie den Besen unbeirrt weiter. »Ich bin heute vermutlich den ganzen Tag unterwegs«, sagte er.

Sie hielt inne, ohne sich ihm zuzuwenden. Das schwarze, knöchellange Kleid flatterte um ihre dünnen Beine. Eine kräftige Bö wehte den Straßenstaub wieder auseinander den sie eben zu einem kleinen Haufen zusammengekehrt hatte.

»Du brauchst den Laden nicht bis zum Abend offen zu lassen. Mach einfach zu, wenn dir danach ist.«

»Ich halte es wie immer«, brummte sie. Sie ließ den Besen noch einmal tanzen, dann drehte sie sich plötzlich zu ihm um. »Unternimmst du was mit der Kleinen?«

Die Frage überraschte ihn. Catia hatte bislang kein Interesse an Sara gezeigt. Im Gegenteil, eigentlich hatte sie bis eben so getan, als würde das Mädchen überhaupt nicht existieren. Das führte er vor allem darauf zurück, dass sie seine Beziehung zu Helena kategorisch ablehnte. Aber natürlich war ihr nicht entgangen, dass er Sara gestern den ganzen Tag um sich gehabt hatte.

»Leider nein, ich muss heute was anderes erledigen«, erklärte er. »Aber ich wollte dir was zeigen …« Er hielt ihr das Foto hin, das Sara gestern entdeckt hatte.

Catia kam näher und blinzelte. »Meine Brille liegt drinnen«, sagte sie.

Ihm fiel ein, dass sie seit ein paar Wochen eine Lesebrille aufsetzte, wenn sie in Büchern blätterte oder Bestandslisten aktualisierte.

»Die beiden links, das sind João und Martin. Der daneben könnte Renato sein. Aber erkennst du auch den ganz rechts?«

»Im Moment erkenne ich überhaupt niemanden«, erklärte sie und griff sich die Aufnahme.

Im Austausch dafür bekam Henrik den Besenstil in die Hand gedrückt. Catia ging in den Laden. Und sie ließ sich Zeit. Vielleicht wusste sie nicht mehr, wohin sie ihre Brille gelegt hatte. Er dachte bereits darüber nach, mit dem Kehren weiterzumachen, da kam sie endlich wieder heraus, mit der Brille auf der Nase.

»Wo hast du das her?«, fragte sie. Es klang vorwurfsvoll.

»Keller«, sagte er.

Sie gab einen missbilligenden Laut von sich. »Ist uralt«, kommentierte sie. »Das war Anfang der 80er-Jahre. Und ja, der da ist Renato. Muss um den Dreh geknipst sein, als er mich mit deinem Onkel bekannt gemacht hat.«

Henrik tippte auf die vierte Person.

Catia schüttelte den Kopf. »Keine Ahnung, wer das ist.«

Sie hatte ihn früher einige Male belogen, dennoch sah er jetzt keinen Grund, ihr nicht zu glauben, was den Unbekannten auf dem Bild betraf. »Hast du eine Idee, wo das Foto entstanden sein könnte?«

Catia hielt das Bild von sich weg und zog es dann wieder näher heran. »Der Ausschnitt gibt nicht gerade viel preis.«

Das hatte er auch schon festgestellt. Die Männer standen irgendwo auf steinigem Untergrund. Undeutlich waren hinter ihnen ein paar größere Felsen zu erkennen und ganz am rechten Rand so etwas wie eine Mauer.

»Und wer könnte der Fotograf gewesen sein?«

»Die *Fotografin*«, sagte Catia und reichte ihm die Aufnahme.

»Eine Frau? Woher weißt du das?« Er kannte sie gut genug, um zu bemerken, dass er sie mit seinen Fragen nervte. Dass sie es womöglich sogar bereute, ihm überhaupt etwas dazu gesagt zu haben.

Manchmal versöhnte sie ein Blick in die Vergangenheit, zurück in diese ausgelassene Zeit, die sie im Kreis von Martin und seinen Freunden verbringen durfte. Doch zumeist schreckte sie davor zurück, mit Henrik darüber zu sprechen, vielleicht weil sie vermeiden wollte, etwas Falsches zu sagen. Etwas, das er irgendwann gegen sie verwenden konnte.

»Bitte, ich bin nur neugierig. Es hat nichts mit einem von Martins Fällen zu tun«, versicherte er ihr.

Sie holte übertrieben Luft, wie um ihm zu zeigen, dass sie eigentlich ihre Ruhe wollte. Doch dann gab sie sich doch einen Ruck. »João hatte eine Freundin, also … du weißt schon, was ich meine. Die war zu dieser Zeit viel mit ihm zusammen. Vermutlich hoffte sie, über ihn an eine Galerie zu kommen. João war damals schon ziemlich angesagt in Kunstkreisen.«

»Weißt du auch ihren Namen?«

Catia nahm die Brille ab und musterte ihn herausfordernd. »Vielleicht fällt er mir irgendwann wieder ein. Ich bin heute ja den ganzen Tag alleine und habe Zeit, um ungestört nachzudenken.« Damit marschierte sie ins Antiquariat zurück und ließ ihn in der Gasse stehen. In der einen Hand die Fotografie, mit der er nicht weiterkam, in der anderen den Besen.

# 21

*Könnte die Mauer womöglich ein Pfeiler des Aquädukts sein?*

Diese Überlegung kreiste nun schon eine ganze Weile in seinem Kopf. Dabei war sie eigentlich völlig abwegig, eine an den Haaren herbeigezogene, verrückte Idee. Wieso brachte er dieses Bild überhaupt in Verbindung mit den Aquädukt-Morden? Allein zeitlich kam das doch schon gar nicht hin. Zwischen dem Foto und den Todesstürzen lagen acht, vielleicht sogar zehn Jahre. Henrik schüttelte den Kopf. Er musste damit aufhören, schließlich hatte er einen Auftrag übernommen.

Leider war genau das sein Problem. Es passierte nämlich nichts. Seit einer halben Ewigkeit drückte er sich hier nun schon tatenlos herum. Mauro Pedrosa, der Mann, den er für Helena observierte, hockte in seinem Büro in dem hübsch renovierten Gebäude am Largo da Academia Nacional. Darin war der Mann vor rund drei Stunden verschwunden und seither nicht wieder aufgetaucht. Auf dem Weg hierher hatte Pedrosa keinen Umweg gemacht und nirgendwo angehalten. Nicht einmal vor einer Pastelaria, um noch schnell einen Espresso zu trinken oder sich mit Coffee to go und Gebäck einzudecken.

Für die Verfolgung von Mauro Pedrosa quer durch die Stadt hatte Henrik ein Uber gebucht. Dieses für ihn immer noch ungewohnte Transportsystem hatte er kürzlich erstmals ausprobiert und feststellen können, dass es je nach Auftrag ganz gut für seine Zwecke funktionierte. Freilich kam es immer noch auf denjenigen an, der diesen Service ausführte. Sein heutiger Fahrer, vom Typ her eine Nordafrikaner, wirkte sichtlich aufgeregt, als er ihm auftrug, dem schnittigen Mercedes Coupé von Pedrosa zu folgen. Diese Aufregung schlug schließlich in Übermotivation um, und Henrik musste den Mann, der sich offenbar in einer Art Geheimdienstoperation wähnte, mehrfach zügeln, damit er nicht ständig die Spur wechselte oder zu dicht auffuhr. Als Henrik an seinem unspektakulären Ziel ankam, ausstieg und nichts weiter passiert war, war die Enttäuschung des Fahrers nicht zu übersehen. Pedrosa hatte nicht versucht, sie abzuhängen oder ihnen gar zu entkommen. Er hatte nicht einmal bemerkt, dass er beschattet wurde – was für Henrik natürlich von Vorteil war. Leider war der Job, den er hier zu erledigen hatte, in der Folge zu einer zähen Angelegenheit geworden. Dieses ewige Abwarten und Ausharren war eine Sache, auf die er sehr gut hätte verzichten können. Allerdings bestand das Leben eines Detektivs in den allermeisten Fällen genau daraus. Henrik wusste von Helena, welches der Fenster zu Mauro Pedrosas Büro gehörte, aber nicht einmal dort war irgendetwas zu sehen. Kein vorbeihuschender Schatten, keine Silhouette des Mannes, wenn er vielleicht beim Telefonieren hinunter auf die Straße blickte. Es passierte absolut nichts. Aus gutem Grund überließ Henrik diesen zermürbenden Teil der Arbeit am liebsten seiner Aushilfe Gisela, die er ab und an für solche Aufträge einspannte.

Aber das hatte er diesmal natürlich nicht machen können. Helena hätte ihn einen Kopf kürzer gemacht, hätte sie mitbekommen, dass er diese Aufgabe nicht selbst erledigte. Außerdem war dieser Fall durchaus heikel. Er kannte nicht alle Details, aber das brauchte er auch nicht. Es ging um den Tod eines Kindes, und das reichte, um sich der Sache gewissenhaft anzunehmen.

Außerdem war es eine Besonderheit, dass Helena ihn hinzuzog. Immerhin handelte es sich um eine polizeiliche Ermittlung, angeordnet von höchster Stelle. Auch wenn genau dieser Punkt weitere Fragen aufwarf. Irgendetwas an dem Vorgehen dieser

Staatsanwältin stimmte für ihn nicht. Und je mehr er darüber nachdachte, desto mehr störte ihn diese Ungereimtheit. Wieso sollte Helena nicht wie üblich auf Kollegen zurückgreifen, um den Vater des Jungen zu überwachen? Warum bestand diese Staatsanwältin darauf, dass Helena die Umstände, die das Kind das Leben gekostet hatten, im Alleingang untersuchte? Er hatte das vorhin, bevor sie mit Sara aufgebrochen war, noch einmal kurz zur Sprache gebracht – und wusste nur so viel, dass Helena sich darüber selbst noch im Unklaren war.

Der Schatten des Palisanderbaums, unter dem er auf einer Bank saß, wanderte kontinuierlich weiter, und die Sonne brannte ihm schließlich direkt auf die Birne. Der Frühling kam jetzt wohl doch mit Macht. Bei diesem Wetter würde es nicht mehr lange dauern, dann würde der Baum sich mit einer intensiven lilafarbenen Blütenpracht schmücken. Henrik riss sich aus seiner Lethargie und wechselte den Standort; nun drückte er sich in eine schmale Nische in der dem Bürogebäude gegenüberliegenden Häuserzeile. Sobald die Sonne den Zenit erreichte, wäre er ihr aber auch hier schutzlos ausgeliefert. Er bereute, keine Mütze mitgenommen zu haben. Zum Glück hatte er wenigstens ausreichend Wasser in den Rucksack gepackt, bevor er losgezogen war.

Eingelullt von der steigenden Temperatur, gab er sich wieder seinen zerfahrenen Spekulationen über das Gruppenfoto hin. Schnell kam er dabei vom Hundertsten ins Tausendste. Schon länger beschäftigte ihn die Überlegung, ob es der Aquädukt-Mörder damals womöglich auf Schwule abgesehen hatte. Männer wie Martin, João und Renato. Und dass es genau dieser Aspekt war, der Martin auf den Plan gerufen hatte. Man konnte wohl ziemlich sicher davon ausgehen, dass auch derjenige, den Sara für Cristiano Ronaldo hielt, homosexuell war. Aber das schuf natürlich immer noch keinerlei Verbindung. Es war sogar völlig unlogisch, nach dergleichen überhaupt zu suchen. Früher, während seiner Zeit bei der Kripo, wäre er auf so eine Idee niemals gekommen. Aber Lissabon hat einige seiner Gewohnheiten gewandelt. Sein Horizont war auf untergründige Weise erweitert worden, und das führte dazu, dass er auch absurde Überlegungen nicht von vornherein ausklammerte. Vielleicht war es ein erster Schritt hin zu mehr Klarheit, wenn er herausfand, um wen es sich bei dem vermeintlichen Ronaldo wirklich handelte. Konnte ihm da wohl diese Fotografin weiterhelfen, von der Catia gesprochen hatte? Hoffentlich kam sie wieder auf den Namen der Frau, die vor über dreißig Jahren eine Freundin von Martins Lebensgefährten João de Castro gewesen war. Und hoffentlich fühlte sich Catia dann auch dazu bereit, ihm zu verraten, wie diese Frau hieß.

Bisweilen war es äußerst ärgerlich. Weder sein Onkel noch der Kunstmaler lebten noch. Renato hatte sich in irgendein Loch verkrochen und schien nicht vorzuhaben, ihm je wieder unter die Augen zutreten. Daher blieb nur noch Catia, um ihm Einblicke in Martins Vergangenheit zu gewähren, immer vorausgesetzt, ihre Launen gestatteten es. Vermutlich würde sie sich auch diesmal wieder mehrfach bitten lassen, bis sie endlich mit weiteren Informationen herausrückte.

Doch selbst wenn sie sich erinnerte und sich dazu herabließ, ihm einen Namen zu nennen – wie hoch war dann die Wahrscheinlichkeit, dass ihm der Name der Fotografin oder die Identifikation des vierten Mannes weiterhalfen in Bezug auf die Mordfälle am Aquädukt? So wie es aussah, schien Martin dem Gruppenbild ja gar keine besondere Bedeutung beigemessen zu haben, sonst hätte er doch sicher eine Botschaft für ihn darauf hinterlassen.

Es wäre wirklich besser, die ganze Sache mit dem Foto endlich zu vergessen. Oder sie zumindest hintanzustellen. Sie hatte so lange im Verborgenen gelegen, da machten ein paar Tage mehr auch nichts aus. Niemand war dadurch jetzt noch unmittelbar in Gefahr und wartete darauf, von ihm gerettet zu werden, sagte er sich.

Trotzdem konnte er sich selbst damit nicht völlig überzeugen.

# 22
# Helena

1999

Das Licht der Taschenlampe ließ die Hämatome in allen Farben leuchten. Keine der Verletzungen an Sandros Oberkörper jedoch war so frisch, dass sie von seinem Kampf mit Miguel hätte stammen können. Einige Flecken waren bereits gelblich-grün verblichen, andere wiederum von dunklem Violett und daher vermutlich erst wenige Tage alt. Helena wusste nicht, was sie sagen sollte. Sie war wie vor den Kopf geschlagen. Verlegen wandte sie sich ab, knipste die Lampe aus und schlüpfte wieder unter ihre Decke.

»Ist bestimmt morgen wieder heil«, murmelte sie in die Dunkelheit.

Sandro schwieg.

Auch wenn der Anblick von Sandros malträtiertem Brustkorb das prägendste Bild war, das Helena von der Kirchenfreizeit mit nach Hause nahm, redete sie nicht darüber. Nicht mit ihrer Mutter und auch nicht mit Pater Oliveiros. Sie fühlte sich gefangen in einer Ratlosigkeit, die sie bis dahin nie gekannt hatte. Gleichzeitig quälte sie eine fortwährende Unruhe. Auch wenn sie selbst keinerlei Erfahrung mit körperlicher Gewalt innerhalb der Familie gemacht hatte – wofür sie zutiefst dankbar war –, wusste sie natürlich, dass so etwas existierte. Ebenso wie sie wusste, dass alle vermieden, über dergleichen zu sprechen. Sie meinte, auch niemanden in ihrem persönlichen Bekanntenkreis zu haben, der solchen Misshandlungen ausgesetzt war, allerdings war sie sich da plötzlich nicht mehr sicher.

Nicht mehr, seit sie Sandro kannte. Sandro. Wie lange konnte sie darüber noch schweigen? Mit jedem Tag, den sie es hinauszögerte, die Sache zu melden, verlängerte sie das Leiden des Jungen. Da war sie sicher.

Trotzdem verstrich die erste Woche nach ihrer Rückkehr aus den Sintra-Bergen, ohne dass sie etwas unternahm. Dabei war sie einige Male kurz davor, ihre Mutter einzuweihen. Doch immer, wenn sie Mut gefasst hatte, kam ihr Tomás in den Sinn. Und wie sehr ihre Mutter immer noch darunter litt, dass sie ihn verloren hatte. Was würde es also bei ihr anrichten, wenn ihr Helena schilderte, was sie gesehen hatte? Würde sie das nicht zu sehr aufwühlen und ihren Gemütszustand wieder verschlimmern?

Gefangen in ihrem Dilemma, haderte Helena noch weitere drei Wochen, bis sie sich schließlich schweren Herzens dazu durchrang, ein Gespräch mit ihrem geistlichen Beistand zu suchen. Sie wollte es während der Beichte tun. Im Schutz des abgedunkelten Beichtstuhls und geschützt durch das filigrane Holzgitter, das nur schemenhaft die Züge des Priesters erkennen ließ. Leider kam ausgerechnet an dem Tag, da Helena sich mutig genug fühlte, einen Pfarrer aus ihrer Kirchengemeinde ins Vertrauen zu ziehen, ans Licht, wie genau Padre Oliveiros sich in jener verhängnisvollen Nacht im Convento dos Capuchos um den verprügelten Miguel gekümmert hatte.

Seit dem Ausflug in den Konvent war ein ganzer Monat vergangen, und es standen beinahe schon die Pfingstfeierlichkeiten ins Haus. Was Miguel anging, hatte man anfänglich geglaubt, die Besinnungstage in den Bergen hätten dazu geführt, dass aus dem lautstarken Rabauken ein in sich gekehrter Junge geworden war. Ja, die Eltern waren geradezu dankbar für den durch Gottes Fügung erfolgten Wandel vom Saulus zum Paulus gewesen. Freunde von Miguel hingegen hatten einen anderen Blick auf die Sache. Vielmehr hieß es bei den Jungs, dass die Abreibung samt blutiger Nase, die Sandro seinem Zimmergenossen verpasst hatte, Miguel auf ewig den Schneid geraubt hatte. Dass sein aufbrausendes, zehnjähriges Ego es nicht hatte verkraften können, einem zwei Jahre jüngeren Jungen unterlegen gewesen zu sein.

Doch zwischen Ostern und Pfingsten wurde die Wesensveränderung bei Miguel irgendwann so beunruhigend auffällig, dass weder die Rangelei mit Sandro noch die Hoffnung, der dreitägige Klosteraufenthalt hätte seinen Charakter gemildert, weiter als Erklärung gelten konnte. Zumal sich auch seine schulischen Leistungen nach dem Ausflug deutlich verschlechterten. Alles zusammen führte schließlich dazu, dass Miguels Mutter den Jungen so lange bearbeitete, bis dieser sich ihr in einer Art Nervenzusammenbruch offenbarte. Und obwohl jeder, der davon Wind bekam, zu schweigen schwor, jagte die Schreckensmeldung wie ein Lauffeuer durchs Alfama.

So stellte sich in der Folge heraus, dass es bei Pater Gabriel Oliveiros doch eine Sache gab, bei der er Durchsetzungsvermögen zeigte, ja sogar mit subtilen Drohungen umzugehen wusste und zu manipulieren verstand. Entsetzen machte sich breit. Natürlich auch in den Reihen der Kirche, wo man schnell begriff, dass man, wenn überhaupt, nur noch die eigene Haut retten konnte.

So erlangte Pater Gabriel Oliveiros abstoßende Berühmtheit, als er noch vor der Jahrtausendwende zum ersten Geistlichen Lissabons wurde, bei dem die Missbrauchsvorwürfe gegenüber einem seiner Schutzbefohlenen an die Öffentlichkeit kamen. Wobei es danach noch weitere sechs Jahre dauerte – und es vor allem einen neuen Papst brauchte –, bis die katholische Kirche endgültig ihr Schweigen brach. Doch unter dem immensen Druck der Medien blieb dem Klerus letztlich keine andere Wahl mehr, als kircheninterne Maßnahmen gegen Priester einzuleiten, deren Vergehen man bis dahin systematisch vertuscht hatte.

Bei Helena führten die Anschuldigungen gegen Oliveiros zu der Einsicht, dass sie wegen der Sache mit Sandro weder auf familiären noch auf kirchlichen Beistand zählen konnte. Also entschied sie, Sandros Eltern selbst zur Rede zu stellen.

# 23
# Helena

Was das Kinderkriegen anging, war sie spät dran gewesen. Jedenfalls aus Sicht ihrer Familie. In ihrem Verwandten- und Bekanntenkreis war sie mit einem Mal die Einzige jenseits der dreißig, die noch kein Kind geboren hatte, während andere schon mit zwei bis drei Kindern aufwarten konnten. Man klagte darüber, ob es überhaupt noch etwas mit ihr werden würde, zumal sie ja noch nicht einmal verheiratet war. Ja, das Gefrage und Gezeter hatte gar nicht mehr aufhören wollen. Egal ob bei einem Besuch ihrer zahlreichen Cousins und Cousinen oder ob sie nur kurz in den kleinen Einkaufsladen bei ihr um die Ecke gegangen war. Immer und überall traf sie auf jemanden, der sie damit löcherte, wann sie denn endlich gedachte, eine eigene Familie zu gründen …

Merkwürdig, warum kam ihr das gerade jetzt in den Sinn? Irgendwie hing das wohl mit diesem Fall zusammen. Fredericos undurchsichtiges Schicksal wühlte sie auf und verleitete sie dazu, sich in diese alte Geschichte hineinzusteigern.

Tatsächlich hatte es nicht allein daran gelegen, dass sie lange keinen Mann getroffen hatte, mit dem sie sich ein Familienleben wirklich vorstellen konnte. Ihre Beziehungen kamen und gingen. Besser gesagt, die Männer, mit denen sie es immer nur eine Weile ausgehalten hatte – oder umgekehrt die Männer mit ihr. Es war nicht immer nur sie gewesen, die den Schlussstrich gezogen hatte. Erste Schwierigkeiten traten zumeist dann auf, wenn das Thema Kinder zur Sprache kam. Dem Nachwuchs sollte freilich eine Hochzeit vorausgehen, womit sie sich noch hätte arrangieren können. Aber Kinder? Damit tat sie sich lange Zeit schwer, was auch an der Tragödie mit ihrem Bruder und deren Auswirkungen auf sie lag. Und da ging es nicht nur um Tomás' Verschwinden, sondern auch um die Jahre davor und darum, wie seine Krankheit die Familie belastet hatte. Wegen der Autismusstörung war ihr Bruder den Schwestern gegenüber stets sehr distanziert gewesen. Und hatte natürlich auch viel mehr Zeit von ihrer Mutter beansprucht. Zeit, in der die Töchter hatten zurückstecken müssen und nicht die Aufmerksamkeit bekamen, die sie gebraucht hätten. Dass die Familie Gomes eigentlich psychologische Betreuung benötigt hätte, so wie es heutzutage als selbstverständlich galt, das war in den 1990er-Jahren natürlich völlig abwegig. Niemals hätten sich ihre Eltern diese Blöße gegeben, sich keinesfalls freiwillig eingestanden, dass sie diesen Schicksalsschlag nicht ohne Hilfe von außen bewältigen konnten. Für Beistand, sofern er überhaupt je ins Auge gefasst worden war, suchte man höchstens den Rat des Pfarrers. Und ansonsten hatte sich Tante Carla aufgedrängt, die ohnehin immer alles besser wusste.

Das alles war nie wirklich aufgearbeitet worden. Weder die Zeit mit Tomás noch die nach seinem Verschwinden. Helena hatte sich schon öfter gefragt, wie sie das nur alles ohne professionelle Hilfe hatten durchstehen können. Doch wenn sie ehrlich war, hatte sie selbst dann nicht daran gearbeitet, als ihr die Möglichkeit offenstand. Sie hätte damit jederzeit zur Polizeipsychologin gehen können – aber es war einfach so unglaublich schwer, um Hilfe von außen zu bitten.

Manchmal peinigte sie der Gedanke, was mit ihr passieren würde, wenn Sara plötzlich nicht mehr da wäre. Einmal, vor eineinhalb Jahren etwa, war Sara für ein paar Stunden aus dem Kindergarten verschwunden, und das waren die schlimmsten paar Stunden in Helenas Leben gewesen. Da hatte sie das deutliche Gefühl gehabt, dass sie nicht überleben würde, sollte ihr Sara genommen werden. Wie also hatten ihre Eltern weitermachen können, ohne nicht wenigstens den Verstand zu verlieren?

Helena bemerkte, dass sie schon eine ganze Weile reglos vor ihrem Wagen stand und von dort, wo sie gestern Abend einen Parkplatz ergattert hatte, über das Autodach hinweg an der Igreja das Chagas vorbei in den Dunst starrte, der dem Fluss entstieg und sich über das Hafenviertel legte, das sich unterhalb von ihr erstreckte. Wie tags zuvor hatten Sara und sie die Nacht bei Henrik verbracht. Nachdem sie den gestrigen Tag durchgängig an ihrem Schreibtisch in der Dienststelle gesessen hatte, um sich vorzubereiten, war sie abends überaus neugierig auf Henriks Bericht gewesen: Was trieb Mauro Pedrosa, sobald er morgens seine Wohnung in der Rua Coelho do Rocha verließ? Leider verriet ihr schon sein Gesichtsausdruck, dass die Observation ohne nennenswerte Erkenntnisse geblieben war. Pedrosa hatte den ganzen Tag in seinem Büro am Largo da Academia Nacional zugebracht. Selbst das Mittagessen hatte ein Lieferservice gebracht, wie Henrik frustriert erzählte. Dennoch hatte er sich heute Morgen dazu breitschlagen lassen, Mauro Pedrosa auch noch den heutigen Samstag zu widmen.

Daraufhin hatte Sara protestiert, mehr noch als gestern. Da hatte sie sich zumindest noch mit der Aussicht besänftigen lassen, ihre Freunde im wieder läusefreien Kindergarten zu treffen. Aber nun war Wochenende, die Betreuungseinrichtung war geschlossen, und Sara wollte keinesfalls rüber ins Alfama, um den Tag bei Helenas Nachbarin Teresa zu verbringen. Teresa war immer bereit, Sara zu sich zu nehmen, wenn Helena kurzfristig zu einem Einsatz gerufen wurde. Dieses unkomplizierte Arrangement bestand schon, seit sie in der Travessa Paraíso wohnten und Saras

Großeltern es vorgezogen hatten, raus nach Cascais zu ziehen. Das machte es unmöglich, dass Helenas Mutter Sara spontan zu sich nehmen konnte, wenn es schnell gehen musste. Daher kam Helena das Angebot ihrer Nachbarin in den letzten Jahren stets sehr gelegen. Doch Teresa war mittlerweile jenseits der siebzig, und seit ein paar Monaten machte sich häufig Unmut bei Sara breit, wenn Helena sie zu ihr rüberbrachte. Obschon eine rührige Dame, war Teresa Sara schlichtweg zu langweilig geworden, was in erster Linie wohl daran lag, dass sie nicht mehr so recht mit Saras Umtriebigkeit mithalten konnte. Daher war das Drama heute morgen groß, als Helena ihr diesen Plan unterbreitete. Sara hatte sich auf einen Tag mit Henrik eingestellt und war zutiefst beleidigt, dass es nicht so kommen sollte.

Letztlich hatte Henrik die Situation gerettet, indem er vorgeschlagen hatte, Gisela zu fragen, ob sie nicht etwas mit Sara unternehmen könnte. Und so hatten sie es dann auch gemacht.

Neben Catia war Gisela so etwas wie eine weitere Aushilfe von Henrik, wobei die junge Frau weniger für den Verkauf im Antiquariat zuständig war. Vielmehr spannte er Gisela hin und wieder für kleine und – soweit er es absehen konnte – ungefährliche Detektivarbeiten ein. Anscheinend hatte sie aber auch kein Problem damit, einen Tag mit der Beaufsichtigung einer Sechsjährigen zu verbringen.

Helenas Zustimmung zu dem Arrangement fiel eher zurückhaltend aus, aber es war das Beste, was sich so kurzfristig arrangieren ließ. Ihr anfängliches Zögern lag nicht daran, dass sie glaubte, Gisela und Sara könnten nicht miteinander zurechtkommen. Es hakte eher an ihrer Einstellung gegenüber der Zwanzigjährigen. Auch wenn es ihr schwerfiel, sich das einzugestehen, sie war eifersüchtig auf Gisela. Helena wusste, dass Henrik sie attraktiv – oder vielleicht eher interessant – fand, auch wenn er das nie vor ihr zugegeben hätte. Henrik mochte Giselas ungezwungene Lebensweise, ihre Leichtigkeit und wie sie mit allem umging, ohne sich groß Gedanken zu machen. Sie wusste nicht, wieso ihn das so beeindruckte, sie wusste lediglich, dass sie selbst nicht fähig war, ein derartiges Gefühl von Easy Living zu vermitteln, und das schmerzte auf eine ganz unangenehme Weise unterhalb des Herzens.

Jetzt endlich schaffte sie es, den Wagen aufzuschließen und einzusteigen. Es wurde auch Zeit. Sie hatte noch einiges zu erledigen, bevor sie nachmittags hinüber zum Justizpalast fuhr, um dort Andreia Pedrosa zu verhören.

# 24
# Henrik

Er hatte Gisela dazu überreden können, ihm ihre Vespa zu leihen. Das mit dem Uber war schön und gut, aber irgendwie hatte er so eine Ahnung, dass er heute womöglich flexibler reagieren musste. Für Gisela stellte es kein Problem dar, einen Tag mit der Tochter seiner Freundin zu verbringen. Sie deutete sogar an, die Kinderbetreuung nicht in Rechnung zu stellen, sofern es nicht zur Gewohnheit wurde. Was hingegen die Leihgabe des Rollers anging, bedurfte es wesentlich mehr Überzeugungsarbeit. Das Vehikel war ihr heilig, auch wenn es schon alt war und sie jede Woche mindestens einmal daran herumschrauben musste, um es am Laufen zu halten. Henrik hatte sich an das Klappern und Rasseln unter der Verkleidung gewöhnt. Und auch, dass der Motor manchmal einfach ausging und es dann eine Weile sehr verdächtig nach Benzin stank. Mittlerweile achtete er zu Beginn einer Fahrt mit Giselas Vespa nur noch darauf, ob die Bremsen funktionierten. Alles andere – die Vibrationen und das metallische Scharren und Pfeifen zwischen seinen Beinen – versuchte er, so gut es ging, zu ignorieren.

Bald darauf kam er in der Rua Coelho da Rocha an, zwar ohne einen wirklichen Anhaltspunkt, ob Mauro Pedrosa an einem Samstag überhaupt vor die Tür ging, doch einen anderen Ansatz hatte er nicht. Außerdem, wie Helena berichtet hatte, konnte der Geschäftsmann es sich in seiner aktuellen Finanzlage gar nicht leisten, zu Hause zu bleiben. Selbst am Wochenende.

Pedrosas Wagen stand noch vor dem Haus. Beruhigend, da Henrik dann wohl rechtzeitig dran war. Der Mercedes hatte einen unschönen Kratzer am rechten Kotflügel, der ihm gestern gar nicht aufgefallen war. Aber da war er dem Wagen auch nicht so nahe gekommen. Neugierig umrundete er ihn einmal, entdeckte jedoch keine weiteren Schäden, bis auf die üblichen zu vernachlässigenden Dellen und Macken im Lack, um die ein Fahrzeug, das täglich durch Lissabon gelenkt wurde, nicht herumkam. Danach postierte er sich mit dem Roller zwischen zwei geparkten Autos, die unter dem einzigen Baum in der Straße abgestellt waren. So stand er nicht zu weit vom Hauseingang entfernt und würde wohl auch später, falls die Warterei sich wieder hinziehen sollte, noch ausreichend Schatten haben. Außerdem konnte er von hier aus schnell in beide Richtungen starten, immer vorausgesetzt, die Vespa sprang wieder an.

Ausgestattet mit ausreichend Proviant und Wasser im Rucksack, bereitete er sich auf eine lange Wartezeit vor. Doch in Wirklichkeit dauerte es nur wenige Minuten, bis eine Frau, die Henrik als Andreia Pedrosa identifizierte, das mehrstöckige Wohngebäude verließ, obwohl sie das Gesicht hinter einer großen Sonnenbrille versteckte. Er rang kurz mit sich, ob er ihr folgen sollte. Der Impuls war stark, auch wenn er sich sagte, dass sie wahrscheinlich nur kurz in die nächste Bäckerei lief, um fürs Frühstück einzukaufen. Dafür sprach, dass sie keine Handtasche bei sich trug, die Haare nur zu einem lieblosen Zopf gebunden waren und sie auch sonst in keiner Weise den Eindruck erweckte, eilig irgendwo hinzumüssen. Außerdem wusste er natürlich von ihrer anstehenden Verabredung am Vormittag. Wollte sie sich dafür noch in Schale werfen, blieb eigentlich keine Zeit mehr für einen zusätzlichen Ausflug.

Die nächste Überraschung bereitete ihm Mauro, der offenbar nicht darauf warten wollte, dass seine Frau mit frischen Frühstücksbrötchen zurückkehrte. Er kam kaum drei Minuten nach ihr aus dem Haus und steuerte, ohne sich umzusehen, auf seinen Wagen zu. Im Gegensatz zu seiner Frau war er bereits ausgehfertig. Wieder trug er einen modischen, eng geschnittenen Anzug, diesmal in lichtem Grau, und unter dem Jackett ein zartrosafarbenes Hemd.

Henrik trat den Kickstarter nach unten, ohne dass der Motor reagierte. Er wiederholte die Prozedur mehrfach, wurde aber jedes Mal lediglich von einem müden Blubbern abgespeist. Während ihm bereits der Schweiß aus den Poren trat, beobachtete er aus dem Augenwinkel, wie Pedrosa in sein Auto stieg. Der Mercedes sprang natürlich sofort an. Henrik fluchte innerlich und fragte sich bereits, wo das nächste Gefälle war, das ausreichen würde, um den Roller in Gang zu bringen. Doch dann hatte die Physik plötzlich ein Einsehen mit ihm und zündete das Gasgemisch im Kolben. Der Motor fing stotternd an zu laufen. Keine Sekunde zu spät, denn seine Zielperson war schon aus der Parklücke ausgeschert und hatte bereits einen Vorsprung von gut fünfzig Metern.

Er fuhr kaum zwei Minuten hinterher, da wurde auch schon klar, dass er nicht direkt ins Büro ging. Im Gegensatz zu gestern machte Mauro heute einen Umweg. Am frühen Samstagvormittag war nicht weniger Verkehr als unter der Woche. Henriks anfängliche Bedenken, dass er von Mauros sportlichem Boliden abgehängt werden könnte, stellte sich im innerstädtischen Gedränge als unbegründet heraus. Solange der Mann nicht auf eine Schnellstraße wechselte, die aus der Stadt hinausführte, würde die Vespa mithalten können.

Den ersten Stopp machte der Geschäftsmann am Praça Martim Moniz. Auf dem großen Platz, an dem einige Bus- und

Straßenbahnlinien sowie die Metro einen großen Umsteigeknoten im Stadtzentrum bildeten, hielt er an der nordöstlichen Ecke im Halteverbot und sprang aus dem Wagen. Überrascht von dem unverhofften Stopp, scherte Henrik mit einem riskanten Manöver hinter einem Kühllaster ein, der gerade entladen wurde. Prompt pflaumte der Fahrer ihn an, der mit Hubwagen und einer vollgepackten Europalette auf der Hebebühne balancierte und diese gerade absenken wollte. Henrik quälte den Roller über die Bordsteinkante, um nicht noch mehr Flüche auf sich zu ziehen, und war gleichzeitig darum bemüht, Mauro nicht aus den Augen zu verlieren. Schließlich stieg er ab und schob die Vespa um die Leute herum, die zwischen den Haltesteigen der Linienbusse hin und her eilten. Noch auf der Suche nach einer passenden Stelle, wo er Giselas fahrbaren Untersatz parken konnte, sah er, wie Pedrosa in einer Gasse Richtung Chinesenviertel verschwand. *Was zur Hölle will er denn da?*

Die Bezeichnung Chinesenviertel war insofern irreführend, als nur eine Gasse weiter die ostasiatischen Schriftsymbole an den Fassaden und auf den Schildern über den Einkaufsläden bereits wieder von arabischen Lettern abgelöst wurden. Diese nördliche Ecke unterhalb des Schlossbergs war ein multikultureller Brennpunkt. In diesem Gewühl aus Ethnien und Kulturen verlor man schneller den Überblick als in allen anderen Stadtteilen. Henrik war schnell klar, dass ihm Mauro entwischt war, obwohl er nur dreißig Sekunden nach ihm in die Beco Barbadela hineinhastete. Sofort zog er mehrere finstere Blicke auf sich. Um nicht weiter aufzufallen, verlangsamte er sein Tempo. Es machte keinen Sinn, derart kopflos in dem Gewusel auf der Gasse nach dem Mann im schicken Anzug Ausschau zu halten. Vor allem da er davon ausgehen konnte, dass Pedrosa nicht allzu lange verschollen bleiben würde. Mauro hatte selbst für portugiesische Verhältnisse etwas zu verwegen geparkt und würde sicher nicht riskieren, dass man sein protziges Coupé abschleppte, weil er den Rangierbereich der Stadtbusse blockierte.

Es gab für Henrik vorerst also keinen Grund, sich weiter aufzuregen, deshalb schlenderte er zur Vespa zurück, schwang sich in den Sattel und behielt den Mercedes im Auge. Damit hatte er sich richtig entschieden. Mauro kehrte innerhalb von fünf Minuten zu seinem Wagen zurück.

Henrik war sich zwar nicht hundertprozentig sicher, aber er ging dennoch davon aus, dass Pedrosa während seines kurzen Besuchs im Chinesenviertel irgendwelche Drogen gekauft hatte.

# 25
# Helena

1999

Sie wohnten nicht weit von ihr entfernt, nahe der Igreja Paroquial de São Miguel in der Rua da Galé. Das Haus sah aus wie alle anderen im Viertel. Schmal, etwas schief, vier Stockwerke, wovon eines nicht so recht zu den drei anderen passte. Von der Fassade bröckelten die gelbe Farbe und teilweise sogar der Verputz. Vor den Fenstern waren kleine Balkone angebracht, auf denen Töpfe mit Kräutern und Blumen standen und Wäsche zum Trocknen über einfallsreich gespannten Leinen hing. Im Erdgeschoss befand sich ein kleiner Gemischtwarenladen, unter dessen Markise Obst und Gemüse in Holzkisten aufgeschichtet waren.

Helena ging es nicht gut. Sie hatte wirklich Angst. Schon die ganze Zeit über, seit sie Sandros schmalen malträtierten Körper gesehen hatte, hatte sie sich immer mal wieder einzureden versucht, dass sie sich irrte. Dass sich irgendetwas anderes zugetragen haben musste, bei dem er sich seine Verletzungen geholt hatte. Aber alles davon kam ihr letztlich bloß wie eine feige Ausrede vor. Nein, sie konnte es nicht länger aufschieben. Sie musste handeln. Auf eigene Faust und obwohl ihr die Furcht die Kehle zuschnürte, jetzt da sie sich bis vor die Haustüre gewagt hatte. Doch so wie die letzten Wochen konnte es nicht mehr weitergehen. Sie tat das hier nicht nur für Sandro, sondern auch für sich selbst. Sie brauchte endlich Gewissheit, damit sie wieder schlafen konnte.

Es war kurz vor halb sechs Uhr nachmittags. Sie wusste, dass Sandros Mutter demnächst von der Arbeit kam. Das hatte sie über mehrere Tage beobachtet. Überhaupt hatte sie in den letzten eineinhalb Wochen viel Zeit damit verbracht, den Alltag von Sandros Eltern auszukundschaften, jedenfalls soweit es ihr Stundenplan und ihre Aufgaben im elterlichen Haushalt zugelassen hatten. Aufgaben, die sie schon seit Jahren zusammen mit ihrer Schwester zu verrichten hatte. Putzen, Wäsche waschen, Staub wischen und alles, was junge Frauen zu lernen hatten, bevor man sie in die Welt entließ – sprich, bevor man sie verheiratete –, damit ihr Zukünftiger ja keinen Grund zur Klage hatte. Helena hatte also getan, was von ihr erwartet wurde, und zwischendrein Sandros Eltern hinterherspioniert. Tatsächlich war Letzteres fast zu einer Art Obsession geworden, über die sie mit niemandem hätte sprechen wollen. Oder können.

Die Frau, deren Körper so klein und zierlich war, dass man sie für ein Mädchen halten konnte, wenn man sie nur flüchtig von hinten sah, war in einer Wäscherei angestellt. Drüben im Stadtteil Mouraria. Das herauszufinden war nicht sonderlich schwer gewesen. Auch nicht, dass der Betrieb die Wäsche für Hotels reinigte. Stand man vor dem Werkstor, roch es seltsam chemisch. Ein Geruch, den sie nicht lange ertragen konnte, weil sie Kopfschmerzen davon bekam. Dreimal war sie in der letzten Woche hergekommen, und jedes Mal hatte sie sich ausgemalt, wie quälend es wäre, wenn sie hier arbeiten müsste.

Sobald Sandros Mutter die Gasse herunterkam, das wusste sie, blieb ihr eine gute Stunde, bis auch der Vater auftauchen würde. Der arbeitete unten am Hafen in einer kleinen Werft, wo er Risse in Bootsrümpfen verschweißte. Den ganzen Tag einem Funkenregen ausgesetzt, das Gesicht verborgen hinter einem geschwärzten Visier. Wenn er es zum Feierabend abnahm, war es rußverschmiert, und die Haut, die durch diese Dreckschicht blitzte, war fahl und dämonenhaft, umrahmt von strähnigem Haar, das ihm weit über die Ohren reichte und in einzelnen verklebten Fransen tief in die Stirn fiel. Aber was ihn so bösartig aussehen ließ, war nicht nur der scharfe Kontrast zwischen der bleichen Haut und den öligen Schlieren auf Wangen und Stirn. Vor allem war es sein stechender Blick aus den eng stehenden Augen, die auf die Entfernung immer wie zwei Kohlestücke wirkten. Helena hatte ihn noch nie gewaschen und in anderen Kleidern angetroffen als in seinem schmutzigen Overall mit den zahlreichen Brandlöchern in den Hosenbeinen. Sie wollte um jeden Preis vermeiden, ihm zu begegnen.

»Suchst du was?«, fragte jemand hinter ihr, und sie fuhr ertappt herum. Da stand sie, Sandros Mutter. Die Frau mit dem jugendlich anmutenden Körper, auf den das schmale Gesicht so gar nicht passte. Zwei tiefe Falten rahmten Nase und Mund ein und verliefen bis hinab unters spitze Kinn. Es war das erste Mal, dass sie ihr so nahe kam, und Helena musste sich beherrschen, um sie nicht einfach anzustarren. Die grauen Augen der Frau waren so stumpf wie ihre Haare, die von einem Kopftuch zusammengehalten wurden. Die Haut, die sich über ihre Wangen spannte, war dünn und durchscheinend. Die Lippen wirkten spröde und rissig. Über ihre Hände, die um den ledernen Riemen einer schäbigen Handtasche lagen, zog sich ein Netz aus blauen Adern. Zwischen den Fingerknöcheln nässte ein blutiger Ausschlag.

»Das kommt von den Chemikalien«, sagte Sandros Mutter, die ihrem Blick gefolgt war.

»Tut mir leid, ich wollte Sie nicht …«, stammelte Helena verlegen.

»Und? Was ist es dann?«

»Es geht um Sandro«, presste Helena hervor.

»Hat er was angestellt?«

»Nein, nein! Es ist nur … ich war mit ihm auf der Kirchenfreizeit. An Ostern.«

Sandros Mutter fixierte sie wie eine Katze, die einen leichtsinnigen Vogel im Visier hatte. »Bist du nicht etwas zu alt für so einen Ausflug?«

»Ich … ich war als Betreuerin dabei.«

»Aha. Und wie kann ich dir helfen, wenn Sandro nichts angestellt hat?«

Helena sah sich um. Ständig gingen Leute vorüber. Die meisten von ihnen betrachteten sie ungeniert, was ihr Unbehagen noch steigerte. »Könnte ich nicht kurz mit reinkommen? Meine Name ist Helena!«

Sandros Mutter stieß laut die Luft aus. »Wehe, es ist nicht wichtig. Ich muss das Essen fertig haben, wenn mein Mann von der Arbeit kommt.«

»Nur fünf Minuten«, bat Helena, obwohl sie wusste, dass diese Zeit nicht ausreichen würde, sollte sie es doch noch irgendwie schaffen, bei dieser Frau Gehör zu finden.

»Wenn es dir nichts ausmacht, dass ich nebenher Gemüse klein schneide und …« Sie hielt inne, suchte erneut Helenas Blick. »Bilde dir jetzt bloß nicht ein, du könntest mitessen. Dafür reicht es nicht.«

»Ist sicher nicht meine Absicht.«

Sandros Mutter zuckte mit den Schultern und schloss die Haustür auf. Das Treppenhaus war eng, wie es in den Häusern im Alfama üblich war. Die Holztreppe knarrte auf jeder Stufe. Sie mussten hinauf in den dritten Stock. Es roch nach angebratenen Zwiebeln und gekochtem Huhn. Der Kochdunst drang aus einer der Erdgeschosswohnungen; der Treppenschacht funktionierte wie eine Abzugshaube. Darunter mischte sich der leicht stechende Geruch von Farbe, als wäre erst kürzlich auf einer der Etagen etwas gestrichen worden. Helena, der es ohnehin schon flau war, packte ein Schwindel, und die getünchten Wände um sie herum rückten noch enger zusammen. *Was mache ich hier eigentlich?*

Sie wusste, dass Sandro nicht da war. Sie hatte extra den Mittwoch gewählt, weil sich der Junge heute um diese Zeit auf dem Fußballplatz herumtrieb. Im Parque de Jogos trainierte an diesem Tag die Jugendmannschaft des FC Lisboa. Sandro ging die Strecke von knapp zwei Kilometern bis dorthin allerdings nicht, um mitzuspielen, sondern um zuzusehen. Von außerhalb der Umzäunung, die Finger in den Maschendraht gekrallt, harrte er dort reglos aus, bis ein Pfiff des Trainers das Ende der Übungsstunde verkündete. Auch das hatte Helena vor ihrem Besuch in der Rua da Galé ermittelt.

Die Wohnung war kleiner als die ihrer Eltern. Der Flur, der die Schlafräume von Wohnzimmer, Küche und Bad trennte, war so schmal, dass man dort keine Möbel hinstellen konnte. Sandros Mutter hängte ihre abgetragene Jacke an einen Haken an der Eingangstür. Schon allein für dieses Manöver musste sie umständlich an Helena vorbeischlüpfen. Es roch nach schalem Bier und kalter Zigarettenasche.

»Warte in der Küche!«, verlangte Sandros Mutter und deutete auf einen Durchgang mit einem Perlenschnurvorhang. Die Plastikperlen fühlten sich klebrig an, als sie hindurchtrat. Obwohl es auch hier mehr als eng war, stand am Fenster ein kleines Tischchen mit zwei untergeschobenen Hockern. Sie zog einen davon heraus und setzte sich. Die Einrichtung war wild zusammengewürfelt. Küchenschränke, die nicht zueinanderpassten und dennoch so hingebastelt worden waren, dass es irgendwie funktionierte. Der Kühlschrank brummte so laut wie ein Linienbus von Carris, der die steile Calçada de Santo André hinauftuckerte. Auf dem Gasherd standen zwei verbeulte Töpfe. In der Ecke neben der Tür lag ein Plastiksack voll mit zusammengedrückten Bierdosen.

Sandros Mutter betrat die Küche. »Na, wie gefällt dir unsere feudale Behausung?«, fragte sie mit sarkastischem Unterton, und Helena fühlte sich erneut ertappt.

»Wo haben Sie vorher gewohnt?«

»Im Norden. Braga. Doch dort gab es irgendwann keine Arbeit mehr für meinen Mann. Zum Glück konnte ihm sein Schwager die Stelle hier in der Werft besorgen. Er kann nur schweißen, zu mehr taugt er nicht. Schweißen und saufen …« Sie schnappte wieder laut nach Luft. »Geht dich aber nichts an!«, schob sie schnell hinterher. »Also, was hast du mir zu berichten?«

Die Verbitterung in der Stimme der Frau machte Helena zu schaffen. Überhaupt, die ganze Situation wuchs ihr mit jeder Sekunde mehr und mehr über den Kopf. Aber jetzt konnte sie nicht mehr zurück. Sie käme ja nicht einmal an Sandros Mutter vorbei. Eine Frau, die kleiner und vermutlich auch deutlich leichter war als sie selbst, aber dennoch unüberwindbar wirkte, wie sie da in der Tür stand, die Arme vor der flachen Brust verschränkt.

»Ich … ich hab die Flecken gesehen. Bei Sandro.«

»Flecken?«

»Blaue Flecken. Und grüne und gelbe.«

»Er ist ein Junge.«

»Und die Narben.«

Sandros Mutter stieß etwas aus, das vermutlich ein Lachen sein sollte. »Er treibt sich viel herum. Was willst du eigentlich?«

»Dass es aufhört!«, sagte Helena und klang dabei couragierter, als sie sich fühlte. »Ich denke, er hat Angst.«

»Angst? Vor wem?«

»Ihrem Mann«, schlug Helena leise vor.

Im nächsten Moment stand Sandros Mutter dicht vor ihr und beugte sich zu ihr hinab. »Ich richte es ihm aus, Mädchen!«, zischte sie. »Und jetzt zieh Leine und lass dich hier nie wieder blicken!«

# 26
# Henrik

Mauro Pedrosa setzte seine Fahrt durch die Stadt in nördliche Richtung fort und bog nach einem guten Kilometer nach Osten ab. Henrik hielt einen überschaubaren Abstand und konnte sich im zumeist zähen Verkehrsfluss gleichzeitig gut verbergen. Ihn beschäftigte immer noch die Frage, welche Art Transaktion den Mann am Martim Moniz zum Halten veranlasst hatte. Haschisch hätte Fredericos Vater einfacher am Rossio kaufen können. Das Zeug wurde einem dort ja förmlich aufgedrängt. Die Kleindealer hatten ein Auge für potenzielle Kunden und umschwärmten einen innerhalb weniger Sekunden wie Motten das Licht, sobald man auch nur ansatzweise den Anschein erweckte, sich für Marihuana zu interessieren. Sofern es bei seinem Zwischenstopp also wirklich um die Beschaffung von Drogen gegangen war, stand Mauro auf härtere Sachen. Kokain, Amphetamine, irgendwelche synthetisch hergestellten Rauschmittel … Was man sich halt an einem Samstagvormittag zum Einstimmen aufs Wochenende so holte.

Natürlich hatte er bis jetzt keinerlei Beweise, aber Helena würde trotz allem aufhorchen, wenn er von seinem Verdacht berichtete. Und vermutlich reichte seine Beobachtung schon aus, um bei ihrem geplanten Verhör von Pedrosa eine Andeutung fallen zu lassen. Mit einem Mal verspürte er den Wunsch, bei der Vernehmung dabei sein zu können. Aber bedauerlicherweise hatte er da wohl keine Chance.

Es ging bergauf. Mauro gab Gas, obwohl es eng zuging in der Rua Andrade. Die Vespa jaulte unter Henriks Gewicht. Zwar hatte er seit seiner Ankunft in Lissabon vor knapp zwei Jahren gute zehn Kilo verloren, aber der Zweitaktmotor stöhnte trotzdem noch unter der übermäßigen Kraftanstrengung, die Last und Anstieg ihm abverlangten. Henrik fiel zurück, konnte aber immerhin sehen, dass Pedrosa weit voraus nach links abbog. Bis er selbst bei der Abzweigung war, hatte er den Mercedes aus den Augen verloren. Diese Ecke von Lissabon kannte er zu wenig, um vorausahnen zu können, wohin seine Zielperson unterwegs war; auch die Kreuzung hinter der nächsten Ecke überraschte ihn daher. Hier hatten Pedrosa drei Optionen offengestanden. In keiner der möglichen Richtungen konnte er den Mercedes noch sehen. Doch ihm blieb keine Wahl, er musste eine Entscheidung treffen. Und zwar schnell. Weiter den Berg hinauf erschien ihm am naheliegendsten. Der Auspuff der Vespa röhrte blechern, während er den Motor in jedem Gang bis zur höchsten Drehzahl weiter aufwärtsquälte. Seine Sorgen um die Maschine verpufften mit einem Schlag, als er hinter der nächsten Kurve bestätigt bekam, dass er instinktiv richtig entschieden hatte. Der Wagen war weit voraus, aber es war der von Mauro. Es mochte an der Routine und Erfahrung liegen, die er in seiner Zeit als Kriminalkommissar gesammelt hatte, aber plötzlich glaubte er zu wissen, wohin der Mann unterwegs war. Nur, was wollte er an einem Ort, an dem es heute nur so von Touristen wimmeln würde? Von Touristen und Verliebten, korrigierte sich Henrik und merkte, wie trotz aller Routine und Professionalität die Anspannung in ihm wuchs.

# 27
# Helena

Kurz vor elf Uhr an diesem Samstagvormittag tippte sie die vier Ziffern ins digitale Türschloss und wurde mit einem leisen Summen in den Justizpalast eingelassen. Wie angekündigt hatte ihr die Staatsanwältin den Zugangscode für einen der Mitarbeitereingänge geschickt. Die Flure und das Treppenhaus waren verwaist. Keine gedämpften Gespräche hinter den verschlossenen Bürotüren, kein Tastaturgeklapper, kein Mahlgeräusch einer Kaffeemaschine aus einer der Teeküchen. Sicher, es würde jemand vom Wachschutz durchs Gebäude streifen, und vielleicht hockten noch zwei, drei besonders strebsame Juristen oder Verwaltungsangestellte irgendwo in Akten vertieft hinter ihren Schreibtischen, aber sonst war sie wie vorhergesagt allein. Sie folgte der Beschilderung hinauf in den zweiten Stock und fand das für sie reservierte Besprechungszimmer. Die Luft in dem kleinen Raum war abgestanden und bereits aufgeheizt von einer kräftigen Vormittagssonne, deshalb trat sie nur widerstrebend ein. Doch sie wusste, dass es Andreia Pedrosa noch viel schwerer fallen würde, sich in diese triste Kammer mit den abgenutzten 70er-Jahre-Möbeln zu begeben.

Unter den Resopaltisch waren vier Stühle mit an Sitzflächen und Lehnen aufgeplatzten Furnieren gerückt. Die einst weiße Tapete hatte einen schmutzigen Gelbstich. Bis in die 90er-Jahre hatte man hier drinnen rauchen dürfen, und davon war offensichtlich reichlich Gebrauch gemacht worden. Davon zeugten auch die grauen Vorhänge, die immer noch einen aufdringlichen

Tabakgestank von sich gaben. Wasser in zwei Plastikflaschen und Pappbecher standen auf einem Sideboard. Die Räumlichkeit war in der Tat klug von Lobato gewählt. Hier drin war nichts, was vom Gegenüber ablenkte, und dennoch alles auf seine eigene Weise schrecklich. Die Kammer wirkte vermutlich nicht weniger beängstigend, als würde man im Verhörraum der Sicherheitsbehörde eines autokratischen Staates sitzen.

Mit Andreia Pedrosa war vereinbart, dass sie anrief, sobald sie sich unten am Gebäudezugang einfand. Doch noch war Zeit bis dahin. Helena öffnete das Fenster, bevor sie hier drin erstickte. Später, während des Verhörs, würde sie die immer schwerer werdende Luft aushalten und den zunehmenden Sauerstoffmangel kompensieren müssen. Sie würde darauf warten, dass Andreia sie anflehte zu lüften. Oder vielleicht verlangte sie auch, nach draußen gehen zu dürfen, um eine zu rauchen. Es hing von den Antworten der Frau ab, ob sie ihr dies gestatten würde.

Helena richtete sich ein. Positionierte die Stühle so, wie sie sie brauchte. Legte den Laptop und die Akte auf dem Tisch ab, dort, wo sie sitzen wollte. Der Untersuchungsbericht war von ihr um das ergänzt worden, was sie gestern recherchiert hatte. Da er ihr trotzdem noch zu dünn erschienen war, hatte sie ihn mit leeren Blättern aufgefüllt, was nun einen einschüchternden Papierstapel ergab. Sie setzte sich und ruckelte mit dem Stuhl herum, bis sie zufrieden war. Danach baute sie die Kamera auf, die das Gespräch aufzeichnen würde, und verband sie mit dem Laptop. Zuletzt nahm sie Andreias Platz ein und prüfte die Wirkung, die sie erzeugen wollte. Alles, was Fredericos Mutter sehen würde, waren sie, die Kameralinse und dahinter die Tür, durch die sie diesen tristen Raum verlassen konnte. Mit Fortdauer ihrer Unterhaltung würde sich die Sehnsucht, dort hindurchzugehen, ins Unermessliche steigern, jedenfalls hoffte Helena das.

Gestern hatte sie eine Weile damit zugebracht, die Finanzen der Pedrosas zu inspizieren. Der richterliche Beschluss zur Einsicht der Bankdaten hatte Freitagmorgen auf ihrem Schreibtisch gelegen. Die Unterschrift stammte von einer Richterin, mit der Helena noch nie zu tun gehabt hatte. Offenbar beabsichtigte Lobato, diesen Fall ausschließlich in Frauenhand zu belassen. Finanziell gesehen stand es nicht gut um die Pedrosas. Das Unternehmen von Mauro, das er erst vor knapp zwei Jahren gegründet hatte, schrieb seither durchgängig rote Zahlen. Einige Lieferanten und Dienstleister warteten schon seit Monaten auf ihr Geld. Bevor Pedrosa die Eagle Trade Company aus der Taufe gehoben hatte, war er schon mit einer anderen Firmenidee pleitegegangen. Offensichtlich war er nicht der erfolgreiche Geschäftsmann, für den er sich hielt – oder besser gesagt, als der er sich präsentierte. Das Gehalt, das Andreia als Verwaltungsangestellte im Oceanário verdiente, reichte vermutlich zum Leben, konnte aber keinesfalls die Verluste kompensieren, die Mauro mit seinem Import-Export-Unternehmen verursachte. Das Verhältnis unter den Eheleuten musste schon allein aufgrund der Finanzlage ziemlich angespannt sein. Ob die Geldschwierigkeiten ausreichten, um vergessen zu machen, dass da ein Kind allein zu Hause vergebens auf seine Eltern wartete, würde sich zeigen.

Lag Lobato also doch richtig mit ihrem Verdacht? War da noch mehr im Argen? Etwas, das hinter der Tragödie um den Tod des Jungen steckte? Helena hatte vorhin versucht, die Staatsanwältin zu erreichen, doch sie war nur auf ihrer Mailbox gelandet.

*Ich muss übers Wochenende leider zu meinen Eltern nach Fátima. Eine dringende Familienangelegenheit, die ich nicht verschieben kann.*

Nicht dass Helena die Familienangelegenheit in Fátima vergessen hätte, aber sie hatte es dennoch einfach probierten müssen.

Vermutlich weil sie bis jetzt davon ausgegangen war, dass sie die Staatsanwältin trotzdem erreichen konnte. Immer und jederzeit. Helena spähte auf die Uhr. Erschien Andreia pünktlich zu diesem Termin, was sie ihr unbedingt geraten haben wollte, blieb noch eine knappe Viertelstunde. Neben der Prüfung der finanziellen Situation der Pedrosas hatte Helena gestern auch ein Telefonat mit Fredericos Lehrerin Tania Neta geführt, welche die erste Klasse an der Escola Básica Ressano Garcia unterrichtete. Dieses Gespräch rief sie sich nun in Erinnerung.

»Hier ist Inspetora Helena Gomes von der PSP. Ich habe Ihre Nummer vom Rektorat Ihrer Schule erhalten …«

»Es ist doch nicht schon wieder was passiert?«, fragte Tania Neta aufgebracht dazwischen.

»Nicht aktuell, Sie können ganz beruhigt sein. Es geht um Ihren Schüler Frederico Pedrosa.«

Die Frau am anderen Ende atmete tief durch. »Oje, ja, das ist wirklich schlimm, was mit dem Jungen passiert ist. Und nein, nein, Sie stören nicht. Der Unterricht ist schon rum. Frederico, mein Gott! Aber … hat die Schulleitung nicht darüber informiert, dass die Untersuchung des Unglücksfalls abgeschlossen sei?«

Helena konnte natürlich nicht wissen, welche Informationen an den Lehrkörper weitergegeben wurden. »Es liegt an mir, den Fall zum Abschluss zu bringen«, erklärte sie, um weitere Fragen nach dem Ermittlungsstatus zu unterbinden.

»PSP, sagten Sie?«, fragte die Lehrerin daraufhin; auf einmal klang sie misstrauisch.

Spätestens jetzt bereute Helena, die Lehrerin nicht persönlich getroffen zu haben. »Divisão de Investigação Criminal, um genau zu sein.«

»Das verstehe ich nun aber ganz und gar nicht. Fredericos Tod war doch ein Unfall. Wieso spreche ich jetzt mit einer Beamtin der Kriminalpolizei?«

»So ist die übliche Vorgehensweise.«

»Aha, okay! Nun, ich sehe ein, dass alles seine Richtigkeit haben muss. Was wollen Sie denn von mir wissen?«

»Wussten Sie über Fredericos Allergie gegen Nüsse Bescheid?«

»So was ist bei uns natürlich in der Schülerakte vermerkt. Immerhin werden die meisten Kinder in unserer Mensa verköstigt.«

»Hat Frederico täglich in der Schule gegessen?«

»Ja, gewiss. Er gehörte zwar zu denen, die sehr wählerisch damit waren, was auf den Teller kam, aber das, was er sich aussuchte, hat er immer brav aufgegessen. Was mich auch nicht wunderte.«

»Wieso sagen Sie das?«

Tania Neta schnalzte nachdenklich mit der Zunge. »Ich kann es nicht beschwören, weil er nicht darüber sprach, aber ich denke, das Mittagessen in der Mensa war seine erste Mahlzeit am Tag. Wenn nicht sogar seine einzige«, fügte sie unterdrückt an, als müsste sie darauf achten, dass niemand mithören konnte. »Wie gesagt, es sind nur Vermutungen, aber ich hatte nie den Eindruck, dass er zu Hause ein Frühstück bekam, bevor er sich auf den Schulweg machte.«

Helena notierte sich das, bevor sie ihre nächste Frage stellte, von der sie die Antwort bereits vorauszuahnen glaubte: »Wurde er gebracht, oder kam er alleine?«

»Ich hatte natürlich nicht jeden Tag ein Auge darauf, aber wenn ich Frederico morgens gesehen habe, dann war er stets zu Fuß unterwegs. Und soweit ich das beurteilen kann, wurde er auch nicht abgeholt. Ich befürworte diese Form der frühen Selbstständigkeit zu einem gewissen Grad durchaus, aber für einen Erstklässler war es ungewöhnlich, dass er nie begleitet wurde.«

»War das von Anfang an so?«

»Ich wage mal zu behaupten, nachdem die erste Woche nach der Einschulung rum war, habe ich seine Eltern in diesem Zusammenhang nicht mehr zu Gesicht bekommen.«

Helena hatte das überprüft. Die Grundschule lag gut zehn Gehminuten von der Wohnung der Pedrosas entfernt. Im gemächlichen und verträumten Trott eines Sechsjährigen brauchte der Junge vermutlich doppelt so lange. Dabei musste Frederico, je nachdem welche Route man ihm beigebracht hatte, mindestens eine viel befahrene Straße überqueren. Stünde Sara eine ähnliche Strecke zu ihrer künftigen Schule bevor, würde sie ihre Tochter vermutlich nicht einen Tag von der Hand lassen. Auch nach einem halben Jahr nicht.

»Sie sagten eben, *in diesem Zusammenhang* – daraus schließe ich, dass es neben der Sache mit der Schulwegbegleitung dennoch einen Anlass gab, die Eltern zu treffen?«

»Freilich. Nach den ersten sechs Wochen fand das obligatorische Lehrergespräch statt. Wir sind dazu verpflichtet, eine vorläufige Beurteilung über den Leistungsstand jedes Schülers mit den Eltern zu besprechen. Sie haben wohl keine Kinder?«

»Noch keine im schulpflichtigen Alter.«

»Gut, gut, dann kommen Sie ja früher oder später dahinter, wie das so läuft.«

»Zurück zu den Pedrosas. Was konnten Sie den beiden bei dieser Unterhaltung über ihren Sohn berichten?«

»Nur dass ich im Allgemeinen sehr zufrieden mit ihm war. Er verfügte über eine gute Auffassungsgabe. Man musste ihn jedoch fordern.«

»Was meinen Sie damit?«

»Er signalisierte nicht von sich aus, ob und wie er die Lerninhalte verinnerlicht hatte. Frederico war keiner, der sich aktiv am Unterricht beteiligte. Fragte man ihn jedoch zu dem ab, was gerade durchgenommen wurde, wusste er immer die richtige Antwort.«

»Er war also ein zurückhaltender Schüler.«

»Ja, ein sehr stilles Kind, immer darauf bedacht, nicht aufzufallen. Doch wie gesagt, im Grunde war er aufgeweckt und kam überall gut mit.« Sie stockte kurz, als müsste sie abwägen, ob sie noch mehr über ihren Schüler ausplaudern konnte.

»Was war da noch?«, hakte Helena sofort nach.

»Nun, er zeigte Anzeichen für eine Leseschwäche. Soweit man das aus pädagogischer Sicht nach einem halben Jahr Unterricht überhaupt beurteilen kann.«

»Leseschwäche«, wiederholte Helena, der dabei etwas einfiel. »Was denken Sie, kannte er das Wort *Nüsse* bereits? Ich meine, immerhin war es aufgrund seiner Allergie ein ziemlich wichtiger Begriff für ihn.«

»Ich weiß, worauf Sie hinauswollen, und wage zu behaupten, er hatte das Wort vermutlich lesen können, wenn es für sich stand. Aber in einer winzig klein gedruckten und viele Zeilen langen Zutatenliste? Nein, ich denke nicht, dass er es in diesem Kontext hatte erfassen können. Zumindest nicht, wenn er das Produkt nicht vorher schon kannte.«

Helena ahnte, dass das eine wichtige Information war. In den Notizen, die sie sich nebenher machte, unterstrich sie das Wort *Leseschwäche*. Grundsätzlich ließ sich jetzt schon sagen, dass Tania Neta ein völlig anderes Bild des Jungen zeichnete, als es seine Eltern getan hatten. »Die Pedrosas haben ihren Sohn als umtriebig beschrieben«, sagte sie und hätte der Lehrerin dabei gerne in die Augen gesehen. Tania Neta war vermutlich älter, als es ihre Stimme am Telefon suggerierte. Aber auch das war nur ein intuitiver Gedanke. Es wäre wirklich besser gewesen, sie von Angesicht zu Angesicht zu treffen.

»Das kann ich nicht bestätigen. Wie erwähnt, er war zurückhaltend, auch den anderen in der Klasse gegenüber.«

»Hatte er Freunde? Kinder, mit denen er besonders eng war?«

Es dauerte ein paar Sekunden, bis darauf eine Antwort kam. »Er wurde nicht ausgegrenzt, das nicht. Allerdings suchte er von sich aus auch nicht den Kontakt.«

»Wie benahm er sich auf dem Pausenhof?«

»Wollen Sie darauf hinaus, ob er Streit hatte?«

»Gab es denn Vorfälle in dieser Richtung?«

»Wo Kinder sind, gibt es hin und wieder auch Streit.«

»Also hatte er Auseinandersetzungen mit anderen?«, hakte Helena nach.

»Einmal hat er ein Mädchen geschlagen. Wir haben nicht herausgefunden, warum. Zumindest konnte die Kleine keinen Grund nennen oder uns sagen, was sie getan hatte, dass Frederico ihr gegenüber aggressiv geworden war. Und er selbst hat es uns auch nicht verraten.«

»Wie ist der Name des Mädchens?«

»Sie wollen doch nicht … nein, bitte! Fredericos Tod hat ohnehin alle ziemlich aufgewühlt. Wenn Sie jetzt auch noch in der Schule auftauchen und Fragen stellen … ich kann das wirklich nicht gutheißen.«

»Nun, wahrscheinlich wird es dazu nicht kommen.« Helena versuchte, besänftigend zu klingen und wechselte rasch das Thema. »Der Vater sprach davon, dass bei Frederico ADHS diagnostiziert wurde. Was ist Ihre Meinung dazu?«

Tania Neta stieß einen ablehnenden Lacher aus. »Nein, Inspetora, das kann ich wirklich nicht bestätigen. Wer auch immer dieser Kinderarzt gewesen sein mag, der den Pedrosas das eingeredet hat – ich hoffe, sie sind nicht darauf eingestiegen.«

Helena freute sich, dass Senhora Neta ihre Auffassung zu diesem Thema offenbar teilte. »Eine letzte Frage. Sind Ihnen an Frederico Verletzungen aufgefallen? Blaue Flecken oder Wunden, die sich nicht unbedingt dadurch erklären ließen, dass der Junge von der Schaukel gefallen war oder Ähnliches?«

»Das ist ein sehr heikles Thema, auf das Sie da hinauswollen. Jungs in diesem Alter holen sich täglich irgendwelche Blessuren.«

»Auch wenn sie so still sind wie Frederico? Oder hat er während der Pause trotz seiner von Ihnen beschriebenen Zurückhaltung derart wild herumgetobt, dass er sich gelegentlich Schrammen holte?«

Das Schweigen am anderen Ende der Leitung dauerte mehrere Sekunden an. Helena glaubte zu hören, dass die Pädagogin sich eine Zigarette anzündete. »Wir haben darüber im Lehrerkollegium geredet«, sagte Tania Neta schließlich.

»Darüber, ob Sie es melden? Oder ob Sie mit den Eltern sprechen?«

»Sie verstehen doch, dass so was sehr sorgsam bedacht werden muss, bevor man irgendwelche Schritte unternimmt. Es bedarf dazu auch eines gewissen Zeitraums, in dem man beobachtet und Fakten sammelt. Wir wollten nichts überstürzen, denn wenn bei derartigen Anschuldigungen der Stein erst einmal ins Rollen gebracht wird, ist er nur schwer wieder aufzuhalten.«

»Ich verstehe«, sagte Helena. Wahrscheinlich wäre es für Frederico besser gewesen, wenn Tania Neta und ihre Kollegen weniger zögerlich agiert hätten.

# 28
# Henrik

Dieser Platz über der Stadt war perfekt im Sommer, wenn kurz nach Tagesanbruch die Kühle der vorangegangenen Nacht noch in der klaren Luft hing. Wenn die Sonne einen ersten goldenen Glanz über die Dächer legte und sich in der Ferne die mächtigen Pfeiler der Brücke des 25. April aus dem Nebel über dem Tejo reckten. Dann sollte man diesen Ort aufsuchen und den Moment genießen.

Allerdings nicht an einem Samstagvormittag, noch dazu, wenn ein oder gar zwei Kreuzfahrtschiffe am Jardim do Tabaco Quay angelegt hatten. Obwohl er den Ort liebte, missfiel ihm heute natürlich der Trubel. Mauro Pedrosa hingegen schienen die zahlreichen Touristen, die schon ihren Weg hinauf zum Miradouro da Senhora do Monte gefunden hatten, nicht zu stören. Der Geschäftsmann war auch keiner, der sich von Parkbeschränkungen und Halteverboten abschrecken ließ, denn auch diesmal stellte er seinen Mercedes unerschrocken auf die schraffierte Fläche einer Feuerwehrzufahrt. Mochte dieses Verhalten auf Ignoranz, Arroganz oder auf der Tatsache beruhen, dass es für ihn ohnehin nichts mehr ausmachte, wenn die Verkehrsüberwachung seinen Wagen abschleppen ließ, konnte Henrik nicht beurteilen. Er tippte auf eine Mischung aus allem. Auch wenn er nach dem bisherigen Verlauf der Observation noch nicht wirklich etwas Konkretes über den Mann sagen konnte, so verfestigte sich dennoch der Eindruck, dass sich Pedrosa wie jemand benahm, der nicht mehr viel zu verlieren hatte.

Andererseits stellte sich drei Minuten später heraus, dass er auch vorausschauend zu planen wusste. Zumindest stand zu vermuten, dass er den beliebten Aussichtspunkt gezielt gewählt hatte. Und zwar gerade *weil* er davon ausgehen konnte, dass sich an diesem Samstagvormittag und bei dem frühlingshaften Traumwetter bereits eine unüberschaubare Zahl von Leuten hier oben eingefunden hatte. Denn so konnte man leicht und unauffällig in der Menge verschwinden, wenn man vorhatte, sich mit seiner Geliebten zu treffen.

Das Bild, das sich Henrik bot, war jedenfalls recht eindeutig, als er seine Zielperson gleich unterhalb des Portals der Marienkapelle wiederentdeckte. Dort, in der äußersten Ecke der Aussichtsplattform, lehnte Mauro lässig am Geländer der Brüstung, hatte seine Arme um die Hüften einer Frau geschlungen und küsste sie ausgiebig. Pedrosas ganz persönliche *Senhora do Monte* kehrte Henrik den Rücken zu, doch nach ihrer Figur und ihrem Auftreten zu urteilen, war sie wohl nicht wesentlich älter als zwanzig Jahre. Das luftige Sommerkleid, das zwei Handbreit über den Knien endete, wehte um ihre schlanken Oberschenkel, und es fehlte nicht viel, dass der Wind es noch weiter anhob. Die Haare, die sie offen trug, waren weizenblond und reichten ihr beinahe bis dorthin, wo Mauros manikürte Finger sie gepackt hielten. Gepackt auf eine Art, die dem Beobachter vermittelte, dass dieses wohlgeformte Hinterteil ihm allein gehörte und er nicht gedachte, es jemals wieder freizugeben.

Anders als gestern bekam Henrik nun endlich das geboten, worauf Helena und er spekuliert hatten: wertvolle Erkenntnisse, die diese Ermittlung voranbringen konnten. Jetzt musste er das Ganze nur noch eintüten. Henrik pirschte zwischen den hoch aufragenden Pinien voran, die in Verbindung mit dem steten Wind vom Atlantik her hier oben selbst im Hochsommer für ein angenehmes Klima sorgten und so den Besucher den sagenhaften Ausblick entspannt genießen ließen. Als er den passenden Winkel gefunden hatte, zückte er sein Handy. Er tat so, als wollte er das Panorama fotografieren, das vom Stadtteil Alfama mit dem Castelo de São Jorge über das Baixa-Viertel und weit das Flussdelta hinunter bis zur Brücke des 25. April reichte. Im nächsten Moment jedoch schwenkte er kurz und unauffällig nach rechts, um eine schnelle Bildfolge der beiden Turteltauben zu schießen. Danach wandte er sich sofort ab und ging zurück zum Roller, den er neben einem der Getränkestände abgestellt hatte. Er prüfte rasch die Fotos, die er eben gemacht hatte, und schickte die zwei, auf denen Mauro am besten zu erkennen war, an Helena. Sobald sich ihm eine Gelegenheit bot, würde er die junge Dame im Sommerkleid auch noch von vorne ablichten. So stürmisch, wie die beiden sich vorhin in die Arme gefallen waren, konnte er davon ausgehen, dass es nicht bei einem kurzen Treffen am Miradouro da Senhora do Monte bleiben würde.

# 29
# Helena

»Ich zeichne das auf«, erklärte Helena in entschiedenem Tonfall, um deutlich zu machen, dass der Mitschnitt ihrer Unterhaltung nicht verhandelbar war.

Andreia Pedrosa verzog ablehnend das Gesicht. »Brauche ich einen Anwalt?«, wollte sie wissen.

Helena hob beschwichtigend die Hände und betonte, dass es sich hierbei um kein Verhör handelte, sondern lediglich um eine Unterredung, die zur finalen Klärung der Sachlage diente. Sie verwendete gezielt den Begriff Abschlussbericht, um Andreia das Gefühl zu geben, dass sie gar keine verfänglichen Antworten geben konnte.

Kurz bevor Andreia auftauchte, hatte ihr Henrik eindeutige Fotos gesandt, und was darauf zu sehen war, änderte die Ausgangssituation für dieses Gespräch noch einmal grundlegend. Allerdings wusste Helena noch nicht, ob sie diese Karten vor der Ehefrau heute überhaupt ausspielen würde. Diese Entscheidung stand und fiel damit, wie kooperativ sich Andreia im Verlauf ihrer Zusammenkunft verhielt. Jedenfalls lag Helena mit ihrer Einschätzung über die Wirkung dieses schäbigen Zimmers auf die Frau richtig. Andreia hasste es definitiv, hier zu sein, was sich nicht allein an ihrer Miene ablesen ließ, sondern auch daran, dass sie darauf bedacht war, nichts um sie herum zu berühren. Ja, sie vermied es sogar, ihre Hände auf die Armlehnen des Stuhls zu legen, und suchte stattdessen Halt am Henkel ihrer Gucci-Handtasche, bei der es sich vermutlich um eine Fälschung handelte.

»Also, wie kann ich Ihnen noch weiterhelfen?«, fragte sie schließlich genervt, als Helena keine Anstalten machte, die Unterhaltung zu eröffnen.

»Beginnen wir damit, dass Sie mir schildern, wie der letzte Freitag abgelaufen ist!«

»Steht das nicht schon alles in Ihrem Bericht?«

Helena zuckte mit den Schultern.

Andreia atmete laut aus, zögerte noch ein paar Sekunden und fing dann an, ihren Tagesablauf wiederzugeben. Als sie zu dem Meeting in der Arbeit kam, hakte Helena erstmals ein.

»Freitag spätnachmittags noch so eine Sitzung? Ist das üblich?«

»Ich habe den Termin nicht gemacht … aber ja, keiner von uns war wirklich begeistert. Zumal die Besprechung recht kurzfristig angesetzt worden war.«

»Was muss ich mir unter kurzfristig vorstellen? Einen Tag vorher, eine Stunde vorher? So kurzfristig, dass Ihnen nicht einmal Zeit blieb, jemanden zu informieren, der nach Frederico sehen konnte?«

»Ich habe doch bereits gesagt: Ich ging davon aus, dass Mauro sich um ihn kümmert.«

»Ja, davon sind Sie ausgegangen. Und deshalb waren Sie auch nicht beunruhigt, als Frederico sie während des Meetings mehrfach zu erreichen versucht hat?«

Diesmal war die Antwort nur ein Schulterzucken, aber Helena hatte ohnehin nicht vor, sich damit noch länger aufzuhalten. »Nun gut, laut Ihren Angaben sind Sie dann beide nahezu gleichzeitig in Ihrer Wohnung eingetroffen. Wer von Ihnen hat Frederico leblos vorgefunden?«

Nach Helenas Einschätzung überlegte Andreia ein wenig zu lang, was die Antwort auf diese eigentlich einfach zu beantwortende Frage anging. »Mauro, es war Mauro«, sagte sie schließlich. »Er hat sofort angefangen, ihn zu beatmen, und es mit Herzdruckmassage versucht. Auch wenn er vermutlich nicht wirklich eine Ahnung hat, wie man das richtig macht …«

»Hätten Sie nicht übernehmen können, wenn Sie der Meinung waren, dass er es falsch anstellt?«

»Ich … ich war noch mehr in Panik als mein Mann. Rückblickend muss ich mich wundern, dass ich es überhaupt geschafft habe, den Notarzt zu verständigen …« Sie war sehr leise geworden.

Wieder wartete Helena auf ein paar Tränen – die erneut nicht kamen. Tiago hatte im Autopsiebericht angemerkt, dass eine laienhafte Reanimation am Körper des Jungen durchgeführt worden war. Wer diese Form der Wiederbelebung nicht immer mal wieder in Erste-Hilfe-Kursen übte, dem gelang das in der Regel selten richtig. Das war gewissermaßen eine weitere Nachlässigkeit, die man den Eltern zum Vorwurf machen konnte, zumal sie ja wussten, dass bei Frederico aufgrund seiner Allergie ein erhöhtes Risiko bestand. Helena machte sich einen Vermerk, bevor sie die Richtung der Vernehmung wechselte.

»Gab es feste Essenszeiten in der Familie? Ich meine, sofern Sie nicht kurzfristig von Meetings aufgehalten wurden?«

»Muss ich mir diese Frechheiten eigentlich bieten lassen?«, fauchte Andreia, aber Helena ging nicht darauf ein.

»Ich habe mit Fredericos Lehrerin gesprochen«, erklärte sie stattdessen.

»Ah, daher weht der Wind.« Andreia schnaubte verächtlich.

»Senhora Neta sagt, Frederico wäre ein ruhiger, zurückhaltenden Schüler gewesen. Sie hielt vor allem nichts von der ADHS-Diagnose.«

»Senhora Neta ist keine Ärztin und sieht außerdem nur, was sie sehen will«, blaffte Andreia und machte damit klar, was sie von der Lehrerin hielt. »Kann ja sein, dass er sich im Unterricht einfach zusammenriss«, fügte sie nach zwei Atemzügen hinzu.

»Ich stelle es mir für einen Sechsjährigen nicht einfach vor, sich so unter Kontrolle zu haben.«

Andreias Blick verfinsterte sich. »Ich weiß nicht, was Sie damit andeuten wollen. Frederico war in vielen Dingen kein einfaches Kind, das hatte ich Ihnen bereits erzählt. Und wer könnte das besser beurteilen als seine Mutter?«

Wieder blieb Helena stumm, hielt nur den Blick starr auf die Frau gerichtet. Die Sekunden verstrichen.

»Kann ich rauchen?«, fragte Andreia schließlich und öffnete ihre Handtasche, die sie immer noch wie einen Schutzschild vor sich auf den Oberschenkeln hatte.

»Sie können Wasser haben«, erwiderte Helena und deutete mit dem Kopf hinüber zu den Flaschen auf dem Sideboard.

Andreias Blick folgte dem ihrem, sie blieb aber sitzen. »Frederico mangelte es an Impulskontrolle«, sagte sie stattdessen.

Das klang, als hätte sie auch diesen Begriff von irgendeinem Mediziner übernommen. *Vielleicht sollte ich mir auch noch Fredericos Kinderarzt vornehmen.*

»War das eine weitere fachliche Diagnose, oder beruht sie auf Ihren mütterlichen Beobachtungen?«

»Wir waren mit ihm nicht nur bei einem einzigen Arzt«, antwortete Andreia. »Abgesehen davon finde ich es unverschämt von Senhora Neta zu behaupten, dass wir unseren Sohn hungrig zur Schule geschickt haben. Wir hatten das mit Fredericos Essstörungen hinreichend mit ihr besprochen. Sie wusste, dass Frederico sein Essen immer mal wieder verweigerte. Oder es einfach wieder erbrach, wenn ich ihn dazu genötigt hatte, es runterzuschlucken. Und dass er mich damit verdammt noch mal in Angst versetzen konnte. Diese Unart von ihm hat mich wirklich verrückt gemacht!

Wir haben es sogar mit Homöopathie versucht, weil wir nicht mehr weiterwussten …«

»*Unart*?«

»Na, Sie wissen, was ich meine. Einer seiner Ticks eben.«

»Sie wollen sagen, es handelte sich bei seiner Aversion gegen Essen um einen Tick?«

»Nennen Sie es, wie Sie wollen.«

»Und diese Allergie, war das auch ein Tick? Oder psychosomatisch?«

»Sie hatten bisher wohl immer nur Glück, was Ihre Tochter angeht, was?«, gab Andreia zynisch zurück, doch Helena ließ sich nicht beirren.

Es kam ihr mehr und mehr so vor, als sammelte Andreia fortwährend Argumente, die von ihrem Unvermögen ablenken sollten und Frederico die alleinige Schuld an allem zuschoben. »Wusste Frederico, was zu tun war, wenn er versehentlich etwas mit Nüssen zu sich nahm? Ich meine, gab es so was wie ein Notfall-Kit bei Ihnen zu Hause? Cortison, Antihistaminika oder Epinephrin?«

»Er war noch nicht so weit, sich selbst eine Spritze zu setzen.«

»Das beantwortet nicht meine Frage!«

»Nachdem diese Nussallergie bei ihm festgestellt wurde, haben wir ihm immer wieder sehr eindringlich klargemacht, wie gefährlich das für ihn werden kann. Und ja, wir haben ein Notfall-Kit zu Hause.«

»Aber er konnte es nicht benutzen, weil er nicht gezeigt bekommen hatte, was er damit tun musste?« Während Helena auf eine Antwort von Andreia wartete, notierte sie sich, dass sie überprüfen wollte, wo in der Wohnung der Pedrosas dieses lebensrettende Paket aufbewahrt wurde. Was zwangsläufig bedeutete, dass sie noch einmal dort vorbeischauen musste. Und irgendwie rechnete sie nicht mit der Kooperation der Eltern, sofern sie dafür nicht einen von der Staatsanwaltschaft verordneten Beschluss vorlegte.

»Warum haben Sie diese Schokolade überhaupt bei sich zu Hause rumliegen lassen?«

»Das waren Mauros Pralinen.«

»Also hätte *er* sich darum kümmern müssen? Hat es demnach an ihm gelegen? Ihr Mann hat die Pralinen nicht entsorgt oder sie zumindest so versteckt, dass Frederico sie nicht in die Finger bekommen konnte? Ist Mauro schuld?«

Andreia verdrehte die Augen.

»Von wem waren diese Pralinen?«

»Von irgendeinem Kunden. Und ja, Mauro hat das Zeug dann unbedacht mit heimgenommen. Himmelherrgott, wir drehen uns im Kreis!«

»Machen Sie ihm deswegen Vorwürfe?«, fragte Helena provokant.

Andreia zögerte. »Die macht er sich selbst zur Genüge, ich muss nicht auch noch in dieser Wunde herumstochern.«

»Wie gut sind Sie mit den Geschäften Ihres Mannes vertraut?«

»Was soll das denn jetzt wieder?«

»Nun, der Import-Export-Handel scheint Ihren Mann ja zeitlich sehr zu binden.«

»Keine Ahnung, worauf Sie hinauswollen. Soll ich ihm einen Vorwurf draus machen, dass er wenig Zeit für die Familie hat, weil seine Geschäfte sich so gut entwickeln? Hören Sie, ich kann Ihnen nichts dazu sagen. Ich habe darauf vertraut, dass er uns mit seinem Unternehmen über die Runden bringt. Mehr muss ich darüber nicht wissen.«

»Nicht einmal, mit welcher Art von Waren er handelt?«

Andreia warf ein wenig zu theatralisch die Hände in die Luft.

Erneut wechselte Helena überraschend das Thema. »Wie steht es eigentlich um Ihre Ehe?«

»Was? Was bitte hat das mit Fredericos Unfall zu tun?«

»Ich will mir lediglich ein Gesamtbild machen, und da gehört diese Frage dazu.«

»So wie die, wo man sich zum Zeitpunkt der Tat aufgehalten hat?«, fauchte Andreia.

»Richtig, Sie haben das Prinzip verstanden. Wo Sie waren, als Frederico alleine zu Hause diese Nussschokolade zu sich nahm, haben Sie ja schon zu Protokoll gegeben. Spätes Meeting im Büro, richtig?«

Andreia nickte.

»Um was ging es bei dem Meeting?«

»Wir planen eine Agenturausschreibung und haben die Vorgehensweise besprochen.«

»Wer war im Einzelnen dabei?«

»Sie wollen das allen Ernstes nachprüfen?«, fragte Andreia fassungslos.

»Geben Sie mir einfach die Namen!«, verlangte Helena kühl.

Fredericos Mutter schüttelte den Kopf, dann nannte sie die Personen, die bei der Geschäftsbesprechung anwesend waren. »Was wird das hier? Ich verstehe nicht, wieso ich von Ihnen so drangsaliert werde.«

Darauf hatte Helena gewartet. *Jetzt bist du so weit*, dachte sie und verstärkte ihren konzentrierten Blick auf die Frau. »Der Untersuchungsbericht des Pathologen schließt eine körperliche Misshandlung von Frederico nicht aus.«

Andreia schnappte nach Luft. »Hören Sie, ich habe meinen Sohn geliebt, und wäre mein Herz nicht ohnehin daran zerbrochen, dass er mir genommen wurde, hätten Ihre impertinenten

Fragen und die damit verbundenen Vorwürfe es spätestens jetzt in Stücke gerissen.«

Helena fiel es schwer, diese pathetische kleine Rede ernst zu nehmen. Tatsächlich konnte sie immer besser nachvollziehen, warum Lobato eine weitreichende Untersuchung des Falls angeordnet hatte. Andreia Pedrosa fehlte es komplett an Reue, und das hatte die Staatsanwältin vermutlich schon am Todestag von Frederico gespürt, als sie sich vor Ort ein Bild gemacht und mit den Eltern gesprochen hatte.

Andererseits hatte Lobato eben volle fünf Tage verstreichen lassen, bevor sie Helena mit der Ermittlung betraute. Nun gut, damit würde sie sich später auseinandersetzen. Jetzt musste sie an Andreia dranbleiben. »Mauro hin oder her, wieso sind Sie nicht ans Telefon gegangen? Oder haben Ihrem Sohn nicht zumindest eine kurze Nachricht geschickt, wenn Sie schon keine Möglichkeit sahen, kurz die Besprechung zu verlassen, um sich anzuhören, warum er Sie so dringend zu erreichen versuchte?«

»Er hat … er hatte … Frederico war noch nicht besonders gut im Lesen.«

Die Leseschwäche, von der die Lehrerin gesprochen hatte, konnte Helena nicht als Ausrede akzeptieren. »Selbst wenn er die Worte nicht alle verstanden hätte, so hätte diese Reaktion von Ihnen ihm doch immerhin signalisiert, dass Sie für ihn da sind. Eine Mutter findet immer einen Weg, ihrem Kind mitzuteilen, dass sie es nicht vergessen hat …«

Andreia drückte sich die Handtasche noch enger an die Brust. »Ich denke, dass ich nun doch einen Anwalt möchte.«

Helena ignorierte das und zog ein Blatt Papier aus der Akte. »Das ist die Liste der Telefonanrufe, die an diesem Abend von Ihrem Festnetzanschluss geführt wurden. Ein- und ausgehende Anrufe.« Sie legte den Ausdruck so hin, dass Andreia ihn sehen konnte und zeigte auf eine gelb markierte Nummer. »Kennen Sie die?«

Andreia beugte sich vor und starrte ein paar Sekunden auf die Liste.

»Es ist die Nummer eines Prepaidhandys. Das Gespräch, das Frederico damit geführt hatte, dauerte achtunddreißig Sekunden. Wer hat ihn da angerufen, kurz vor seinem Tod?«

# 30
# Henrik

Es war eher ein spätes Frühstück als ein Mittagessen, das Mauro und seine Geliebte in der Via Graça in einem kleinen Restaurant einnahmen. Es verfügte über eine Aussichtsterrasse, die einen Blick über den Mouraria-Stadtteil bis rüber zum Stadtplatz, dem Praça da Figueira, am nördlichen Ende des Baixa-Viertels bot. Henrik konnte die beiden auf der Terrasse sitzen sehen, ohne selbst Gast im Lokal zu sein. Obwohl er mittlerweile nichts gegen einen kleinen Snack einzuwenden gehabt hätte. Vor allem nach dem Blick auf die typisch portugiesische Speisekarte, die mit einer großen Auswahl an Fischspezialitäten lockte.

Mauro hatte auf einem Tisch unter einem der cremeweißen Sonnenschirme direkt an der Brüstung bestanden. Gerade prosteten sie sich mit einem bernsteinfarben funkelnden Aperitif zu, der in schlanken Sektkelchen serviert worden war. Jetzt, da Henrik einen besseren Blick auf Mauros Begleitung hatte, bestätigte sich seine Einschätzung, dass die junge Dame wohl höchstens halb so alt wie Pedrosa war. Und sie sah teuer aus. Nach einer kostspieligen Geliebten, die sich der Mann aufgrund seiner Finanzlage eigentlich gar nicht leisten konnte. Aber das war natürlich Spekulation.

Leider war Henrik zu weit weg, um auch ihrer Unterhaltung lauschen zu können. Gesten und Mimik wiesen allerdings lediglich auf Geturtel hin. Mauro machte jedenfalls nicht den Eindruck, als ob er mit seiner Bekanntschaft über den Tod seines Sohnes sprechen würde. Er lachte und schäkerte mit ihr, als spielte er eine Rolle in einem kitschigen Liebesfilm. Was würde Helena mit dieser Beobachtung anfangen? Für Henrik war es nicht nachvollziehbar, dass man sich nach dem tragischen Verlust eines geliebten Menschen nur eine Woche später so ausgelassen benehmen konnte. Er selbst hatte vermutlich ein Jahr gebraucht, bevor er sich nach Ninas Tod wieder zu einem Lächeln hatte hinreißen lassen. Aus der Zeit davor erinnerte er sich an nichts als einen endlos stechenden Schmerz in der Brust. Dass er wenige Tage, nachdem ihm Nina genommen worden war, mit einer anderen Frau auf einer sonnenbeschienenen Restaurantterrasse ein Mittagessen zu sich hätte nehmen können, war jenseits jeglicher Vorstellung. Er hatte in dieser Zeit eigentlich überhaupt nichts hinuntergebracht, zu dem er sich nicht hatte zwingen müssen. Bei Pedrosa hingegen sah das ganz anders aus. Mauro hatte eine opulente Fischplatte geordert, die der Kellner nun zwischen die beiden auf den Tisch stellte. Dazu bekamen sie Weißwein, der so kalt serviert wurde, dass die Gläser beschlugen. Je länger Henriks Observation dauerte, desto größer wurde seine Antipathie gegenüber diesem Mann, und es dauerte eine Weile, bis er merkte, dass er, von seinen Emotionen abgelenkt, schon viel zu lange ungeniert zu den beiden hinüberstarrte. Auch wenn ihm niemand Beachtung schenkte, wie ein verstohlener Blick in die Runde zeigte, bückte er sich nun zu seinem Roller und tat so, als gäbe es etwas daran herumzuschrauben. Das klapprige Gefährt bot dazu die perfekte Tarnung. Zum Glück hatte auch das Liebespaar nur Augen füreinander und für das, was vor ihnen auf den Tellern lag. Wirklich unfassbar, wie der Mann sich benahm. Aufgewühlt durch seine Gedanken an Nina und die Trauer, die ihn so heftig wie schon seit Langem nicht mehr überrollte, hätte er die Beschattung am liebsten abgebrochen, damit er dieses obszöne Schauspiel nicht noch weiter ertragen musste. Aber er konnte Helena nicht im Stich lassen. Erst recht nicht, da nun mehr und mehr Mauros missratener Charakter zum Vorschein kam. Entweder flüchtete sich Pedrosa gerade in eine perverse Art von Trauerbewältigung, oder er hatte nie etwas für sein verstorbenes Kind empfunden.

# 31
# Helena

Nach der Konfrontation mit der Telefonliste verweigerte Andreia jede weitere Antwort. Doch das Gespräch hatte Helenas Erwartungen ohnehin bereits erfüllt. Und was die Prepaid-Nummer betraf, war sie gewillt, der Frau zu glauben. Andreia hatte keine Ahnung, vom wem oder warum Frederico da angerufen worden war. Natürlich hatte Helena die Nummer überprüfen lassen – nur um zu erfahren, dass sie nicht mehr aktiv war. Was das Ganze noch merkwürdiger machte. Doch eine Möglichkeit blieb ihr noch, um herauszufinden, wer hinter der unbekannten Nummer steckte.

Insgesamt hatte die Vernehmung nicht besonders viel an neuen Erkenntnissen gebracht. Fest stand, man konnte den Pedrosas eine gewisse Vernachlässigung des Jungen ankreiden. Aber reichte das, um sie für Kindeswohlgefährdung dranzukriegen?

So gerne sie der Staatsanwältin den Gefallen getan hätte, sie sah immer noch keine ausreichende Handhabe für eine weiterführende Anklage. Gut, noch hatte sie sich Mauro nicht vorgeknöpft. Der Vater war morgen an der Reihe, darüber wusste er bereits Bescheid. Sie hatte hin und her überlegt, ob es nicht effektiver gewesen wäre, beide unmittelbar hintereinander vorzuladen, um ihnen keine Gelegenheit zu geben, sich erneut abzusprechen. Aber dann hatte sie sich dagegen entschieden. Sie wollte im Gegenteil dafür sorgen, dass Andreia ihrem Mann darüber berichtete, in welche Richtung dieses Gespräch gehen würde. Womöglich war es sogar hilfreich, wenn Mauro sich eine Nacht lang Gedanken machen konnte und vielleicht sogar ein bisschen Angst bekam. Angst, die an ihm nagte und ihn um den Schlaf brachte.

Helena lud die Aufzeichnung ihrer Unterhaltung mit Andreia auf den Server, zu dem sie von Lobato Zugang erhalten hatte. Wenn sie schon nicht ans Telefon ging, dann würde die Staatsanwältin von Fátima aus vielleicht wenigstens darauf zugreifen und sich das Verhör ansehen. Nachdem sie alles für den morgigen Tag bereitgelegt hatte, verließ sie den Justizpalast.

Abendstimmung lag über der Stadt. Um ihre Gedanken zu sortieren, entschied sie, nicht sofort ins Auto zu steigen. Stattdessen ging sie erneut hinüber in den Parque Eduardo. Es war kühler geworden, Wolken zogen vom Meer her über den Sund und verdunkelten die Sonne. Sie fröstelte und bereute es, die Jacke im Wagen gelassen zu haben. War es das schon wieder gewesen mit dem Frühling? Sie versuchte zu erahnen, ob es morgen vielleicht regnen würde. Das magische Licht der tief stehenden Sonne verlieh der Wolkenbank die Farben von Magnolien. Sie schlang die Arme um sich und inhalierte die Zufriedenheit, die sie durch diesen Anblick erfuhr. Wenn man nicht damit gerechnet hatte, strahlten derartige Gefühle mit doppelter Kraft. Sie wünschte sich, dieser Moment würde ewig dauern, doch einen Herzschlag später war er schon wieder dahin. Ihr Kopf hatte sich wieder eingeschaltet, und sie war erneut bei ihrer Ermittlung. Zum wiederholten Mal versuchte sie zu ergründen, was genau den Eindruck erhärtet hatte, dass Frederico seinen Eltern auf irgendeine Weise im Wege stand. Denn das war es doch, was sie von Beginn an fortwährend beschäftigte. Diese abweisende Haltung gegenüber ihrem Kind, das leere Gerede darüber, wie sehr sie Frederico geliebt hatten. Und noch ehe diese Worte richtig verhallt waren, traf Mauro sich schon mit einer Geliebten. Jetzt, vom lachsfarbenen Licht der Abendsonne beschienen, dachte sie an ihre Entscheidung, Andreia nicht damit zu konfrontieren, dass ihr Mann drüben am Miradouro da Senhora do Monte soeben ein Rendezvous mit einer jungen Frau hatte. Diese Entdeckung stellte ohne Frage eine unerwartete Trumpfkarte für Helena dar, die mit Bedacht und zum richtigen Zeitpunkt ausgespielt werden musste – und der war einfach noch nicht gekommen.

Ob sie wohl bis zu Lobatos Rückkehr am Montag jemanden auftreiben konnte, der ihr half, die Pedrosas besser zu verstehen? Noch während ihrer Unterredung mit Andreia hatte sie gedanklich bereits an so einer Liste gearbeitet, doch die war bisher nicht sonderlich lang. Laut ihren Unterlagen verfügten die Pedrosas über keinen engeren Familienkreis. Andreias Eltern waren vor ein paar Jahren bei einem Busunglück auf Madeira ums Leben gekommen. Mauro hatte zwar noch einen Vater, allerdings lebte der in Brasilien. Geschwister gab es auf beider Seite keine. Sie waren auf eigentümliche Art isoliert. Vielleicht unfreiwillig, womöglich aber auch mit Absicht.

Nachdem sie Andreia hatte gehen lassen, hatte sie sich eine Telefonnummer herausgesucht. Es war eine Bauchentscheidung, und sie würde vermutlich schnell bemerken, ob sie eine brauchbare Wahl getroffen hatte. Wenn ja, konnte sie sich dafür noch heute eine Bestätigung holen. Helena blinzelte ein letztes Mal der untergehenden Sonne entgegen, dann zog sie ihr Telefon aus der Tasche.

# 32
# Helena

1999

Zwei Tage nach ihrem befremdlichen Besuch bei Sandros Mutter lief sie dem Jungen zufällig über den Weg. Er trug wieder sein löchriges Benfica-Shirt und hatte außerdem eine deutlich sichtbare Blessur über der rechten Braue und eine aufgeplatzte Lippe. Mit einem Stich, der ihr durch und durch ging, wurde ihr klar, dass er das ihrer Unterredung mit seiner Mutter zu verdanken hatte.

Es war Freitag. Auf dem Largo de São Miguel fand wie üblich der Wochenmarkt statt. Lediglich fünf Stände, aufgebaut im Schatten entlang der Kirchenmauer, in denen Bauern aus der Umgebung ihre Produkte an die Bewohner des Alfama verkauften. Als er sie entdeckte, wechselte er sofort die Richtung. Doch das Gedränge vor den Marktständen bremste ihn. Sie konnte ihm den Weg abschneiden und bekam ihn an der Schulter zu fassen.

»Lass mich in Ruh!«, schrie er, und ein paar Leute wandten sich nach ihnen um.

»Ich will dir doch bloß helfen!«

»Kein Bedarf!«, fauchte er. Für zwei, drei Sekunden konnte sie die Angst in seinen dunklen Augen sehen. Angst, gepaart mit einem lodernden Zorn, der sie erschreckte. Sie zog die Hand zurück, weil sie befürchtete, er würde nach ihr schlagen. Sandro starrte sie abfällig an, dann drehte er sich um und verschwand in der Menschenmenge.

# 33
# Helena

Sie saß in einer Bar im Bairro Alto. Das hatte sie schon sehr lange nicht mehr getan. Nicht einmal mit ihren Kollegen, die sie früher ab und an zu einem Absacker nach Dienstschluss hatten überreden können. Damals, als sie frisch in die Abteilung gekommen und noch dem Gedanken aufgesessen war, sie müsse sich der besseren Integration wegen auch privat mit den Leuten einlassen. Auch mit jenen, die ihr wenig sympathisch waren, was leider auf die Mehrzahl zutraf. Dass Treffen in außerdienstlichem Rahmen zur Förderung des kollegialen Zusammenhalts beitrugen, war ein Trugschluss, der sich vor allem nach ein paar unangenehmen Anmachversuchen stark relativiert hatte. Viele Männer aus ihrem Dezernat, verheiratet oder nicht, unterlagen offenbar der Auffassung, dass ein spendierter Drink nach Dienstschluss gleichzeitig dazu berechtigte, ihr an den Hintern zu fassen. Von weiterführenden Erwartungen ganz abgesehen.

Sie war nicht die einzige Frau in der Abteilung und damit auch nicht die Einzige, die sich solcher Übergriffe erwehren musste. Leider sahen einige ihrer Kolleginnen die Sache anders. Weshalb sie auch bald den gelegentlichen Abenden fernblieb, zu denen sich ausschließlich die Frauen verabredeten. Das stempelte sie in einem schleichenden Prozess zur Außenseiterin innerhalb der Dienststelle. Aber mit Ausgrenzung hatte sie auch früher schon keine Probleme gehabt. Jetzt, mit einem Glas Gin Tonic vor sich auf der Bar, stellte sie fest, dass sie manchmal ganz ähnlich isoliert war wie die Pedrosas. Klar, sie hatte noch ihre Eltern und traf ab und an ihre Schwester und die Cousinen. Dazu kam eine Handvoll Freundinnen, ohne dass sie sicher war, ob diese Bezeichnung überhaupt zutraf. Bekannte aus der Nachbarschaft eben. Eine Kollegin. Und Laura aus dem Fitnessstudio, der sie allerdings auch nur dort begegnete und mit der sie sich ausschließlich über Trainingsmethoden und Ernährung unterhielt.

Und sie hatte Henrik.

Aber sonst? Waren das ausreichend viele soziale Kontakte, um als *normal* durchzugehen? Sollte sie mit knapp vierzig Jahren nicht deutlich mehr Menschen vorweisen können, die in einer engeren Verbindung zu ihr standen?

Helena spähte auf die Uhr. Ihre Verabredung war bereits eine Viertelstunde über der Zeit, aber das war für portugiesische Verhältnisse eigentlich noch kein Grund, darüber nachzudenken, ob man vielleicht versetzt worden war. Was ihr nicht behagte, war allein die Tatsache, dass sie hier so allein und wie auf dem Präsentierteller herumsaß. Die Zeit, da sie ohne Begleitung in eine Bar gegangen war, lag noch viel weiter zurück als die Abende mit ihren Kollegen. Sicher wäre es besser gewesen, auf einem anderen Treffpunkt zu bestehen, aber sie hatte entgegenkommend sein wollen. Wenn sich schon jemand an einem Samstagabend dazu bereit erklärte, sich freiwillig mit einer Polizistin zu treffen, musste man kompromissbereit sein.

Die Bar war eine von vielen in Lissabons Ausgehvierteln und nichts Besonderes. Schummriges Licht, zusammengewürfeltes Inventar, klebriger Fußboden. Für ihren Geschmack zu laute Musik. Überteuerte Getränkepreise, was eine Folge des nach wie vor zunehmenden Tourismus war. Obwohl die Tür, die hinaus in die Rua do Norte führte, offen stand, war es stickig in dem vier Stufen unter Straßenniveau gelegenen Schankraum. Die junge Frau hinterm Ausschank hatte zu viele Tattoos und Piercings an ihrem spärlich bekleideten, androgynen Körper. Außerdem wirkte sie unfreundlich und genervt, obwohl sie neben Helena nicht sonderlich viele Gäste zu bedienen hatte. Es waren durchweg junge Leute. Drei Frauen, die am anderen Ende des Tresens standen und ohne Pause wie Hühner vor sich hin gackerten. Dazu ein Pärchen am Tisch neben dem Eingang und zwei Schwule, die Händchen haltend nahe dem Durchgang zu den Toiletten an der mit Konzertplakaten tapezierten Wand lehnten. Die Gefahr, dass sie hier in die Verlegenheit kommen würde, sich einer Einladung auf einen Drink erwehren zu müssen, war gering. Auch die Gruppe junger Männer, bei denen es sich vielleicht um Studenten handelte, wirkte dafür viel zu harmlos und schien zu sehr mit sich selbst beschäftigt. Sie redeten wild auf Englisch durcheinander – zumindest hörte es sich so an. Die dröhnenden Bässe aus den Boxen rechts und links der Bar verhinderten, dass sie mehr als hin und wieder ein paar Wortfetzen aufschnappte.

Helena leerte ihren Gin Tonic und bestellte einen weiteren, der dann auch der letzte sein würde. Keinesfalls wollte sie von ihrer Aufmerksamkeit einbüßen. Die Bedienung servierte ihr den Drink und musterte sie dabei noch kritischer als bei der ersten Bestellung.

*Vielleicht bin ich für ihren Geschmack zu alt, um alleine in dieser schäbigen Bar zu sitzen?*

Sie rührte mit dem Strohhalm in der klaren Flüssigkeit herum und ließ dabei die Eiswürfel kreisen. Überrascht stellte sie nach einer Weile fest, dass sie an Tiago dachte. Tiago und seine Grübchen. Tiago, der es verstand, auf so charmante Art zu flirten, dass es ihr niemals aufdringlich vorkam. *Verdammt!*

Henrik tat ihr gut, ohne Zweifel, aber sie hatte sich noch nie zu den Frauen gezählt, die in einer Ehe die Erfüllung ihres Lebensziels sahen. Selbstverständlich musste sie auch an Sara denken. Jedenfalls so lange, bis die Kleine alt genug war und Helena kein schlechtes Gewissen mehr bekam, wenn sie ihre eigenen Bedürfnisse wieder voranstellte. Davon war sie allerdings noch ein ganzes Stück entfernt, da brauchte sie sich nichts vorzumachen – und das war auch völlig in Ordnung so. Sie liebte Sara über alles, daher war es auszuhalten, sich selbst zurückzunehmen.

Hatte Andreia Pedrosa gegenüber ihrem Sohn auch so empfunden?

»Warten Sie auf mich?«, sagte jemand links von ihr, und Helena zuckte so heftig zusammen, dass der Gin Tonic über den Rand schwappte.

Sie rückte den Drink ein Stück von sich weg, mit einem Mal peinlich berührt, weil sie Alkohol trank. Ja, in der Tat, wie war sie überhaupt auf die Idee gekommen, wo sie doch genau genommen noch im Dienst war? Egal, jetzt war Konzentration aufs Wesentliche gefragt. Sie richtete ihr Augenmerk auf die Frau, die neben sie an den Tresen getreten war. Sie war nicht besonders groß, ein wenig rundlich und trug eine modische schwarze Hornbrille, die ihr Gesicht noch breiter wirken ließ. Das walnussbraune Haar war zu einem kurzen Bob geschnitten. Der Lippenstift glänzte für Helenas Empfinden etwas zu grell. Ihrer Erscheinung und dem Alter nach – das wohl ähnlich dem ihren war – passte die Frau ebenso wenig in diese Bar wie sie selbst.

»Wenn Sie Dalila Santos sind«, antwortete sie endlich.

»Das bin ich«, bestätigte die Arbeitskollegin von Andreia Pedrosa. »Darf ich Ihren Ausweis sehen?«

Helena überraschte die Frage, weil sie ihr nur selten gestellt wurde. Aus der Innentasche ihrer Lederjacke fischte sie die Polizeimarke und hielt sie Dalila Santos vor die Nase. Die blinzelte dreimal, um in dem schwachen Licht überhaupt etwas zu erkennen.

»Man kann nicht vorsichtig genug sein«, sagte die Frau und beäugte Helena skeptisch. Sie schob sich auf den nächsten Barhocker, nicht ohne etwas pikiert auf Helenas Gin Tonic zu linsen.

»Kommen Sie öfter hierher?«, fragte Helena schnell. Wegen der Musik musste sie lauter sprechen, als ihr lieb war.

»Eigentlich nicht. Ich wohne nur gleich gegenüber und dachte, es wäre praktisch. Aber Sie haben natürlich recht, die Bar ist echt mies. Desculpe!« Sie lachte schrill.

»Ich werde es überleben«, murmelte Helena und nippte von ihrem Drink. Erst jetzt merkte sie so richtig, wie wässrig er schmeckte, aber das war gut. So brauchte sie wenigstens keine Bedenken zu haben, dass sie betrunken wurde.

Dalila gab ihrerseits eine Bestellung auf, dann wandte sie sich Helena zu. »Warum wollen Sie ausgerechnet mit mir über Andreia sprechen?«, fragte sie argwöhnisch.

»Andreia hat angegeben, dass Sie zusammen mit ihr letzte Woche in dieser Besprechung waren. An dem Tag, als ihr Sohn starb.«

»Das Meeting, bei dem über den Etat für die neue Agentur entschieden wurde. Ja, das kann ich bestätigen. Klingt ja beinahe, als bräuchte die Gute ein Alibi.« Dalila lächelte verkniffen.

»Haben Sie mitbekommen, dass Andreia währenddessen Anrufe erhalten hat?«

Dalila rückte sich die Brille zurecht. »Wenn ein halbes Dutzend Leute aus der PR-Abteilung und dem Marketing an einem Tisch sitzen, vergeht kaum eine Minute, ohne dass irgendein Handy vibriert. Wenn jemand sie erreichen wollte, hat sie das jedenfalls ignoriert. Wäre sicher nicht so gut angekommen, immerhin saß der Chef mit in der Runde.« Dalilas Rotwein wurde serviert. »Diese Auskunft hätten Sie von mir aber auch am Telefon kriegen können«, fügte sie hinzu, nachdem sie einen kräftigen Schluck genommen hatte. »Ich verstehe ohnehin nicht, wieso diese schreckliche Sache mit ihrem Sohn von der Polizei untersucht wird. Es war doch ein … na ja, so was wie ein Unfall, dass er dieses Zeug gegessen hat.«

»Es geht um die Verletzung der Aufsichtspflicht, daher die Untersuchung.«

Dalila nickte und blickte dann gedankenversunken in das Rotweinglas vor sich. Helena spürte deutlich, dass sie noch etwas loswerden wollte. Und mit einem Mal wusste sie auch, dass es gut gewesen war, auf ihr Bauchgefühl zu hören. Ja, sie hatte sich genau mit der richtigen Kollegin von Andreia getroffen.

»Kommen Sie gut miteinander aus, Sie und Andreia?«

»Sofern man nicht mit irgendetwas aneckt, hat man keine Probleme mit ihr. Ich will sie wirklich nicht schlechtmachen, verstehen Sie …«

»Aber?«

Dalila zögerte. »Es ist nicht immer einfach mit ihr. Sie erwartet Rücksicht von allen, gewährt aber selbst keine.«

»Rücksicht? Wofür?«

»Wegen ihrer Situation. Sie gibt … also ich meine, sie gab gerne vor, dass Frederico sie überforderte. Ich würde das natürlich nicht offen vor ihr aussprechen, aber ich glaube nicht, dass sie eine besonders gute Mutter war. Manche Frauen sind einfach nicht dafür geschaffen, Kinder zu bekommen. Es ist freilich nur eine Vermutung von mir, aber ich denke, sie hat sich ihrem Mann zuliebe auf ein Kind eingelassen. Oder sie brauchte was, um die Ehe zu retten.« Dalila hielt inne, dann sah sie Helena direkt an. »Bitte, das ist nur meine Sicht der Dinge. Vielleicht liege ich auch völlig daneben. Ich kann mich erinnern, dass Andreia bei mehreren Anlässen betont hat, wie sehr ihr Frederico am Herzen liegt, nur um im nächsten Satz darüber zu lamentieren, wie anstrengend er ist. Nun, wie auch immer – selbst wenn man gelegentlich den Eindruck haben konnte, dass ihr Job alles für sie ist, kam es dennoch öfter vor, dass sie früher gehen musste, weil ihr Sohn allein zu Hause war.«

Wieder entstand eine Pause. Helena rekapitulierte das eben Gehörte. Es fügte sich nahtlos in das Bild, das sie von Andreia Pedrosa hatte. Gleichzeitig schoss ihr der Gedanke durch den Kopf, dass man im Dezernat vermutlich auf ähnliche Weise über sie sprechen würde. Bloß dass sie sich während der Arbeit niemals über ihre Tochter beklagte. Aber sie sah durchaus Parallelen, vor allem in dem Umstand, dass auch sie ab und an wegen Sara früher im Büro Schluss machen musste. Was für einige ihrer Kollegen, allen voran für Lui, ein Grund war, die Nase zu rümpfen.

»Wissen Sie, als Sie vorhin die Aufsichtspflicht erwähnt haben, da … wie soll ich es ausdrücken?« Dalila trank von ihrem Wein und suchte nach den richtigen Worten. »Meinten Sie damit vielleicht, es war nur ein Vorwand?«

»Ein Vorwand? Sie denken, Andreia hat Frederico vorgeschoben, um einen verständlichen Grund zu haben, vorzeitig Feierabend machen zu können?«

»Ist es falsch, so über sie zu denken?«, fragte Dalila, als hoffte sie dafür Absolution zu erhalten, dass sie ihre Kollegin anschwärzte.

Helena zuckte möglichst gelassen mit den Schultern, um Dalila den Eindruck zu vermitteln, dass sie hier ganz im Vertrauen offen ihre Meinung sagen konnte. Für eine Weile saßen sie in ihre Überlegungen versunken nebeneinander und nippten an ihren Getränken. Helena wollte abwarten, womit Andreias Kollegin noch herausrücken würde, wenn sie sie nur reden ließ.

Nicht zum ersten Mal blickte Dalila über ihre Schulter, musterte die anderen Gäste und blieb bei dem Tisch mit den ausländischen

Studenten hängen. »Die sind wohl zu jung, um uns alten Weibern einen auszugeben«, stellte sie bedauernd fest.

Helena erwiderte nichts. Sie hoffte schließlich, dass es just dazu nicht kommen würde.

»Ich glaube, sie ist früher los«, sagte Dalila dann, kaum laut genug, um die Musik zu übertönen.

Es dauerte drei Sekunden, bis sich Helena der Zusammenhang erschloss. »Sie meinen, letzte Woche, als Frederico starb?«

Dalila nickte. »Sie war nicht bis zum Ende des Meetings dabei.«

Bevor Helena fragen konnte, wann genau Andreia die Sitzung verlassen hatte, hatte die Frau sich schon wieder von ihr abgewandt.

»Oh, jetzt wird es schon interessanter«, bemerkte sie.

Helena folgte Dalilas Blick hin zum Eingang, wo gerade ein Mann die Bar betrat.

»Der ist aber schnuckelig«, fügte Dalila hinzu und zupfte sich ihre Bluse zurecht.

Im Stillen musste Helena ihr zustimmen, obwohl sie ihn mit Sicherheit niemals als schnuckelig beschrieben hätte. Plötzlich bekam sie nur noch schwer Luft. Das war doch verrückt. Hatte sie nicht vorhin noch an ihn gedacht? Mit einem Mal fühlte sie sich nun doch betrunken.

# 34
# Henrik

Sie hatte ihm eine SMS geschickt, dass sie später kam.

Sara schlief bereits. Er hatte ihr aus seinem Lieblingskinderbuch *Max und Moritz* vorgelesen. Da er nur die deutsche Fassung besaß, war es eine lustige Angelegenheit geworden, weil er versucht hatte, die Verse ins Portugiesische zu übersetzen. Eine Sprache, die er immer noch viel zu wenig beherrschte, wenn man bedachte, wie lange er schon hier lebte. Meist war es zu verlockend, ins Englische zu wechseln, was die meisten Portugiesen in seinem Umfeld gut konnten. Unterhielt er sich mit Helena, verfiel er häufig in eine Mischung aus Portugiesisch und Englisch, was oft ein ziemliches Kauderwelsch ergab, über das sie sich gerne lustig machte. So gesehen war das Vorlesen als Übung nicht schlecht für ihn, denn Sara war sehr darauf erpicht gewesen, ihn zu verbessern, sofern sie ihn überhaupt verstanden hatte. Zum Glück hatten ihm dabei die großartigen Illustrationen von Wilhelm Busch geholfen.

Wie so oft saß er nun mit einem Glas Rotwein und dem aufgeklappten Laptop am Küchentisch. Nach langem Ringen mit sich hatte er endlich WLAN unten im Laden installieren lassen, und die Verbindung reichte bis hinauf in seine Wohnung, die direkt darüber lag. Catia hatte das Antiquariat schon abgeschlossen, als er von seiner Observation zurückkehrte. Er hatte kurz in die Kasse gesehen, obwohl er schon ahnte, dass es ein weiterer Tag war, der sich hinsichtlich der Einnahmen nicht gelohnt hatte. Anders war es ja in all der Zeit, seit er das Geschäft betrieb, nicht gewesen. *Ich bin ein ähnlich mieser Geschäftsmann wie Mauro Pedrosa. Nur habe ich keinen Grund, das Gegenteil vorzutäuschen …*

Offenbar gab es heute auch nichts, was er noch hätte wissen müssen: Catia hatte keinen Zettel hinterlassen, auf dem sie irgendwelche Nachrichten oder Instruktionen für ihn notiert hätte. Eigentlich hatte er nach seiner Rückkehr von seiner Beschattung vorgehabt, noch ein wenig im Antiquariat herumzustöbern, doch dann war schon Gisela mit Sara aufgetaucht. So ausgelassen wie die beiden antanzten, hatten sie einen guten Tag gehabt. Was Gisela natürlich nicht davon abhielt, Spesen für Eis, Getränke und diverse Snacks einzufordern, die sie sich gegönnt hatten. Er hatte schief gegrinst bei dem Gedanken, dass es im Nachhinein billiger gewesen wäre, wenn er Gisela für das Überwachen von Pedrosa bezahlt hätte.

Der Geschäftsmann hatte ihm einen interessanten Tag beschert. Auch wenn das Treffen mit der jungen Frau im geblümten Sommerkleid sich letztlich weniger aufregend fortsetzte, als man zeitweilig hätte vermuten können. Denn nach dem Mittagessen hatte Mauro nicht etwa ein Hotel angesteuert, um sich dort mit der Dame und den im Chinesenviertel erworbenen Drogen weiter zu vergnügen. Stattdessen hatte er seine Geliebte, zwei Stunden nachdem sie sich in die Arme gefallen waren, am Rossio abgesetzt, wo sie von seinem Mercedes in ein Taxi gewechselt hatte. Zum Abschied hatte sich Pedrosa so galant gegeben wie den ganzen Tag schon, ihr die Tür aufgehalten und ihr hinterhergewinkt, als das Taxi anfuhr. Bevor Pedrosa dann wieder in seinen Wagen gestiegen war, hatte er seinen Ehering aus der Hosentasche gefischt und zurück auf seinen Finger geschoben. Eine Geste, über die Henrik zunächst nicht weiter nachdachte, weil er sich plötzlich in einer Zwickmühle wiederfand. Nur zu gerne hätte er nämlich mehr über die Frau herausgefunden, mit der Mauro den

Vormittag verbracht hatte. Allerdings hätte er dann nicht weiter an dem Mann selbst dranbleiben können. Hätte er geahnt, dass der Geschäftsmann im Anschluss bloß ins Büro fuhr, er hätte sich gewiss gegen Helenas Anordnung, ihm und nur ihm zu folgen, entschieden.

Danach hatte Mauro drei Stunden mit seinem Import-Export-Handel verbracht. Vielleicht hatte er zwischendurch auch die eine oder andere Linie Kokain geschnupft, doch was immer er sonst an seinem Schreibtisch getrieben hatte, war Henrik auch heute verborgen geblieben. Als Pedrosa endlich wieder aus dem Bürogebäude kam, war Henrik eigentlich schon haarscharf davor gewesen, die Segel zu streichen. Aber nun hoffte er, dass Mauro nicht den direkten Weg nach Hause nahm. Dass noch irgendetwas passieren würde, das ihn für die Warterei belohnte. Und Mauro hatte ihn nicht völlig enttäuscht.

Statt zurück zu seiner Wohnung zu fahren, lenkte Mauro seinen Boliden hinein in das Gewirr der Straßen nördlich der Igreja de São Domingos und parkte dort in einer Gasse erneut ohne Scheu und Skrupel direkt auf dem Gehweg. Und zwar unmittelbar vor einer Sportsbar, die damit warb, dass dort jegliche Form von Sportwetten abgeschlossen werden konnte. Da Henrik sicher war, dass Pedrosa ihn immer noch nicht als seinen Schatten wahrgenommen hatte, obwohl er ihm schon seit zwei Tagen an den Fersen klebte, betrat er drei Minuten nach dem Geschäftsmann die nicht sonderlich einladend wirkende Kaschemme.

Henrik stellte fest, dass er auch das zweite Glas Wein ausgetrunken hatte. Für zwei Sekunden widerstrebte es ihm, den Rest der Flasche zu leeren, dann tat er es doch. Erneut prüfte er sein Handy, ohne jedoch eine weitere Nachricht von Helena darauf zu finden. Dass sie noch kommen würde, war keine Frage, schließlich schlief ihre Tochter nebenan im Gästezimmer. Er stand auf, nahm sein Weinglas und trottete ins Wohnzimmer. Die Müdigkeit, die auch daher rührte, dass er wieder fast den ganzen Tag in der Sonne verbracht hatte, zwang ihn aufs Sofa. Das antike Stück, das ihm Martin wie so vieles in der Wohnung hinterlassen hatte, war wenig bequem, aber das war im Moment genau das Richtige. Die Sitzgelegenheit mit den harten Polstern würde es ihm ermöglichen, so lange wach zu bleiben, bis Helena endlich auftauchte. Sobald er sich zurechtgerückt hatte, fuhr er damit fort, seinen Tag mit Mauro zu rekapitulieren.

In jeder Ecke der eher ungastlich und steril eingerichteten Kneipe hing ein Fernseher an der Wand. Jedes Gerät zeigte ein anderes Programm und bot dem halben Dutzend Gäste die Auswahl zwischen Fußball, Basketball, Pferderennen und Darts. Alles live, wie es schien. Man konnte an einem Samstagnachmittag also aus dem Vollem schöpfen, um sein Geld loszuwerden. Er fing ein paar kurze, abschätzende Blicke der Männer auf, die verteilt an den Tischen saßen. Jeder für sich, da keiner der Gäste hergekommen war, um Gesellschaft zu finden. Diese Männer, sofern ihn ihre stumpfen Blicke überhaupt wahrnahmen, mochten sich fragen, weshalb Henrik diesen anonymen Ort betreten hatte. Ob er einer von ihnen war, ein namenloser Glücksritter wie sie selbst, der mit einer gewissen verschämten Befangenheit einen fragwürdigen Weg suchte, etwas Geld zu machen. Henrik passte sich an, indem er scheinbar verlegen zu Boden blickte, während er den letzten freien Tisch ansteuerte und sich sofort einem der Bildschirme zuwandte, kaum dass er saß.

Mauro, der hier mit seinem teuren Businessanzug wie ein Fremdkörper wirkte, stand am Tresen, ohne Interesse daran, wer nach ihm in die Kneipe gekommen war. Er blätterte einen

Stapel Zettel durch. Henrik konnte nicht erkennen, worum es sich handelte, tippte jedoch auf das Naheliegende: Wettscheine. Die lose Zettelsammlung mutete seltsam antiquiert an. Man hätte doch meinen können, dass sich auch die verruchten Risikospiele mittlerweile über irgendwelche Apps komplett online abwickeln ließen. Aber womöglich hielt man sich in gewissen Kreisen an alte Traditionen, die deutlich schwieriger nachzuverfolgen waren. Das elektronische Wettgeschäft, egal welcher Art, funktionierte im Gegensatz dazu nicht, ohne digitale Spuren zu hinterlassen. Plötzlich überlegte Henrik, ob Pedrosa heute Morgen im Chinesenviertel vielleicht gar keine Drogen gekauft, sondern bei irgendeinem Buchmacher Wetten platziert oder gar Spielschulden beglichen hatte. Henrik würde Helena auch hierzu nur Anregungen geben können; was wirklich dahintersteckte, konnte nur durch echte Polizeiarbeit überprüft werden. So wie die Frage, in welche verschlungenen Kanäle das vermeintliche Vermögen von Mauro Pedrosa floss. Vor allem jenes, das nicht in den Steuerunterlagen auftauchte.

Noch während Henrik die Situation einzuordnen versuchte, erschien ein kleiner, rundlicher Mann hinter der Theke und gesellte sich zu Pedrosa. Sein Auftreten stellte sofort klar, wer hier das Sagen hatte. Während er ein leises Gespräch mit Pedrosa begann, ließ er seinen Blick durch den Gastraum schweifen. Dabei blieb dieser eine Spur länger an Henrik hängen als an allen anderen Gästen. Offensichtlich wurde er sofort als der Einzige in der Bar wahrgenommen, der nicht zu den Stammgästen zählte. Er hatte die Aufmerksamkeit des Dicken geweckt.

Vorerst wurde der zwar wieder von Mauro beansprucht, doch Henrik war sich dessen bewusst, dass er bei dem Barbetreiber keineswegs gleich wieder in Vergessenheit geriet. Während er vorgab, wie gebannt auf den Fernseher zu starren, spielte er die zwei Optionen durch, die sich für ihn ergaben. Er konnte sich umgehend verziehen und draußen darauf warten, dass Mauro seine Wetttransaktionen beendete. Oder er riskierte es, sitzen zu bleiben, was vermutlich eine Unterhaltung mit dem beleibten Buchmacher zur Folge haben würde, sobald dieser mit Pedrosa fertig war. Und sofern dem Dicken Henriks Antworten nicht behagten, würde sich die Unterhaltung vielleicht nicht allein auf den Austausch von Höflichkeiten beschränken.

Er musste eingeschlafen sein, denn ein Geräusch ließ ihn aufschrecken. Benommen setzte er sich auf und spürte sofort, dass das harte Sofa seinem Kreuz mal wieder nicht zuträglich gewesen war. Vom Treppenhaus her hörte er, wie ein Schlüssel ins Schloss der Wohnungstür geschoben wurde. Er griff nach seinem Handy. Schon nach elf. Helena kam spät. Sie hatte ihm nicht verraten, was genau sie vorgehabt hatte, aber anscheinend hatte sich die Sache gelohnt, sonst wäre sie gewiss nicht so lange drangeblieben. Er stemmte sich hoch, wankte in den Flur und knipste das Licht in dem Moment an, als die Tür aufschwang. Für eine Sekunde wirkte sie erschrocken, dann schmunzelte sie verlegen. War sie etwa … beschwipst?

»Lauerst du mir auf?«

»Du warst nicht leise genug«, antwortete er mit belegter Stimme.

»Oh, hab ich dich geweckt?«, fragte sie, kam auf ihn zu und legte ihm die Arme um den Hals.

Sie küssten sich ausgiebig. Dabei schmeckte er den Alkohol in ihrem Atem und runzelte die Stirn. »Und das im Dienst«, lästerte er.

Sie löste sich von ihm. »Schläft Sara?«, wollte sie wissen.

»Sofern sie sich nicht rausgeschlichen hat, nachdem ich auf dem Sofa eingepennt bin, ja.«

Sie nickte, ging an ihm vorbei und spähte durch den Türspalt ins Gästezimmer.

»Sie war ziemlich geschafft von ihrem Ausflug mit Gisela.«

»Hat sie gegessen?«

Ein Dialog wie bei einem alten Ehepaar, dachte Henrik und ertappte sich dabei, dass ihm das durchaus gefiel.

»Wir hatten Pizza«, verriet er.

Helena wandte sich ihm wieder zu und zog skeptisch die Braue hoch.

»Vegetarische Pizza«, ergänzte Henrik.

»Das macht es nicht besser! Ist noch ein Stück übrig?«

Er musste lachen, und sie stimmte ein. Er folgte ihr in die Küche. Sie bediente sich aus dem Pizzakarton, der noch auf dem Tisch stand.

»Du bist spät dran«, sagte er.

Kauend zuckte sie mit den Schultern.

»Hat es sich wenigstens gelohnt?«

»Erzähl ich dir morgen. Was habt ihr noch gemacht?«, fragte sie mit Pizza im Mund.

»Wir haben vorm Schlafengehen Max und Moritz gelesen. Auf Portugiesisch.«

Jetzt lachte sie laut auf und schüttelte gleichzeitig den Kopf. Sie war definitiv angesäuselt.

Eine Sekunde später wurde sie wieder ernst. »Und wie lief es mit Mauro?«

# 35
# Helena

Es roch nach Kaffee, aber das war es nicht, was sie weckte. Auch nicht das schlechte Gewissen. Wieso auch? Sie hatte nichts getan. Nichts von Belang jedenfalls. Sie hatte sich im Halbschlaf ein-, zwei-, dreimal hin und her gewälzt, doch irgendwie war es noch zu früh, um die Augen zu öffnen. Oder sich gar mit dem Gedanken auseinanderzusetzen, sich aus den Federn zu schwingen. Schließlich war Sonntag. Selbst Sara hatte das bereits verstanden und gestattete es ihr, dass sie sich am heiligen Sonntag ein wenig länger in die Kissen vergrub.

Und Henrik? Wenn er aufstand, tat er das immer behutsam, um zu verhindern, dass sie wach wurde. Es waren diese Kleinigkeiten, die ihn so liebenswert machten.

*Ach, Henrik, mein Henrik!*

Immer noch leicht benommen, fragte sie sich, was ihn aus dem Bett geholt hatte. Warum er nicht noch weiter ihre Nähe genoss. Sie vermisste seine Finger auf ihrer Haut, seinen Atem in ihrem Nacken, wenn er wie so oft morgens eng an sie heranrückte und sich an sie schmiegte. Und so den Moment provozierte, an dem sie von der Schlaftrunkenheit hinein in eine wohlige Erregung gesogen wurden. Was meistens dazu führte, dass sie sich erneut liebten, so wie sie es vorm Einschlafen getan hatten. Früher war das jedes Mal der Fall gewesen, wenn sie bei ihm übernachtet hatte. Jetzt, da sie viel häufiger zusammen waren, kam es auch vor, dass sie einfach nur eine Weile Arm in Arm dalagen und dann irgendwann einschliefen. So wie gestern. Das war nichts, was sie beunruhigte. Zu Beginn war man eben ungestüm, wollte alles auf einmal und so viel, wie man nur kriegen konnte. Doch dann irgendwann wurde es gemächlicher. Es gab kaum mehr Neues zu erforschen, dafür wusste man, was der andere mochte. Das alles war akzeptabel. Bloß jetzt, mit dem Laken zwischen ihren Beinen, sehnte sie sich nach seinem Körper. Nach … nein, nicht nach *ihm*. Er war nur eine Fantasie. Nur eine Fantasie …

Gestern war er leider sehr real gewesen, als er plötzlich in die Bar gekommen war. Aus reinem Zufall, wie er ihr nach dem ersten Moment der Überraschung versichert hatte. Er war im Bairro Alto verabredet gewesen. Eine Herrenrunde, zu der er unterwegs war, als er zufällig einen Blick durch die offene Tür dieser Bar geworfen und sie am Tresen hatte sitzen sehen. Da hatte er nicht einfach vorbeigehen können. Dalila Santos hatte ihre Enttäuschung darüber nicht verbergen können, dass nicht sie es war, die ihn in die Kneipe gelockt hatte. Sie hatte dann auch sehr schnell für sich entschieden, ihr Glück in einem anderen Lokal zu versuchen. Helenas Proteste waren zu halbherzig, um sie aufzuhalten. Tatsächlich hatte sie ja von Dalila alles erfahren, was sie hören wollte, und damit war ihr Dienst beendet gewesen …

Erneut strich ihre Hand über die leere Bettseite. Hatte er etwas gemerkt? Lag er deshalb nicht mehr neben ihr, sondern hockte in der Küche?

Nein, nein, sie hatte nichts getan, was er hätte bemerken können. Es war sicher etwas anderes, das ihn aus dem Schlaf geholt hatte. Ein Gedanke, irgendetwas im Zusammenhang mit dem Archiv der ungeklärten Verbrechen, hatte ihm keine Ruhe gelassen. Was beschäftigte ihn wohl? Diese Sache mit den Toten am Aquädukt, von der er noch nicht wahrhaben wollte, dass es sich dabei um Selbstmorde handelte? Oder war es vielleicht doch

Mauro Pedrosa, dem er sich ja die letzten zwei Tage so ausführlich gewidmet hatte?

Obwohl Henrik gestern nicht entgangen war, dass sie etwas angetrunken heimgekommen war, hatte er ihr noch unbedingt über Pedrosas *dunkle Seite,* wie er es nannte, berichten wollen. Über dessen offensichtliche Affäre zum einen und die Geschichte mit den Sportwetten zum anderen. Und über die Möglichkeit, dass Pedrosa Drogen konsumierte. Sie würde ihn nachher darum bitten müssen, alles erneut für sie zusammenzufassen. Leider war sie immer noch nicht sicher, ob ihr diese vielen neuen Informationen wirklich halfen, den Tod des Jungen juristisch auf eine andere Stufe zu heben.

*Moment, das war noch nicht alles.*

Dort, in dieser Sportsbar, da war noch mehr vorgefallen. Das hatte sie selbst in ihrem benebelten Zustand gespürt. Irgendetwas hatte er weggelassen, und sie hatte sich nicht nüchtern genug gefühlt, um nachzubohren. *Nicht mehr wach genug … oder gedanklich nicht bei ihm …?*

Helena versuchte, ihre Benommenheit abzuschütteln. Himmel noch mal, sie konnte mehr als zufrieden damit sein, was Henrik in der kurzen Zeit alles über Fredericos Vater rausgefunden hatte. Ausreichend Material, um den Mann heute Nachmittag ordentlich in die Mangel zu nehmen.

Sie war nun deutlich wacher, das Verlangen war weg. Sie rief sich ihre Unterhaltung mit Dalila Santos in Erinnerung. Ihr Gespräch, als sie noch ungestört waren …

*Helena, merda, konzentrier dich!*

Dalila Santos hatte sich anfangs zurückgehalten, wollte Andreia nicht unnötig in ein schlechtes Licht rücken – und hatte es sich dann doch anders überlegt. War das nur, weil Dalila plötzlich eine Gelegenheit sah, Andreia eins auszuwischen? Oder hatte sie mit einem Mal die Relevanz ihrer Aussage erkannt? Wenn es stimmte, dass Andreia laut Dalila das Meeting nicht zum bislang angegebenen Zeitpunkt verlassen hatte, änderte das einiges. Denn falls sie tatsächlich nahezu eine Stunde früher gegangen war, hätte sie ihren Sohn noch davon abhalten können, die Nussschokolade zu essen. Oder wäre zumindest noch rechtzeitig daheim gewesen, um ihn mithilfe des Notfall-Kits zu retten.

Doch beides war nicht passiert. Der Junge erstickte, bevor die Eltern nach Hause kamen. Andreia hatte gelogen. Und das vermutlich in voller Absicht, weil natürlich auch ihr klar war, dass sie Frederico hätte beistehen können. Seine Versuche, sie zu erreichen, machten schließlich mehr als deutlich, wie dringend er sie brauchte. Dennoch hatte sie sich entschieden, nicht sofort zu ihm zu fahren. Schlimmer noch, laut dem Telefonverzeichnis hatte sie nicht einmal bei ihm nachgefragt, warum er sie unbedingt sprechen wollte. Andreia war in vielerlei Hinsicht verantwortungslos, sie verhielt sich nicht wie eine liebende Mutter. Ana Lúcia Lobato war einer richtigen Ahnung gefolgt. Dieser Fall war in der Tat wesentlich komplexer, als es zu Beginn den Anschein gehabt hatte.

Wohin also war Andreia Pedrosa nach der Besprechung verschwunden? Sonntagmorgen hin oder her, diese Frage trieb Helena endgültig aus dem Bett.

# 36
# Helena

1999

Er stand gegenüber dem Kirchenportal im Zugang zu einer schmalen Gasse, durch die man auf die Rua de São Pedro gelangte. Sie wäre am liebsten stehen geblieben, konnte aber nicht, da hinter ihr die Leute nach der Sonntagsmesse aus der Kirche drängten und sie vor sich herschoben. Mehr schlecht als recht stolperte sie die fünf Stufen hinunter und duckte sich zwischen den anderen Kirchgängern. Was es wiederum unmöglich machte, nach ihren Eltern und ihrer Schwester Ausschau zu halten. Sie waren auf jeden Fall vor ihr hinaus in die Frühsommersonne getreten. Zum Glück hatte ihre Mutter schon vor Jahren damit aufgehört, sie und die Schwester überall an die Hand zu nehmen. Nach Tomás' Verschwinden war das eine Manie von ihr geworden. Damit ihre verbliebenen Kinder ja nicht auch noch verloren gingen, gewöhnte sie sich an, die Hände ihrer Töchter so unerbittlich zu umklammern, dass die Gelenke knackten und die kleinen Fingerchen so blutleer wurden, dass sie anfingen zu kribbeln. Das mussten sie so lange ertragen, bis Clara eines Tages deswegen inmitten all der Leute einen Schreikrampf bekam, so laut und anhaltend, dass es sogar den Pfarrer aus der Sakristei getrieben hatte.

Danach war es meist ihr Vater, der diese zwanghafte Marotte unterband, indem er seinerseits die Hand seiner Frau ergriff und sie so daran hinderte, nach ihren Töchtern zu fassen. Wie Clara war auch Helena froh darüber, dass diese Tortur so ein Ende fand. Doch jetzt in diesem Moment ertappte sie sich bei dem Gedanken, dass sie gerne wieder zwischen ihren Eltern gegangen wäre und sich die Hand ihrer Mutter fest um ihre Finger gelegt hätte.

Die Leute verliefen sich immer mehr. Er hingegen rührte sich keinen Millimeter, im Gegenteil, er starrte direkt zu ihr herüber. Seit sie mit dem letzten Nachhall der Kirchenglocken aus dem Gotteshaus getreten war, hatte er sie vermutlich keine einzige Sekunde aus den Augen gelassen. Ohne Zweifel war er allein wegen ihr an diesem Sonntag vor die Igreja Paroquial de São Miguel gekommen war. Um sie hier abzupassen. Plötzlich strich die Furcht mit eiskalten Fingern über ihren Rücken, und sie zog sich die schwarze Weste, die sie nur zum Kirchgang trug und die ihr zu dieser Jahreszeit eigentlich viel zu heiß war, eng um die Schultern.

Noch einmal sah sie sich nach ihrer Familie um, doch die war längst fort. Vom Kirchplatz abgebogen in die Rua da Galé und vermutlich schon halb zu Hause, wo Mutter sich damit beeilen würde, das Mittagessen auf den Tisch zu bringen. Die Predigt von Pater Eusébio war heute besonders ausführlich gewesen. Er hatte seiner Gemeinde viel mitzuteilen gehabt, doch im Moment konnte sich Helena an keinen einzigen Satz mehr erinnern, den er von der Kanzel geschmettert hatte, so sehr blockierte die unmittelbare Bedrohung ihre Gedanken.

Er trug keine Sonntagssachen. Abgesehen davon, dass sein blasses Gesicht heute nicht rußverschmiert war, sah er so aus, als käme er direkt von seiner Schweißerarbeit unten in der Werft. Bewegungslos standen sie sich auf dem sich schnell leerenden Platz gegenüber wie Duellanten. Darauf lauernd, wer zuerst nach dem Revolver griff. Doch während sie ungeschützt von der gleißenden Sonne geblendet wurde, stand er im Schatten und hatte damit jeden Vorteil auf seiner Seite. Just in dem Augenblick, als sie mit sich selbst übereinkam, dass er wohl keine Waffe auf sie richten würde, gab er seine Vormachtstellung auf und setzte sich in Bewegung. Geradewegs auf sie zu. Mit jedem Schritt wurde er schmäler und kleiner. Ihr war, als schmölze ihn die Mittagssonne zusammen wie eine Kugel Schokoladeneis, die man nicht schnell genug von der Waffel leckte. Ihr heftiger Drang zur Flucht verdampfte im selben Maß. Mit einem Mal wusste sie, dass sie den Mut aufbringen konnte, standhaft zu bleiben. Der unheimliche Mann mit den tiefschwarzen Haaren, den bläulichen Bartschatten um sein spitzes Kinn und den eng stehenden Kohleaugen verlor seine Furcht einflößende Wirkung, je länger die Sonne ihn anstrahlte. Es machte ihr nicht einmal mehr etwas aus, dass sie beide mittlerweile die einzigen verbliebenen Seelen auf dem Platz vor der Kirche waren. Fünf Meter vor ihr hielt er inne, und seltsamerweise blickte er ihr überhaupt nicht zornig oder auch nur wild entschlossen entgegen. Nein, alles, was sie im schmalen Gesicht dieses Mannes erkannte, war Traurigkeit.

»Komm nie wieder zu uns nach Hause!«, flüsterte er, gerade laut genug, dass seine Worte die Distanz zwischen ihnen überbrückten. Wäre in diesem Moment ein Moped die Rua de São Pedro entlanggeknattert oder hätten einige der Tauben, die oben auf dem First der Kirche hockten, mehrstimmig gegurrt, sie hätte ihn nicht verstanden.

»Warum tun Sie ihm das an?«, fragte sie mit kräftiger Stimme, weil es nun ohnehin kein Zurück mehr gab.

Sandros Vater schüttelte den Kopf. »Es ist nicht … bleib einfach weg von ihm. Lass uns in Ruhe!«

»Ich kann nicht wegsehen. Jetzt nicht mehr.«

»Du kannst nichts tun, niemand kann das«, erwiderte er, und etwas daran klang merkwürdig falsch in ihren Ohren.

Es war die Art, *wie* er das sagte. Gequält und unterlegt von einer Hilflosigkeit, die sie betroffen machte. Hatte sie sich womöglich geirrt? War sie voreiligen Schlüssen aufgesessen, weil es für sie nur diese eine Wahrheit hatte geben können? Mit einem Mal spürte sie die Hitze mit Wucht. Wie lange stand sie hier schon reglos in der Sonne? Ihr war, als würde innerhalb eines Atemzugs jede vernünftige Überlegung aus ihrem Schädel gebrannt. Sie starrte in die müden, traurigen Augen von Sandros Vater und versuchte, den Fehler in ihren Folgerungen zu erkennen. Die Sekunden auf dem Largo de São Miguel dehnten sich ins Unendliche, und plötzlich befiel sie die irrationale Angst, sie könnte zur Statue erstarrt sein.

»Helena, was machst du da?«, ertönte es in dem Moment weit rechts von ihr.

Es war die Stimme ihrer Schwester, die nach ihr rief. Vermutlich geschickt von der Mutter, um nachzusehen, wo die jüngere Tochter herumtrödelte. Mit einem Mal konnte sie sich wieder bewegen. Sie drehte den Kopf und entdeckte Clara an der südwestlichen Ecke des Kirchplatzes, die zu ihr herüberwinkte.

»Komm endlich!«, schrie sie, zu schrill für einen Sonntagmittag.

Helena nickte und wollte sich erneut Sandros Vater zuwenden. Doch dort, wo er eben noch gestanden hatte, flimmerte nur die heiße Luft über den Pflastersteinen. Außer ihr befand sich niemand mehr auf dem Largo de São Miguel.

# 37
# Helena

Als sie Mauro Pedrosa in den Verhörraum im Justizpalast führte, schien er auffallend bemüht, den Unbeeindruckten zu geben. Helena beobachtete ihn dabei, wie er sichtlich pikiert auf dem schäbigen Stuhl Platz nahm, auf dem gestern bereits seine Frau gesessen hatte. Wieder trug er einen seiner tailliert geschnittenen Anzüge, diesmal in Korallblau, darunter das obligatorische weiße Hemd, das – für Helenas Geschmack mit einem Knopf zu weit offen – seine gebräunte Brust zu Schau stellte. Es hatte bislang zu wenige Sonnentage in diesem Frühjahr gegeben, als dass er sich seine Bräune draußen an den Stränden von Estoril oder Cascais geholt haben könnte. Vermutlich ging er ins Solarium. Nicht zu häufig, sodass es zu offensichtlich gewesen wäre, aber ausreichend oft, um den Bronzeton seiner Haut zu erhalten. Viel Pflege gönnte er auch seinen Händen, die Nägel wirkten tadellos manikürt. Die Hemdmanschette verdeckte nur zum Teil eine teuer aussehende Armbanduhr am Handgelenk. Mauro lebte mit aller Gewalt über seine Verhältnisse. Da sie seine Kontostände kannte, konnte sie sich ausrechnen, dass er finanziell kurz vor dem Kollaps stand. Zumindest was seine regulär versteuerten Einkünfte anging. Aber vielleicht hatte er ja ein Händchen für seine Sportwetten und Unmengen von Schwarzgeld auf der hohen Kante. Wobei er ihr nicht wie ein Glücksritter vorkam, auch wenn er nach außen hin ein entsprechendes Leben führte. Wenn man genau hinsah, konnte man hinter dem Blendwerk eine ins Wanken geratene Gestalt erkennen. Einen Mann, der bereits taumelte und dennoch sein Umfeld und sich selbst belog. Wie lange konnte er sich wohl derart angeschlagen noch auf den Beinen halten? Henrik hatte in den letzten zwei Tagen sicher nur einen Teil seiner Machenschaften mitbekommen. Und Andreia? Sie hatte Helena gegenüber angegeben, dass sie über keinen Einblick in den Import-Export-Handel ihres Mannes verfügte. Und wie stand es mit den anderen Geschichten? *Der dunklen Seite?* So wie Helena sie einschätzte, verlangte diese Frau nicht nach regelmäßigem Einblick in die Bücher, solange nur ausreichend Geld in die Haushaltskasse floss.

»Na los, schalten Sie schon die Scheißkamera an, damit wir fertig werden. Ich habe nicht ewig Zeit.«

»Warten denn noch Geschäfte? Selbst am Sonntag?«

»Unternehmer haben keinen Ruhetag, aber das ist für Sie als Beamtin natürlich unvorstellbar«, brummte er.

Helena lächelte schmal und startete die Aufzeichnung. Sie gab die Namen der Anwesenden, Datum und Uhrzeit und den Grund der Unterredung zu Protokoll, auch wenn sie immer noch nicht hundertprozentig davon überzeugt war, dass die Aufnahmen jemals für ein Ermittlungsverfahren zugelassen werden würden. Deshalb betonte sie ausdrücklich – vor allem auch gegenüber Mauro –, dass es sich hierbei nur um eine Befragung, nicht um eine Vernehmung handelte.

Pedrosa schlug das Bein über und lümmelte sich so lässig in den Stuhl, wie dieser es zuließ. Die Haltung konnte nicht bequem sein, aber offenbar wollte er damit unbedingt seine Unerschrockenheit demonstrieren.

»Haben Sie mit Ihrer Frau gesprochen? Darüber, weshalb Sie hier sind?«

»Darüber, dass Sie uns was anhängen wollen, meinen Sie?« Er richtete sich auf und beugte sich ihr entgegen. »Mein Anwalt hat mir davon abgeraten, Ihrer Einladung zu folgen.«

»Dennoch sind Sie gekommen.«

Er musterte sie durchdringend. »Nur weil ich verstehen möchte, was Sie von uns wollen. Wir haben vor einer Woche unser Kind verloren, und Sie behandeln Andreia und mich wie Verbrecher. Was geht in Ihrem kranken Kopf bloß vor?«

Helena blieb gelassen und hielt seinem starren Blick ohne Probleme stand. Sie musste nicht einmal die Augen senken, um die Telefonnummernliste aus der Aktenmappe zu holen. Wie schon bei Andreia legte sie das Blatt so vor Mauro ab, dass dieser es einsehen konnte und tippte auf die markierte Ziffernfolge.

»Wem gehört diese Nummer?«

Mauro schaute nur flüchtig hin. »Keine Ahnung.«

»Frederico wurde von dieser Nummer aus angerufen, nicht lange bevor er erstickte. Sollten Sie sich da nicht etwas mehr dafür interessieren? Vor allem wenn man bedenkt, dass die Nummer seither nicht mehr aktiv ist.«

Für ein paar Sekunden verlor Mauro seine selbstsichere Maske und wirkte einigermaßen verdutzt. Er zog das Blatt ein paar Zentimeter näher heran.

»Ist das vielleicht die Nummer Ihrer Freundin?«, hakte Helena scharf nach.

Pedrosa streckte den Rücken durch und riss die Hand zurück, als hätte er auf eine heiße Herdplatte gegriffen. »Wie kommen Sie auf so einen Unsinn?«

»Sie bestreiten also, ein außereheliches Verhältnis zu haben?«

»Und zwar vollkommen!«

»Dann verraten Sie mir, wer die junge Dame war, mit der Sie den gestrigen Vormittag verbracht haben.«

Ihm fielen fast die Augen aus dem Kopf. »Lassen Sie mich etwa überwachen?«, fauchte er und sprang gleichzeitig auf.

»Setzen Sie sich wieder hin!«, befahl Helena. »Ich bin noch nicht fertig mit Ihnen!«

Pedrosa verharrte für ein paar Sekunden, und sein rechtes Lid fing leicht an zu zucken. Während sie sich belauerten, bemerkte sie, wie stickig die Luft in dem kleinen Besprechungszimmer geworden war. Draußen war es schon beinahe wieder zu heiß für diese Jahreszeit. Man musste hoffen, dass sie nicht wieder einen so trockenen Sommer bekamen wie letztes Jahr. Dass nicht wieder unzählige Hektar Wald abbrannten. Fürs Erste musste sie allerdings nur aufpassen, dass der Sauerstoffmangel nicht auch ihr Denken träge machte. Sie richtete ihre Konzentration wieder auf Pedrosa, der endlich ihrem unerbittlichen Blick erlag und sich wieder hinsetzte.

»War diese Frau auch der Grund, der Sie letzte Woche Ihren Sohn hat vergessen lassen?«

»Hören Sie auf mit diesen Unterstellungen. Es geht Sie nichts an, mit wem ich mich treffe!« Trotz der starken Worte klang er wenig überzeugend.

»Weiß Andreia von Ihrem Verhältnis?«

Er schüttelte in gespielter Fassungslosigkeit den Kopf. »Es war dieser Kerl, der aus der Sportsbar, richtig? Franco hat mich darauf aufmerksam gemacht, dass mir der Typ in die Bar gefolgt ist. Und ich habe ihn noch ausgelacht. Vor allem als er meinte, dass es kein Bulle ist. *Ich kenne jeden verfluchten Cop in der Stadt*, hat er gesagt und mir versichert dass der nicht zu eurem Verein gehört …« Mauro hielt abrupt inne, als ihm auffiel, dass er ganz gegen seine Absicht ins Plaudern geraten war. Er räusperte sich. »Hat sich der gute Franco also geirrt, und der Schnüffler war doch einer der Ihren?«

Helena nahm den Ball sofort auf. »Gibt es denn einen Anlass, dass sich abgesehen von der Polizei noch jemand für Sie interessieren könnte? Lässt Sie ein Gläubiger überwachen? Oder jemand, bei dem noch Wettschulden offen sind? Oder haben Sie womöglich Probleme mit einem Drogendealer?«

Mauro bekam erneut große Augen. Er rang um Beherrschung, dann hob er den Finger und richtete ihn auf sie. »Sie meinen wohl, Sie sind eine ganz Schlaue, was? Nichts von dem, was Sie mir hier unterstellen, entspricht auch nur im Ansatz der Wahrheit! Ganz zu schweigen davon, dass es absolut keinerlei Einfluss darauf hatte, was Frederico zugestoßen ist. Es muss Ihnen doch klar sein, dass Sie da blind im Trüben fischen.«

Helena wechselte in bewährter Manier das Thema. »Diese Schokolade, die Pralinés, von wem kamen die?«

»Was?« Mauro stockte. Mit wedelnden Händen versuchte er, sein Unverständnis auszudrücken. Oder etwas zu überspielen. »Ein Kundengeschenk, keine Ahnung. Das ist wirklich auch das Einzige, was Sie mir zum Vorwurf machen können, dass ich diese Scheißdinger mit nach Hause genommen habe.«

Für den Bruchteil einer Sekunde war da etwas in seinen Augen gewesen. Erkenntnis? Sie war sich nicht sicher und nahm sich vor, die Sequenz auf dem Video hinterher noch einmal besonders genau anzusehen. Jedenfalls wartete sie ab, ob Mauro noch etwas ergänzen wollte. Doch da war nur Schweigen, das ihre Geduld strapazierte. Sie hielt es eine Minute lang aus, in der Mauro über ihre Schulter hinweg auf die Tür starrte. Vielleicht war er gedanklich aber auch schon weiter weg, auf seiner eigenen Suche nach dem, was ihm eben durch den Kopf gegangen war. Hatte ihre letzte Frage etwas in ihm ausgelöst? Wenn ja, ließ Pedrosa sie nicht an seinen Gedanken teilhaben.

Schließlich tippte Helena erneut auf die markierte Telefonnummer. »Wer hat Frederico angerufen?«

Mauro nahm seine Hände hoch und strich sich die Haare nach hinten. Mit einem Mal gelang es ihm nicht mehr, seine Nervosität hinter der Machofassade zu verbergen.

»Sie haben doch einen Verdacht«, insistierte Helena. »Kommen Sie, es geht um Ihren Sohn, das kann Sie doch nicht kalt lassen.«

Wieder zuckte sein Augenlid. Im nächsten Moment schüttelte er vehement den Kopf. »Es gibt nichts, was ich Ihnen noch zu sagen hätte. Alle weiteren Anfragen richten Sie direkt an meinen Anwalt!« Damit erhob er sich erneut. Schweißperlen glänzten auf seinem Nasenrücken.

»Name?«

»Was?«

»Der Name Ihres Anwalts.«

Er schnappte nach Luft. Knöpfte sein Sakko zu und gleich wieder auf. »Rodrigues, Serra Rodrigues«, zischte er und wandte sich ab. Sie wartete, bis er die Hand nach der Klinke ausstreckte.

»Warum haben Sie sich überhaupt für ein Kind entschieden?«

Er verharrte wie angewurzelt. Sie meinte, die Anspannung buchstäblich sehen zu können, die seine Nackenmuskeln verkrampfte.

»Ihre Frau und Sie sind einfach zu sehr mit sich selbst beschäftigt. Da blieb doch nie wirklich Zeit für Frederico. Er musste allein zur Schule gehen. War auf sich gestellt, wenn er daheim darauf wartete, dass seine Eltern endlich nach Hause kamen. Halten Sie das für eine behütete Kindheit? Sie haben ihn sterben lassen, Sie beide, weil Sie schlicht keine Zeit für ihn erübrigen konnten …«

Mauro wirbelte herum. Die Adern an seinem schlanken Hals traten weit hervor, und sein Mund war von Wut verzerrt. Helena war sicher, dass er die Kamera, die immer noch auf ihn gerichtet war, längst vergessen hatte.

»Glauben Sie, ich weiß nicht, dass diese Staatsanwältin hinter allem steckt? Ich hab auch meine Verbindungen, Inspetora, das sollten Sie wissen. Und Sie beide werden diese Hexenjagd noch bitter bereuen!«

# 38
# Helena

1999

Seit ihrer Begegnung mit Sandros Vater waren zwei Wochen vergangen. Mittlerweile erschien ihr dieses Aufeinandertreffen irreal, wie ein schlechter Traum, den sie vor einer Weile gehabt hatte und an den sie sich nur noch bruchstückhaft erinnern konnte. Außerdem befand sie sich mitten in ihren Prüfungsvorbereitungen und hatte ohnehin keine Zeit mehr, sich mit etwas anderem zu beschäftigen. Längst war sie fest entschlossen, weiter zur Schule zu gehen. Sie wollte jede sich ihr bietende Chance nutzen, damit sie nicht wie ihre Schwester in einer Fischkonservenfabrik endete. Gegenüber Clara sprach sie diesen Gedanken aus Rücksicht nie laut aus, trotzdem steckte er fortwährend in ihrem Kopf. Sie war bestrebt mehr aus ihrem Leben zu machen. Und sie wollte helfen. Kindern wie Miguel oder ihrem Bruder. Jedem, dem Unrecht widerfuhr und der Hilfe brauchte. Dazu gehörte nach wie vor auch Sandro, bloß dass sie keine Idee mehr hatte, was sie noch für ihn tun konnte. Abgesehen davon hatte sie ihn nun schon einige Zeit nicht mehr gesehen. Was natürlich auch daran lag, dass sie tagsüber in ihrem abgedunkelten Zimmer saß und büffelte. Die Sonne musste sie aussperren, damit es bis zum Abend einigermaßen erträglich blieb, denn der Frühsommer war mit großer Hitze über das Land hergefallen, und die Alten im Viertel prophezeiten bereits einen qualvoll heißen Sommer, den nicht alle überleben würden.

Helena wusste von einigen aus ihrer Klasse, dass sie bei diesen Temperaturen lieber hinaus ans Meer fuhren, um sich in den Wogen des Atlantiks zu erfrischen, statt ihre Nase in Schulbücher zu stecken. Auch wenn der Gedanke, ausgelassen durch die schäumenden Wellen zu springen, unheimlich verlockend war, brachte sie nach wie vor die Disziplin auf, diesen Einladungen, die ohnehin nicht oft ausgesprochen wurden, zu widerstehen. Erst nach Sonnenuntergang gönnte sie sich eine Pause vom Lernen und wagte sich für eine Weile hinaus in die Gassen des Alfama. Was natürlich keine echte Alternative zu einem Sprung in die kühlende Brandung war – aber zumindest konnte man sich an einigen erhöhten Stellen den Wind um die Ohren wehen lassen, der den salzigen Duft des Meeres mit sich trug.

So war sie auch heute zu einem dieser Orte im Viertel unterwegs, wo die Böen vom Atlantik her ungebremst über die Dächer fegten. Natürlich wäre sie nie auf die Idee verfallen, zum Miradouro de Santa Luzia oder zum Portas do Sol zu gehen, wo sich täglich Hunderte von Leuten tummelten, die meisten davon Urlauber oder andere Besucher von außerhalb. Ohne Frage hatte man von dort eine herrliche Aussicht, und sie konnte verstehen, warum diejenigen, die nach Lissabon kamen, zu diesen Orten pilgerten. Aber das bedeutete eben auf der anderen Seite, dass man dort keine Ruhe mehr fand. Man hatte den Wind gewissermaßen nicht mehr für sich allein. Weder das Brausen, das man über dem vielstimmigen Geschnatter gar nicht richtig hören konnte, noch die Gerüche des Meeres, die er mitbrachte. Zum Glück gab es noch genügend versteckte Plätze, die nur selten von Touristen gefunden wurden. Beispielsweise der Largo de Santo Estêvão, der die gleichnamige Kirche von zwei Seiten terrassenförmig umschloss und von hohen Pinien beschattet wurde. Stellte man sich dort in der südwestlichen Ecke des Platzes direkt an die Brüstung, konnte man über die Dächer des in den steilen Hang hineingebauten Viertels hinweg sogar die Aufbauten der großen Frachtschiffe sehen, die unten an den Piers lagen. Der Blick ging sogar bis hinüber ans südliche Ufer. Und man spürte den Wind, der den Fluss heraufwehte. Und darauf kam es an.

Als Helena um den weiß getünchten Glockenturm der Igreja de Santo Estêvão bog, bot sich ihr ebenjenes herrliche Bild, nach dem sie sich den ganzen Tag gesehnt hatte. Im Westen färbte die sinkende Sonne die Wolken über dem Meer in zahlreichen Rottönen, gerade so, als stünden sie in Flammen. Neben der Meeresbrise bescherte ihr dieser Abend also auch ein atemberaubendes Farbenspiel. Das söhnte sie mehr als aus für die Stunden, die sie über ihren Büchern zugebracht hatte. Doch als sie sich ihrer Ecke näherte, merkte sie, dass sie hier heute nicht allein sein würde. Sie erkannte ihn, auch wenn er halb von einem der Pinienstämme verborgen war. Offensichtlich hatte ihn dieselbe Idee hergeführt wie sie.

»Hallo Sandro«, grüßte sie, und er schrak zusammen.

Offenbar war er völlig in den friedlichen Anblick versunken gewesen, und er hatte ihr Kommen nicht bemerkt.

»Lauf nicht weg!«

Der Junge überlegte, und seine Anspannung war nicht zu übersehen. Doch er blieb vorerst, wo er war, drückte sich lediglich gegen den Baum, als wollte er unter dessen raue Rinde schlüpfen.

»Ich hab dich lange nicht gesehen«, redete Helena drauflos, um ihn von seinen Fluchtgedanken abzulenken. »Aber ich war in letzter Zeit auch viel mit Lernen beschäftigt. Schaust du den Jungs vom FC Lisboa noch beim Fußballtraining zu?«

Sandro blickte sie aus großen Augen an und schien sich zu fragen, wie sie das wissen konnte.

»Wieso spielst du eigentlich nicht selbst?«

»Kein Talent … sagt mein Vater.«

»Woher will er das wissen?«

»Früher haben wir uns ab und zu mal ein paar Bälle zugespielt, als wir noch in Braga gewohnt haben.«

»Und jetzt nicht mehr?«

Er blickte hinunter auf die Kopfsteinpflastergassen unterhalb des Largo de Santo Estêvão, als wollte er sie darauf hinweisen, dass es zwischen den eng stehenden Häusern nicht ausreichend Platz gab, um mit dem Vater Fußball zu spielen. Dieser Umstand hielt allerdings die wenigsten der fußballbegeisterten Kinder davon ab, wie wild mit Bällen zu bolzen; ihnen war es egal, ob da Häuser dicht an dicht standen oder Passanten ihren Weg kreuzten. In der Regel kam ein auf Abwege geratener Pass immer wieder zurück. Tatsächlich kannte sie niemanden in ihrer Straße, der nicht gerne gegen einen Ball trat, wenn er ihm versehentlich vor die Füße rollte. Da spielte weder Alter noch Geschlecht eine Rolle, im Alfama waren sie allesamt fußballverrückt.

»Jetzt nicht mehr«, bestätigte Sandro schließlich. »Er muss immer lange arbeiten, und wenn er heimkommt, ist er zu müde.« Er klang bedrückt.

Helena dachte an die Begegnung mit Sandros Vater vor der Kirche; der Mann hatte wirklich ziemlich erschöpft gewirkt. Aber nicht nur der Vater, auch Sandro selbst sah abgeschlagen aus. Als wäre sein junges Leben ein fortwährender Kampf, der ihn zunehmend ermattete. Sie betrachtete den Jungen, bis er den Blick senkte. Dann drehte sie ihr Gesicht in den Wind. Die Böen zupften an den Haarsträhnen, die sich aus ihrem Pferdeschwanz gelöst hatten. »Deshalb komme ich hier herauf«, sagte sie und sog tief die Luft ein.

»Warum?«, fragte Sandro in ihrem Rücken.

»Wegen des Windes. Und des Geruchs des Meeres. Kannst du es riechen?« Sie drehte sich zu ihm um und sah, wie er mit geblähten Nasenflügeln tief einatmete. Dann schüttelte er den Kopf.

»Ich rieche nur das Alfama«, sagte er enttäuscht.

Helena überlegte, wie sie den Geruch Lissabons beschreiben würde. *Das Alfama stinkt nach Fisch*, hörte man oft die Leute sagen, die unten im Baixa wohnten, in dem noblen Stadtteil, der so wenig mit dem alten Fischerviertel gemein hatte. Plötzlich war sie verunsichert. Womöglich war es gar nicht die würzige Luft vom Atlantik, die sie in all der Zeit so gerne inhaliert hatte, sondern bloß der Gestank ihres heruntergekommenen Stadtteils, der zwischen Tejo und Castelo de São Jorge am steilen Schlossberg klebte. Es mochte Sandro am Talent zum Fußballspielen mangeln, doch dafür hatte er es geschafft, ihr die schöne Illusion vom Duft des Meeres zu rauben. Jedenfalls wusste sie nicht, was sie darauf erwidern sollte. Inzwischen bereute sie es fast, heute hierhergekommen zu sein. Wieder suchte sie die traurigen Augen des Jungen – und diesmal wandte er sich nicht ab.

»Du musst dich nicht um mich kümmern«, sagte er. »Ich komm schon damit zurecht.«

Der letzte Satz traf sie schmerzhaft mitten ins Herz. Ein Kind in seinem Alter sollte nicht einmal darüber *nachdenken* müssen, ob es mit der Gewalt in seiner Familie zurechtkam.

»Außerdem …«, setzte er an, sprach dann aber nicht weiter.

»Außerdem?«, hakte sie nach. Jetzt, da die Sonne endgültig versank, frischte der Wind auf, und die Böen wurden mit jeder Sekunde kräftiger. Sie wischte sich die Haare aus dem Gesicht.

»Außerdem ist es nicht Papai«, murmelte Sandro.

# 39
# Henrik

»Er kommt jetzt raus.«

»Alles klar«, raunte er ins Telefon und blinzelte durch die verschmierte Windschutzscheibe. Er saß in Helenas Peugeot, den sie auf dem Parkplatz des Justizpalasts abgestellt hatte. Eigentlich fühlte er sich nicht sonderlich wohl dabei. Er hatte eindringlich zu bedenken gegeben, dass Pedrosa sein Gesicht seit gestern Nachmittag kannte. Beim Verlassen der Sportsbar war er an ihm vorbeigegangen und hatte ihn für eine Sekunde auch direkt angesehen. Und selbst wenn dieser kurze Moment nicht ausgereicht hatte, war da immer noch der Barbetreiber, der Pedrosa ganz offensichtlich auf Henrik hingewiesen hatte. *Kennst Du den Typ, der nach dir in die Bar gekommen ist?* So in der Art. Was Pedrosa höchstwahrscheinlich verneint hatte. Irgendwie so ähnlich musste es abgelaufen sein, schätzte Henrik.

Helena hatte heute Morgen noch einmal genau von ihm wissen wollen, was in der Kneipe vorgefallen war. Nicht allein um zu erfahren, was Pedrosa dort getrieben hatte, denn dessen Absichten waren einfach zu durchschauen und zu erklären gewesen. Mauro hatte ein paar Wetten platziert, auch wenn sich dafür keine Belege finden würden, die in irgendeiner Form als juristisch unanfechtbare Beweise herhalten könnten. Für ihre Ermittlung war das Abschließen von Sportwetten sehr wahrscheinlich auch nicht wirklich relevant. Überdies wollte sie eine Erklärung hören, warum er Mauro danach nicht noch weiter gefolgt war. Anscheinend hatte sie ihm nicht so ganz abgenommen, dass die Vespa nicht mehr angesprungen war und er die Observation deshalb abbrechen musste.

»Pedrosa hat dich übrigens bemerkt, wie du schon vermutet hast«, fügte sie nun hinzu. »Sagt dir eigentlich der Name Franco was?«

Henrik nahm an, dass so der beleibte Sportsbarbetreiber hieß. Der Dicke hatte sich nicht bei ihm vorgestellt, als er sich zu ihm an den Tisch setzte und damit verhinderte, dass er Pedrosa weiter hinterherschnüffelte. Der Buchmacher hatte ihn nicht nur auf Anhieb durchschaut und ohne langes Überlegen beschlossen, seinem Wettkunden Pedrosa zu einem kleinen Vorsprung zu verhelfen. Als Franco auf seinen kurzen Beinen um seinen Tresen gestapft war und sich vor ihm aufbaute, hatte er noch eine ganz andere Sache im Sinn gehabt. »Wollen Sie uns etwa schon wieder verlassen, Senhor?«, hatte er mit einem scheinheiligen Lächeln gefragt, während Pedrosa hinter dem breiten Rücken des Buchmachers die Bar verließ. Natürlich hätte Henrik aufspringen, sich an dem Mann vorbeidrängen und Mauro hinterherrennen können. Doch seine Intuition hielt ihn zurück. Zum Glück. Nach wie vor war er verwundert darüber, dass ihn diese unfreiwillige Unterredung nicht weit mehr in Alarmbereitschaft versetzt hatte.

»Weißt du was, lass uns später darüber reden, Mauro ist gerade durch die Tür«, sagte Henrik, obwohl ihm klar war, dass Helena damit nicht einverstanden sein würde. Dennoch war es sicher auch ihr lieber zu erfahren, was Pedrosa unmittelbar nach der Befragung zu tun gedachte.

»Halt dich auf jeden Fall bedeckt«, sagte sie noch, dann trennte sie die Verbindung.

Irgendwie kam bei Henrik die Ahnung auf, dass sie es heute womöglich vorzog, nicht in seinem Bett zu schlafen. Dann schüttelte er den Gedanken rasch wieder ab und rutschte etwas tiefer in den Sitz, denn Pedrosa marschierte in seine Richtung. Dabei achtete er genauso wenig auf sein Umfeld, wie er es gestern getan hatte. Der Mann benahm sich nicht wie jemand, der erst vor Kurzem herausgefunden hatte, dass man ihn beschattete. Was er vorhatte, beanspruchte anscheinend seine komplette Aufmerksamkeit, und er vergaß, sich zu vergewissern, ob diese Überwachung nach wie vor aufrecht gehalten wurde.

Wenige Sekunden später fuhr er mit durchdrehenden Reifen vom Parkplatz. Das Getriebe von Helenas Auto gab das obligatorische Knirschen von sich, als Henrik den ersten Gang einlegte, um ihm zu folgen. So heftig, wie der Geschäftsmann beschleunigte, fand Henrik es zweifelhaft, ob er überhaupt hinterherkommen konnte, zumal Pedrosa sich ausgerechnet stadtauswärts orientierte. Sollte er bei erster Gelegenheit auf die Stadtautobahn E1 einbiegen und das Gaspedal seines Boliden durchtreten, würde Henrik in dem altersschwachen Vehikel der Inspetora kaum mehr eine Chance haben. Warum wohl die Eile? War Pedrosa bei der Vernehmung irgendeine Art von Licht aufgegangen? Hatte Helena ihn mit etwas konfrontiert, auf das er von allein nicht gekommen war? Hatte sie womöglich einen schrillen Alarm in ihm ausgelöst, und wollte der Mann die Sache nun unverzüglich überprüfen? Henrik fühlte, wie die Anspannung in ihm wuchs, während er sich bemühte, auf der Avenida dos Combatentes Richtung Nordwesten nicht den Anschluss zu verlieren.

# 40

Zu seiner Erleichterung kam ihm der relativ gemächliche sonntägliche Ausflugsverkehr zu Hilfe. Mauro Pedrosa konnte seinen Mercedes auf der Strecke, die vor ihnen lag, nicht ausfahren. Bot sich die Gelegenheit, beschleunigte er zwar immer wieder in verantwortungslosem Ausmaß, wurde aber ebenso häufig von weitaus langsameren Fahrzeugen eingebremst. Das ermöglichte es Henrik jedes Mal, wieder aufzuholen. Die dennoch rasante Fahrt, die ihn nicht allein aufgrund einer fehlenden Klimaanlage ins Schwitzen brachte, endete schließlich in Lissabons Nobelviertel Belém, in einer schlaufenförmigen Straße, die Praça de Diu hieß und eine kleine Parkanlage umschloss, die denselben Namen trug. Auf der anderen Seite der Straße reihten sich großzügige Grundstücke aneinander, hinter deren übermannshohen Hecken und Zäunen sich feudale Villen versteckten. Prachtbauten, die man, gut verborgen hinter altem Baumbestand, üppigen Sträuchern und Palmen, von außen gar nicht richtig sehen konnte. Allerdings war nicht schwer zu erahnen, wie wohlhabend ihre Besitzer sein mussten. *Was zur Hölle will Pedrosa hier?*

Unvermittelt stoppte Mauro vor einem Anwesen mit einem wuchtigen Gittertor, dessen Dimensionen jenes am Palast von Belém noch in den Schatten stellten. Henrik konnte schnell genug reagieren, scherte fünf Autolängen hinter ihm in eine freie Parklücke ein und duckte sich erneut hinters Lenkrad.

Pedrosa sprang aus seinem Wagen. Seine ganze Körperhaltung verriet, dass er auf seiner testosterongetriebenen Fahrt hierher nicht unbedingt ruhiger geworden war. Er marschierte mit langen

Schritten zum Tor und malträtierte aufgebracht den Klingelknopf, der in die Säulen an der Einfahrt eingelassen war. Henrik, der mit Sicherheitstechnik einigermaßen vertraut war, entdeckte auf Anhieb die Kameras, die großzügig entlang der Mauerkrone verteilt waren. Eine ausgeklügelte Bewachung war in dieser Gegend freilich nicht verwunderlich. Die Leute, die hier wohnten, besaßen gewiss jede Menge, das es zu beschützen – oder zu verbergen – galt. Wer am Praça de Diu wohnte, wollte nicht, dass man ihm einfach so durchs Fenster oder auch nur aufs Grundstück schauen konnte. Und erst recht nicht auf die Finger.

Pedrosa gestikulierte eine Weile vor der Kameralinse der Türüberwachung herum, bevor sich endlich das schmiedeeiserne Tor lautlos aufschob. Unverzüglich schlüpfte Mauro durch den entstandenen Spalt und verschwand über einen gepflasterten Weg zwischen eine Reihe zartrosa blühender Trompetenbäume. Henrik war klar, dass er um keinen Preis versäumen durfte, was sich jetzt gleich hinter diesen unüberwindlichen Mauern abspielen würde.

Je heikler die Angelegenheit, desto mehr hasste er es, unvorbereitet zu sein. Allerdings blieb ab und an keine andere Möglichkeit, als ins kalte Wasser zu springen. Und genau das war hier der Fall. Geduckt stieg er aus dem Auto und drückte die Tür so leise wie möglich ins Schloss. Seit er hinter Pedrosa in diese Anliegerstraße eingebogen war, hatte er noch niemanden gesehen. Das galt auch für die Parkanlage. Grünflächen dieser Art waren in der Regel immer in Beschlag genommen, vorwiegend von Müttern mit Kindern oder ganzen Familien, die jede Gelegenheit nutzen, um ihre Freizeit nicht innerhalb ihrer zumeist viel zu engen Wohnung zu verbringen. Doch wer hier draußen residierte, gewissermaßen mit Blick auf die allseits bekannte Klosteranlage von Belém und dennoch abgeschieden von allem touristischen Trubel, den das sakrale Weltkulturerbe mit sich brachte, benötigte keinen gesonderten Park. Die ausgedehnten Gärten der umliegenden Anwesen waren vermutlich selbst kaum kleiner als der Park, den sie umringten. Henrik schaffte es also unbeobachtet von irgendwelchen Passanten bis zu der Villa. Natürlich konnte er nicht davon ausgehen, dass auch die digitalen Augen blind für ihn waren, die hier jede nur erdenkliche Ecke ausspähten. Aber darüber machte er sich vorerst keine Gedanken. Einer, der hier entlangspazierte, würde nicht gleich einen stillen Alarm auslösen. Zumindest nicht tagsüber und solange er nicht versuchte, ohne Einladung auf eines der Grundstücke zu gelangen. Was allerdings genau das war, was er zu tun beabsichtigte.

Sein Plan sah nicht vor, über die Mauer der Villa zu klettern. Schon allein der geschmiedete Lanzenzaun, der sie krönte, schreckte jeden einigermaßen vernünftigen Eindringling ab. Dazu kamen noch die Kameras. Henrik wollte auf keinen Fall bemerkt werden, solange er nicht wusste, mit wem er es zu tun hatte.

Natürlich konnte er Helena anrufen, die vermutlich schnell herausfinden würde, wer unter dieser Adresse residierte. Allerdings musste er dann damit rechnen, dass sie ihn von seinem Vorhaben abzuhalten versuchte. Ihre Anweisungen waren unmissverständlich gewesen: nur Observieren, keine Risiken, keine Kontaktaufnahme und Vermeiden jeder Gefahr. Doch wenn er das jetzt buchstabengetreu befolgte, würde er nicht erfahren, warum Mauro Pedrosa unmittelbar nach der Vernehmung ausgerechnet hierhergekommen war.

Weil er allerdings genau das wissen wollte, war das Timing entscheidend und ließ so gesehen nur eine einzige Möglichkeit zu. Er musste sich irgendwie in eine Position manövrieren, von wo aus er bestenfalls sogar mithören konnte, was auf dem Anwesen in den nächsten Minuten gesprochen wurde. Es war zwar nur ein Gefühl, aber er glaubte nicht, dass es sich hierbei um eine geschäftliche Unterredung handelte.

Schnell und gleichzeitig so unauffällig wie möglich, wandte er sich nach rechts und ging bis zum Ende der Mauer. Die Umfriedung des Anwesens, das dort angrenzte, fiel etwas bescheidener und weniger hoch aus. Zudem wuchs jede Menge Buschwerk zu beiden Seiten der steinernen Grundstücksgrenze. Henrik spähte noch einmal die Straße entlang, dann schwang sich über den Zaun des Nachbarn, der weder stachelbewehrt noch kameraüberwacht zu sein schien. Dafür empfing ihn drüben dichtes Gestrüpp, durch das er sich kämpfen musste. Um das Risiko zu minimieren, entdeckt zu werden, galt es, den Urwald in Kauf zu nehmen und dicht an der Mauer zu bleiben. Und noch dazu möglichst lautlos und ohne Rascheln voranzukommen. Bereits nach wenigen Metern bereute er sein Vorhaben. Mit dem Hemd blieb er an dornigen Zweigen hängen und zerkratzte sich die Unterarme, die er schützend vors Gesicht gehoben hatte. *Kann sich der Besitzer denn keinen Gärtner leisten, der diesen Dschungel etwas zurückschneidet, verflucht noch mal?*

Es wurde nicht besser, bis er endlich den Baum erreichte, den er bereits von der Straße aus entdeckt hatte und der sich krumm und gewunden gegen die Steinmauer lehnte. Die Rinde des mächtigen Stammes war ringsum von tiefen Rissen durchzogen, das Wurzelwerk ragte stellenweise weit aus der Erde. Es sah aus, als wäre das uralte Weidengewächs in der Absicht erstarrt, selbst über die Mauer zu steigen, die ihm hier im Weg stand.

Mithilfe des schief gewachsenen Baumes gelangte Henrik fast mühelos hinauf zur Mauerkrone, von wo er ohne Zögern auf das andere Grundstück hinuntersprang. Der weiche, gut gewässerte Rasen federte seine Landung ab. Plötzlich überfiel ihn die

Erinnerung an eine ähnliche Situation, in die er vor nicht allzu langer Zeit geraten war, gar nicht weit weg von hier. Damals hatte er sich auf ähnliche Weise in einen Garten geschlichen und es dann mit einem sehr engagierten Wachhund zu tun bekommen. Über einen Hund nachzudenken, der dieses Grundstück als sein Revier betrachtete, dafür war es jetzt allerdings zu spät. Reglos verharrte er mit geschärften Sinnen, horchte über seinen wummernden Herzschlag hinweg auf sich rasch nähernde Pfoten. Es verstrich etwa eine Minute, bis sich seine Befürchtungen endlich legten und er sich wieder zu rühren wagte. Er kroch um den Busch herum, hinter dem er gelandet war, und erreichte eine Pinie. Durch deren tief hängende Zweige konnte er die Ostseite der Villa einsehen. Es war ein prächtiges Gebäude mit einem Mittelteil über drei Etagen, an dem sich ihm zugewandt ein langgestreckter, einstöckiger Anbau befand. Folgte die Architektur derselben Symmetrie wie der im englischen Stil angelegte Garten, musste auch die Westseite des Hauses über einen solchen Flügel verfügen. Er war kein Fachmann, aber er ging davon aus, dass das Haupthaus vor rund zweihundert Jahren erbaut worden war. Er kannte einige Villen in der Stadt, die im Neoklassizismus entstanden waren, und doch war jede einzigartig. Bei dieser stachen besonders die Fliesenbilder ins Auge, die sehr aufwendig gestaltet waren und von hoher, künstlerischer Qualität zeugten. Dazu hatte der damalige Architekt mit Friesen und Kapitellen nicht gegeizt und sogar einen Turm errichten lassen, der das zentrale Dachelement bildete. Damit kam das Bauwerk einem kleinen Palast gleich, der sich in bestem Zustand präsentierte.

Aber er war nicht gekommen, um die Architektur zu bewundern. Um ihn herum zwitscherten vielstimmig die Vögel, und von irgendwoher war auch ein Plätschern zu vernehmen, das auf ein Wasserspiel hindeutete. Jede Wette, dass am hinteren Gebäudeteil ein Pool angrenzte, so groß wie das Gelände anmutete. Und waren nicht genau von dort auch Stimmen zu vernehmen?

Da er ohnehin schon zu viel Zeit vertrödelt hatte, hielt er auf diese Stimmen zu, weiterhin darauf bedacht, so gut wie möglich hinter und unter der vielfältigen Botanik verborgen zu bleiben. Der moosige Rasen verschluckte seine Schritte, dennoch wäre es ihm tausendmal lieber gewesen, wenn er nicht am helllichten Tag durch den weitläufigen Garten hätte schleichen müssen.

Immerhin wurde er keine Minute später für sein waghalsiges Unterfangen belohnt. Er hatte recht behalten. Zum einen, was den Swimmingpool anging, der nahezu gigantische Ausmaße hatte und ihn vor Neid erblassen ließ. Vor allem da ihm durch die verführerisch spiegelnde Wasserfläche jetzt erst bewusst wurde, wie tropisch heiß ihm zwischen all den Gewächsen geworden war. Zum Glück hatte er sich auch nicht geirrt, was die Stimmen betraf. Da stand er nämlich. Pedrosa. Mit einem schlanken Glas in der Hand, auf dessen Rand eine Limettenscheibe steckte. Henrik fand den perfekten Posten inmitten von mannshohen Schilfgräsern, sodass er selbst die Eiswürfel klirren hören konnte.

Natürlich war Mauro nicht allein auf der Poolterrasse, die mit modernen, ausladenden Loungemöbeln in dunklem Rattan mit cremeweißen Sitzauflagen bestückt war. Die junge Frau, die Henrik bereits kannte, war diesmal in eine Art Überwurf gehüllt, unter dem sie vermutlich einen Bikini trug. Ihr nasses Haar deutete darauf hin, dass Mauros unangekündigtes Erscheinen sie aus dem beheizten Wasser des Pools geholt hatte. Was aber wohl nicht der einzige Grund für die Frostigkeit der Unterhaltung war, welche die beiden gerade führten.

»Wie viel schuldest du Papa?«, wollte sie wissen.

Mauro machte eine wegwerfende Geste.

»Nein, nein, tu das nicht so ab, mein Lieber! Was denkst du, warum du trotz deiner Außenstände noch alle Finger hast? Oder warum deine Kniescheiben noch intakt sind? Das verdankst du allein mir, geht das nicht in deinen Kopf? Ich bin es, die ihn bisher immer besänftigt hat. Er kann mir zwar nur schwer etwas abschlagen, doch alle Liebe findet mal ein Ende. Also komm mir bloß nicht noch mal so blöd, sonst höre ich auf, dich weiter in Schutz zu nehmen.«

»Aber du hast meinen Sohn angerufen«, wandte Pedrosa zerknirscht ein.

Dieser Satz brachte Henriks Nerven zum Sirren. Er hatte recht gehabt – und war zudem genau rechtzeitig gekommen.

»Weil du fortwährend dein verfluchtes Telefon ignoriert hast«, erwiderte sie verdrießlich.

»Es war auf Vibration, Himmelherrgott!«

Sie reckte das Kinn. »Es hat mich trotzdem genervt. So gut bist du nicht im Bett, dass deine Liebeskünste mich hinreichend abgelenkt hätten. Und du weißt genau, wie sehr ich es hasse, wenn du deinen Spaß hast, aber ich beim Ficken nicht auf meine Kosten komme. Da habe ich schon allein aus Trotz zurückgerufen, als du im Bad warst, um zu duschen.«

»Mit einem Prepaidhandy«, sagte Mauro und schüttelte den Kopf.

»Natürlich, oder glaubst du, ich wollte, dass deine Frau meine richtige Nummer rausbekommt und mich dann ständig mit Anrufen belästigt? Du solltest mir dankbar sein, dass ich so weit vorausgedacht habe. Papa hat immer ein paar von diesen Wegwerfteilen in seiner Schreibtischschublade liegen.«

Wieder vollführte Mauro ausladende Gesten mit den Händen, so als suchte er nach einem Halt, ohne ihn zu finden. »Warum hast du es mir nicht einfach gesagt?«

Sie schnaubte verächtlich. »Als ob du es hören wolltest. Du warst es doch, der nicht ans Telefon gegangen ist. Obwohl du genau wusstest, wer dich zu erreichen versuchte.«

»Das gibt dir noch lang nicht das Recht, Frederico … Was hast du ihm eigentlich gesagt, wer du bist?«

»Deine Sekretärin.«

Für Sekunden schwiegen sie sich an. Der Wind blähte das Sonnensegel, das einen Großteil der Terrasse beschattete.

»Was wollte er?«, fragte Pedrosa kleinlaut.

»Das weißt du doch verdammt genau. Er war hungrig, wollte wissen, ob er Pizza bestellen darf. Ich war echt am Überlegen, ob ich nicht für ihn beim Lieferdienst anrufe, aber wie hätte er die Pizza erklären sollen, und vor allem, wer sie bezahlt hat …«

»Hast du ihm gesagt, dass er die Schokolade essen darf?«

»Woher sollte ich wissen, welche Schokolade er meinte, du Arschloch?«

# 41
# Helena

»Wohnen wir jetzt für immer hier?«, fragte Sara in das Schweigen am Frühstückstisch hinein. Helena hörte die Worte, hatte aber im Moment keinen Kopf dafür. Ihr Verstand war zu sehr mit dem beschäftigt, was sie eben zu lesen begonnen hatte.

Mit den frischen Brötchen hatte Henrik vorhin auch eine Zeitung mitgebracht. Es war nicht der Aufmacher, allerdings gab es einen kurzen Anreißer auf der Titelseite mit dem Verweis auf einen Artikel auf Seite drei. Der dort abgedruckte Bericht versetzte ihrer bis dahin guten Laune einen ziemlichen Dämpfer, und sie musste sich ziemlich beherrschen, das nicht an Sara oder Henrik auszulassen. Dabei hatte er gestern entscheidende Informationen für ihren Fall mit nach Hause gebracht. Leider sah es nun sehr danach aus, als würden ihr diese nicht mehr weiterhelfen.

»Mamãe?«, quengelte Sara.

Helena holte tief Luft und antwortete so gefasst wie möglich. »Fürs Erste hat Henrik genug von uns. Wenn ich dich nachher aus dem Kindergarten abhole, fahren wir nach Hause.«

»Ohhh, ich dachte, dass hier jetzt unser Zuhause ist.«

»Sara, bitte, das hat niemand behauptet.«

»Also, ich hab kein Problem damit …«, begann Henrik, verstummte aber, als Helena die Hand hob.

»Wir müssen nach unseren Topfpflanzen sehen.« Eine fadenscheinige Begründung, doch sie wusste, dass Henrik es später verstehen würde, auch wenn er jetzt noch betroffen wirkte. Genau wie ihre Tochter, die einen Flunsch zog. »Jetzt beeil dich mal mit deinem Toast, wir sind schon spät dran!«, mahnte sie Sara, obwohl es auch dafür keinen Grund gab. Aber sie konnte momentan absolut keine weitere Diskussion gebrauchen. Zumal sie wohl jede Sekunde einen Anruf von Staatsanwältin Lobato erhalten würde.

»Hast du alles verstanden?«, wandte sie sich an Henrik.

Sie hatte den Bericht bereits zum zweiten Mal laut vorgelesen, auch wenn sie das wegen Sara eigentlich nicht hätte tun sollen. Aber sie wollte sichergehen, dass Henrik dessen ganze Tragweite begriff. Seit er ihr die *Diário de Notícias*, hingelegt hatte, zerbrach sie sich zudem den Kopf darüber, wer da Informationen an die Presse hatte durchsickern lassen. Eigentlich hätte man annehmen können, dass das Thema für die Journalisten längst erledigt war. Der Erstickungstod eines Kindes, schon eine Woche her, war eine kurzzeilige Meldung im Regionalteil der Zeitung wert gewesen. Doch im jüngsten Artikel war plötzlich von Aufsichtspflichtverletzung und Fahrlässigkeit die Rede und davon, dass eine Untersuchung durch die Staatsanwaltschaft im Gange war. Natürlich wurden keine Namen genannt, aber die Pedrosas standen damit trotzdem am Pranger. Es war nur eine Frage der Zeit, bis noch mehr Reporter darauf ansprangen. Vermutlich leckte sich eines der Boulevardblätter schon die Finger nach dieser Familientragödie. Und sobald bekannt wurde, dass Helena mit der Untersuchung betraut worden war, würden die Medienvertreter auch ihr auf den Fersen sein. Mal ganz abgesehen von Staatsanwältin Lobato, die damit erst recht in den Fokus rücken würde. Was wohl passierte, wenn herauskam, dass Lobato die Ermittlung ohne Absprache mit dem Oberstaatsanwalt in Auftrag gegeben hatte?

Schlechter konnte ein Montag kaum anfangen. Und das ausgerechnet jetzt, da sich die Ermittlung so vielversprechend entwickelt hatte. Leider würde man ihr genau daraus nun einen Strick drehen. Wie auch immer, zuerst musste Ana Lúcia Lobato sich ihren Vorgesetzten erklären. Und danach war wohl sie an der Reihe.

Henrik wirkte immer noch bedrückt. Vorhin hatte er versucht, nach ihrer Hand zu greifen, aber sie hatte sie weggezogen. Dabei konnte er am allerwenigsten dafür. Doch was sie momentan überhaupt nicht gebrauchen konnte, war Trost. Sie musste ihre Wut fühlen, denn die würde ihr helfen, mit dieser schwierigen Situation zurechtzukommen. Und zwar allein, so wie sie es auch in der Zeit vor Henrik immer geschafft hatte. Unter anderem deshalb wollte sie jetzt zurück in ihre Wohnung. Zurück zu dem Abstand, der im Augenblick unbedingt nötig war. Er würde es verstehen, so wie er verstand, dass er wegen Sara nicht weiter darauf herumreiten sollte. Es war schwer genug für die Kleine.

Die verfahrene Situation, mit der sie sich plötzlich konfrontiert sah, machte Helena erneut bewusst, dass es mit dieser Beziehung aus Rücksicht auf ihre Tochter kein ewiges Hin und Her geben konnte. Die Entscheidung, ob sie Henriks Angebot annahm und fest bei ihm einzog, musste möglichst bald getroffen werden. Allerdings war für diesen weitreichenden Entschluss nun erst recht nicht der passende Zeitpunkt. Nicht, solange sie in dieser Ermittlung steckte. *Nicht solange ich Tiagos Kuss noch auf meinen Lippen spüre …*

»Wenn du fertig bist, hol deinen Rucksack«, forderte sie Sara auf, die aus Trotz erst recht angefangen hatte herumzutrödeln.

»Warum kann ich nicht hierbleiben?«, murrte sie.

»Henrik hat zu tun.«

»Wenn es um den Keller geht, da kann ich helfen. Das kann ich doch, Henrik, oder?«

Er war so klug, sich nicht in das Mutter-Tochter-Gespräch einzumischen, und hob nur abwehrend die Hände.

»Wir brauchen darüber nicht weiterzureden, du gehst in den Kindergarten«, erklärte Helena und stand auf.

»Ich räume hier ab«, bot Henrik an und schien ganz froh darüber zu sein, den Beschäftigten geben zu können.

*Vielleicht tu ich ihm einen Gefallen damit, dass er uns so schnell wie möglich loswird.* Womöglich fing er bereits an zu bedauern, sie eingeladen zu haben, hier für immer mit Sara zu wohnen? Sie mied den Blickkontakt, verließ die Küche und ging ins Bad. Nur zu gerne wäre sie auch ihrem Spiegelbild ausgewichen. Sie sah schrecklich aus. Woher kamen plötzlich die dunklen Ränder unter den Augen, wo sie doch eigentlich gut geschlafen hatte?

Auch wenn das Verhör mit Mauro besser hätte laufen können, war der Sonntag in Hinsicht auf den Fall doch noch recht versöhnlich zu Ende gegangen. Nach Henriks Bericht war es nicht schwer gewesen herauszufinden, um wem es sich bei Pedrosas Geliebter handelte. Das hatte selbst den Gram darüber vergessen lassen, dass die Kollegen die Verpackung der Pralinés nicht sichergestellt hatten. Wofür es zu dem Zeitpunkt, als sie vom Notarzt wegen des toten Kindes dazugerufen wurden, natürlich auch keine Veranlassung gegeben hatte. Das hatte Helena nochmals geprüft, als sie sich gestern Abend in Henriks Küche mit ihrem Laptop in den Polizeicomputer einloggte.

Sie benetzte ihr Gesicht mit kaltem Wasser, trocknete sich ab und kämmte sich erneut das Haar, bevor sie es zu einem straffen Pferdeschwanz zusammenband. Dann putzte sie sich die Zähne.

Die Identifizierung von Pedrosas Freundin war zum einen ein wichtiger Ermittlungserfolg, machte die Sache aber auch deutlich komplizierter. Die junge Frau hieß Raquel Juliano und war die Tochter von keinem Geringeren als Baltasar Juliano, der in der Legislaturperiode bis 2015 Landwirtschaftsminister im Kabinett von Passos Coelho gewesen war. Juliano wurde allerdings vorzeitig entlassen, als der Druck der Korruptionsvorwürfe, dem die Regierung seinetwegen ausgesetzt war, keinen anderen Schritt mehr zuließ. Doch ohne Frage war Juliano nach wie vor ein Mann mit vielen Verbindungen und großem Einfluss. An seine Tochter heranzukommen, würde nicht einfach werden. Und im Angesicht der Fakten, die heute für aller Augen in der Zeitung standen, war die Möglichkeit für ein Gespräch mit Raquel Juliano noch wesentlich unwahrscheinlicher geworden. Die mächtigen Julianos würden keinerlei Interesse daran haben, mit Eltern in Verbindung gebracht zu werden, die nicht ordentlich auf ihr Kind aufpassen konnten. Unter dieser Voraussetzung blieb nur die Chance, so schnell wie möglich mit Raquel Juliano zu sprechen. Heute, unmittelbar nachdem sie sich mit Lobato ausgetauscht hatte.

# 42
# Henrik

Anscheinend hatte sich sein Job für Helena mit dem Erscheinen des Zeitungsartikels erledigt. Jedenfalls war sie davon abgerückt, erneut seine Dienste in Anspruch zu nehmen. Diese Pressemeldung war ein Rückschlag für sie, das war offensichtlich, auch wenn sie nicht wirklich darüber gesprochen hatten. Was vor allem daran lag, dass Sara mit am Frühstückstisch saß. Aber er hegte den Verdacht, dass Helena auch ohne ihre Tochter dichtgemacht hätte. So gut kannte er sie, dass er wusste, was es brauchte, um ihre Stimmung umschlagen zu lassen. Und auch, wann es besser für ihn war, sich zurückzuhalten. Vermutlich ging sie davon aus, dass sie in Schwierigkeiten steckte, weil sie sich von der Staatsanwältin zu diesen Ermittlungen hatte überreden lassen. Anfangs war er selbst ja auch skeptisch gewesen, ob wirklich eine Kriminalkommissarin nötig war, um eine Aufsichtspflichtverletzung zu untersuchen. Doch nachdem er zwei Tage hinter dem Vater hergeschnüffelt hatte, beeindruckte ihn die Weitsicht der Staatsanwältin durchaus. Lobato hatte von Anfang an mehr in der Sache gesehen und schien nun recht zu behalten. Die Frage war nur, ob sie und Helena genug Verdachtsmomente vorlegen konnten, um die Ermittlung weiterzuführen, jetzt da sie durch die Presse bekannt gemacht worden war. In diesem Zuge hätte er gerne endlich ausgesprochen, was sich seines Erachtens schon seit Beginn der Untersuchung unter der Oberfläche verbarg. Nämlich ob der Tod des Jungen nicht in irgendeiner Form mit Absicht heraufbeschworen worden war. Selbstredend musste diesem Verdacht ein Motiv vorausgegangen sein. Während er das gespülte Frühstücksgeschirr in die Hängeschränke räumte, bedauerte er es mit einem Mal noch mehr, dass Helena so eilig das Weite gesucht hatte, statt mit ihm die neuen Ansätze zu diskutieren. Angefangen mit der Frage, wer hinter der Zeitungsmeldung steckte. Ja, das konnte er nicht so einfach auf sich beruhen lassen. Da Helena davon nicht begeistert sein würde, musste er zwar darauf achten, dass sie vorerst nichts davon mitbekam, doch sollte er dabei brauchbare Informationen ausgraben, würde sie das sicher so weit besänftigen, dass sie ihm nicht den Kopf abschraubte.

Er legte das letzte Messer in den Besteckkasten, schloss die Schublade und horchte dann in die Stille hinein – nur um festzustellen, dass die leere Wohnung ein bedrückendes Gefühl von Einsamkeit verursachte. Ein Gefühl, auf das er ganz und gar nicht vorbereitet war. Vor allem nachdem er jetzt nahezu zwei Jahre allein gelebt hatte und bis eben noch davon ausgegangen war, sich daran gewöhnt zu haben. Allein zu sein mit dem Geist seines Onkels, dessen Präsenz er manchmal zu spüren glaubte. Sofort schalt er sich für diesen Gedanken. War er es nicht, der bei jeder sich bietenden Gelegenheit betonte, kein Verfechter von Esoterik und paranormalen Ereignissen zu sein? Es war verdammt noch mal an der Zeit, die wirklich wichtigen Dinge zu regeln. Außerdem brauchte Helena seine Hilfe, auch wenn sie das im Moment vielleicht anders sah.

Fünf Minuten später betrat er das Antiquariat. Wie nicht anders erwartet, war Catia schon dabei, durch die Regalreihen zu schreiten und mit einem Staubwedel über die zahllosen Buchrücken zu gehen. Der aufgewirbelte Staub tanzte in den Lichtstreifen, die durch die Ritzen des verhängten Schaufensters fielen. Es stand schon seit Tagen auf seiner Aufgabenliste, die Stoffbahnen wieder zurechtzurücken und lichtdicht zu befestigen. Sonnenlicht war für antiquarische Bücher nicht weniger schädlich als für Vampire, weshalb im Laden ausschließlich künstliche Beleuchtung herrschte. Eine unausgesprochene Vereinbarung, die noch aus Martins Zeit stammte und von Catia rigoros weiterverfolgt wurde. Was er gelegentlich bedauerte. Natürlich förderte das Tageslicht den Verfall der alten Bücher, Papiere und Pergamente, aber er brauchte es einfach für seine Seele. Noch immer litt er hin und wieder unter der Angst, dass die Dunkelheit zurückkehren könnte, die ihn nach Ninas Tod so lange gefangen gehalten hatte. Oder vielmehr, dass sie sich wieder ausbreiten könnte, wenn er sie nicht fortwährend zurückdrängte. Irgendwie war er sich dessen gewiss, dass sie nie ganz verschwand. Die finsteren Winkel in ihm waren weiterhin vorhanden, und sie würden sich wohl auch nie wieder völlig ausleuchten lassen.

»Maria Cruz«, sagte Catia plötzlich und scheuchte ihn damit zurück in die Wirklichkeit.«

»Was?«

»Es ist mir wieder eingefallen.«

Er hatte keine Ahnung, worauf sie hinauswollte, was sie ihm zweifellos ansah.

»Die Fotografin. Wir haben neulich darüber gesprochen.«

Endlich fiel der Groschen. Das Foto. Martin und Cristiano Ronaldo. Unwillkürlich tastete er nach der hinteren Hosentasche, doch dann entsann er sich, dass er das Bild auf den Schreibtisch gelegt hatte.

»Maria Cruz«, wiederholter er, und sie nickte.

»Und weißt du zufällig auch, wo ich sie finde?«

»Brasilien. Oder irgendwo in Mittelamerika. Da wollte sie immer hin.«

Er musterte sie kritisch. »Hört sich so an, als ob dir noch deutlich mehr eingefallen wäre als nur ihr Name.«

»Ich hab gesagt, was ich weiß, du brauchst mich also nicht weiter zu löchern!«

Henrik hob beschwichtigend die Hände. »Okay, okay. Bitte nur eine Frage. Wieso denkst du, dass sie Portugal verlassen hat?«

»Sie war eben irgendwann weg, niemand hat mehr was von ihr gehört. Wir sind also davon ausgegangen, dass sie ihrem Fernweh gefolgt ist. Und jetzt lass mich damit in Ruhe!«

# 43
# Helena

Inzwischen saß Sandro längst ein. Wegen schwerer Körperverletzung. Aber das war nicht sein einziges Vergehen in den letzten Jahrzehnten gewesen und auch nicht sein erster Aufenthalt in einer Haftanstalt. Schon sehr bald, nachdem ihr die Möglichkeit durch ihren Job bei der Polizei offengestanden hatte, hatte sie Sandros Namen in das Suchfeld der Verbrecherkartei getippt. Und seither in regelmäßigen Abständen nachgesehen. So hatte sie seine unrühmliche Karriere verfolgen können.

Nach ihrem zufälligen Aufeinandertreffen auf der Terrasse der Igreja de Santo Estêvão, war sie ihm nie wieder begegnet. Das Schuljahr war für sie erfolgreich zu Ende gegangen, und die weiterführende Schule, die sie nach dem Sommer besuchte, lag nicht im Alfama. Somit ergaben sich für sie noch weniger Gelegenheiten, durch ihr Viertel zu streifen. Irgendwann im Herbst hatte ihr dann jemand erzählt, dass Sandro weggezogen war, weil der Vater eine neue Stelle in einer Werft weiter im Süden angenommen hatte.

Bis zum heutigen Tag hatte Sandro bereits die Hälfte seines immer noch jungen Lebens hinter Gittern verbracht. Das erste Mal hatte man ihn mit sechzehn verurteilt. Jugendarrest. Danach wurde es nicht besser, jede Resozialisierung scheiterte.

Helena musste sich immer wieder sagen, dass sie damals nie wirklich eine Chance gehabt hatte, etwas für diesen Jungen zu tun. Wieso dachte sie wohl ausgerechnet jetzt an ihn? Vielleicht, weil es auf irgendeine Weise ihr erster Fall gewesen war, lange bevor sie eine echte Polizistin wurde? Das war natürlich Unsinn. Sie sollte sich besser auf das bevorstehende Treffen mit Lobato konzentrieren, zu dem sie unterwegs war. Nachdem sie Sara zu deren großem Missvergnügen im Kindergarten abgeliefert hatte, hatte sie kaum wieder im Auto gesessen, als die Staatsanwältin sie anrief und um ein sofortiges Treffen bat. Eigentlich hatte Helena beabsichtigt, vorher noch in der Dienststelle vorbeizufahren – Lui vermisste sie sicher schon. Doch solange kein akuter Einsatz auf sie wartete, würde er ihr vermutlich noch ein wenig Aufschub gewähren, bis er sie beim Dienststellenleiter meldete. Sie wusste nicht, wie viel Zeit ihr noch blieb, aber das war ihr momentan auch egal. Obwohl der dienstbeflissene Teil von ihr ein wenig entsetzt über diese subversive Einstellung war.

Ana Lúcia Lobato wollte sie diesmal nicht in ihrem Büro sehen. Sie hatte ihr eine Adresse geschickt, bei der es sich, wie sie annahm, um die private Anschrift der Staatsanwältin handelte. Diese lag auf der anderen Seite des Tejo in Sobreda, gewissermaßen einer Vorstadt von Lissabon. Die Wohngegend war in Ordnung, aber Helena hatte sich für Lobato doch ein anderes Domizil vorgestellt. Ein hippes Viertel wie das Bairro do Rego mit seinen modernen Wohngebäuden hätte wahrhaftig besser zu dieser Karrierefrau gepasst. Ganz abgesehen davon, dass es wesentlich näher an ihrer Arbeitsstelle gelegen hätte. Dass Lobato sie zu sich beorderte, fühlte sich für Helena ein wenig so an, als verspürte die Staatsanwältin kein sonderliches Bedürfnis danach, heute ihr Haus zu verlassen. Hatte der Zeitungsartikel sie dermaßen aus dem Konzept gebracht?

Helena nahm die Brücke des 25. April und passierte auf der anderen Uferseite die Cristo-Rei-Statue, ehe sie nach einem weiteren Kilometer auf der A2 die Abfahrt nahm, um in die Rua Vale de Flores zu gelangen, wo sich Reihen- mit Ein- und

Mehrfamilienhäusern abwechselten. Sie konnte sich nicht erinnern, jemals durch diesen Ort gefahren zu sein, aber er entsprach in etwa dem, was sie sich ausgemalt hatte. Die Nummer zwölf war ein unscheinbares Eckhaus, in zartem Rosa gestrichen. Helena parkte direkt davor und war kaum ausgestiegen, als auch schon die Haustür geöffnet wurde. Lobato musste am Fenster gestanden und auf sie gewartet haben. Der Vorgarten sah auf eine Weise gepflegt aus, die an einen Gärtner denken ließ.

»Ich habe uns Kaffee gemacht«, verkündete die Staatsanwältin. »Leider bekommt die Terrasse hinten erst mittags Sonne ab, wir werden also drinnen sitzen müssen.«

Helena schielte etwas wehmütig hinauf in den wolkenlosen Himmel, dann folgte sie Lobato in den Flur. Die Einrichtung war geschmackvoll, ihr fiel aber nichts ins Auge, was besonders herausstach.

»Ich habe das Haus von meiner vovó geerbt. Ursprünglich hatte ich vor, es zu verkaufen, aber die Immobilienpreise waren seitdem nie sonderlich berauschend. Und mittlerweile hänge ich irgendwie zu sehr daran, auch wenn die Fahrerei über den Fluss mir ziemlich auf den Geist geht.« Offenbar war Lobato in redseliger Stimmung. Sie trug eines ihrer Businesskostüme, und Helena glaubte nicht, dass sie sich nur wegen ihr so herausgeputzt hatte. Lobato würde später also noch das Haus verlassen, und Helena brauchte nicht lange zu raten, was der Grund dafür war und wem die Staatsanwältin Rede und Antwort würde stehen müssen.

Ans Wohnzimmer angebaut war ein Wintergarten, der noch im Schatten des Hauses lag und den ein ausladender Esstisch beherrschte; Lobato bat sie, daran Platz zu nehmen. Auf der blütenweißen Tischdecke befand sich nichts, was auf ein Frühstück hoffen ließ. Da stand nur eine Blumenvase mit Lilien, die schon arg die Köpfe hängen ließen und einen intensiven, aufdringlichen Geruch verströmten. Neben den Blumen lag die *Diário de Notícias*, unachtsam zusammengefaltet und leicht zerknüllt, was einen auffallenden Kontrast zu der ansonsten fast pedantisch aufgeräumten Wohnung bildete. Lobato hatte nach dem Lesen offensichtlich ihren Zorn über den Artikel an der Zeitung ausgelassen. Dass die Frau auch zu derlei emotionalen Reaktionen fähig war, war irgendwie beruhigend für Helena. Ansonsten fühlte sie sich momentan nicht sonderlich wohl in ihrer Haut. Sie mochte dieses Haus nicht. Alles war zu sauber und akkurat eingerichtet und arrangiert, wirkte unpersönlich und lieblos. Die Staatsanwältin war in die Küche abgebogen, und kurz darauf hörte Helena das mahlende Geräusch eines Kaffeevollautomaten. Nicht zum ersten Mal kam ihr der Gedanke, dass sie Ana Lúcia nicht einzuschätzen vermochte. Diese Frau verfügte über viele Facetten, doch keine davon war für sie fassbar. Es gab keine Tiefe, nur eine Art semitransparente Oberfläche, die ähnlich einer Gazeschicht das, was darunter lag, nur erahnen ließ.

Schließlich trat Lobato mit zwei Kaffeebechern in den Wintergarten und verscheuchte ihre Gedanken.

»Ich hoffe, Sie nehmen ihn schwarz und ungesüßt? Ich habe nämlich weder Milch noch Zucker im Haus.«

»Ist in Ordnung«, erwiderte Helena und bekam den Becher vor die Nase gestellt.

Die Staatsanwältin setzte sich ans andere Ende des Tisches. *Noch ein Stück weiter weg und wir müssen uns schreiend unterhalten*, dachte Helena. Zumindest wirkte das Aroma, das von ihrem Kaffee aufstieg, ein klein wenig versöhnlich.

»Tut mir leid, das mit dem Zeitungsartikel.«

»Damit war irgendwann zu rechnen«, erwiderte Lobato und zuckte leicht mit den Schultern, als wäre der Bericht nur eine

Lappalie. Aber Helena glaubte, hinter der neutralen Fassade zu erkennen, dass sie immer noch wütend darüber war.

»Haben Sie vielleicht einen Verdacht, wer gegenüber der Presse geplaudert hat?«

Lobato nickte. »Es ist jemand aus meinem Büro. Ich habe schon eine Weile den Verdacht, dass eine bestimmte Person aus meinem Team nicht allein für mich arbeitet, sondern auch einem Staatsanwaltskollegen Informationen zuschanzt. Ihnen sind sicher die internen Querelen zu Ohren gekommen. Nun, wie auch immer, seien Sie versichert, ich werde mich darum kümmern. Aber nun zu unserem Fall! Wie weit sind Sie mit dem Bericht?«

»Fast fertig«, log Helena, die ihre handschriftlichen Notizen noch nicht in Form gebracht hatte. »Sie bekommen ihn heute Nachmittag. Haben Sie sich die Aufnahmen angehört?«

Ana Lúcia nickte, kommentierte die Verhöre von Andreia und Mauro aber nicht. »Sie wirken recht zuversichtlich. Ihre Ermittlungen haben demnach etwas ergeben, womit wir arbeiten können?«, fragte sie stattdessen und trank von ihrem Kaffee.

»Es war keine Kindeswohlgefährdung, aber definitiv Vernachlässigung.« Helena wusste nicht, wieso sie das nochmals klarstellte.

»Nun, wir werden sehen. Geben Sie mir eine Zusammenfassung!«

Es war unumgänglich, sie konnte Henriks Hilfe nicht unter den Tisch fallen lassen. Dementsprechend angespannt begann Helena zu berichten, was sie neben den aufgezeichneten Gesprächen in den letzten Tagen noch alles über die Familie Pedrosa herausgefunden hatte. Letztlich ergänzte sie die bereits vorhandene Ermittlungsakte um die aus ihrer Sicht relevanten neuen Indizien. Als sie damit fertig war, machte Lobato ein einigermaßen zufriedenes Gesicht.

»Ich bedauere, dass ich Sie nicht früher hinzugezogen habe, dann wären wir vermutlich weit genug gekommen, um ein offizielles Verfahren einzuleiten, bevor die Presse Wind von der Sache bekommen hätte«, kommentierte Lobato. Vorerst hatte sie offensichtlich nicht vor, wegen Henrik an die Decke zu gehen.

Erleichtert nippte nun auch Helena an dem Kaffee. »Haben Sie noch Fragen, Senhora Lobato?«, hakte sie dann vorsichtig nach.

»Ana Lúcia«, erinnerte sie die Staatsanwältin. Helena wusste nicht, ob sie sich je daran würde halten können. »Wenn Sie nichts mehr hinzuzufügen haben, habe ich im Moment alles gehört, denke ich. Das war gute Arbeit, Inspetora!«

Helenas Irritation blieb, vor allem weil außer zum Einsatz von Henrik auch keine Nachfragen zu Mauros Freundin Raquel Juliano kamen. Die Staatsanwältin hatte nicht im Geringsten überrascht gewirkt, als der Name fiel, nicht einmal, als Helena angefügt hatte, dass es sich dabei um die Tochter des ehemaligen Landwirtschaftsministers handelte.

»Wie geht's jetzt weiter?«, wollte Helena wissen, nachdem sie sich eine Weile über den Tisch hinweg angeschwiegen hatten. Das Verhalten der Staatsanwältin sorgte zunehmend für Unverständnis bei ihr.

»Ich möchte, dass Sie sich ab jetzt auf den Vater des Jungen konzentrieren«, sagte Lobato.

»Aber die Schuld liegt nicht allein bei ihm. Ich möchte daran erinnern, dass wir noch nicht wissen, was Andreia Pedrosa in der Stunde getrieben hat, während der sie laut ihren Angaben noch bei dem Meeting war. Warum hat sie uns da angelogen? Außerdem glaube ich, dass sie es war, die Frederico geschlagen hat. Sie hat bei unserer ersten Unterhaltung so was angedeutet.«

Lobato zog die Stirn kraus. »Der Junge ist aber nicht an diesen Verletzungen gestorben. Außerdem ging sie davon aus, dass ihr Mann auf den Sohn aufpasst. Frederico war also in seiner Verantwortung.«

*Verteidigst du Andreia gerade?*

Helenas Verwunderung wuchs. Sie wollte einwenden, was sie schon Andreia zum Vorwurf gemacht hatte: dass sie als Mutter überhaupt nicht nachgefragt hatte, warum ihr Sohn sie zu erreichen versuchte. Doch mit einem Mal fehlte ihr die Kraft für diese Diskussion. Plötzlich kam sie sich nämlich vor, als hätte sie einen Fehler begangen und müsste erleichtert darüber sein, nicht dafür getadelt zu werden. Lag es daran, weil sie ungefragt Henrik mit dazugeholt hatte? Oder warum benahm Lobato sich sonst so seltsam?

»Soll ich vorher noch mit Raquel Juliano reden? Immerhin war sie es, die Frederico als Letzte gesprochen hat«, schlug sie vor in dem Versuch, die Situation wieder unter Kontrolle zu bekommen.

Lobato hob die Arme, presste die Fäuste gegen ihre Schläfen und schloss die Augen. Es sah aus, als vollführte sie eine Yogaübung, die Migräne vorbeugte. »Das, was Ihr Freund da angeblich gehört hat, können wir offiziell nicht verwenden, das ist Ihnen doch klar?«

»Deshalb muss ich es ja direkt von ihr bestätigt kriegen.«

»Abgesehen davon, dass es für Senhora Juliano keinen Grund geben wird, ihre Aussage vor einer Polizeibeamtin zu wiederholen, werden Sie nicht einmal eine Begründung finden, wieso sie überhaupt mit Ihnen sprechen sollte«, wandte die Staatsanwältin ein, immer noch in ihrer merkwürdigen Haltung verharrend.

»Ich ermittle in diesem Fall und befrage sie als Zeugin, dem kann sie sich wohl kaum verweigern«, entgegnete Helena aufgebracht.

»Wir haben keinerlei Beweise dafür, dass sie in Verbindung zur Familie Pedrosa steht.«

»Und die Fotos, die sie mit Mauro zeigen?«

»Fotos, die illegal entstanden sind. Sobald Juliano davon erfährt, wird er seine Anwälte von der Kette lassen. In dieser Richtung kommen wir nicht weiter.«

Helena verstand diese plötzliche Zurückhaltung nicht. Nicht gegenüber Andreia und erst recht nicht gegenüber Raquel. Unterschied sich Ana Lúcia also doch nicht von den anderen Staatsanwälten, sobald mit Widerstand von jemandem zu rechnen war, der im Machtgefüge des Landes weit über ihr stand? Hatte sie sich in dieser Frau und ihrem vermeintlich bedingungslosen Engagement für Gerechtigkeit geirrt?

Nun, wie auch immer, so einfach würde Helena diese Sache nicht auf sich beruhen lassen. Nicht nach allem, was sie bereits in diese Ermittlungen investiert hatte. Egal, was Lobato sagte, sie würde der Frau, die Frederico erlaubt hatte, die für ihn tödliche Schokolade zu essen, ein paar Fragen stellen.

# 44
# Henrik

»Es hat ein paar Sekunden gedauert, aber jetzt, da mir klar geworden ist, wer Sie sind, *alemão*, ist es mir beinahe eine Ehre, Sie in meinem bescheidenen Etablissement begrüßen zu dürfen.« Das waren Francos Worte gewesen, zwei Tage zuvor in dessen schäbiger Spelunke, und sie hallten immer noch durch seinen Schädel. Der beleibte Buchmacher hatte Henrik nicht nur daran gehindert, Mauro Pedrosa weiter zu beschatten, sondern ihm vor allem zu verstehen gegeben, dass er für ihn selbst kein Unbekannter war. Henrik hätte nie im Leben damit gerechnet, welche Richtung diese Unterhaltung danach einschlagen sollte.

»Er hat es mir zwar nicht explizit aufgetragen, aber ich bin sicher, er hätte gewollt, dass ich Ihnen Grüße ausrichte«, fuhr Franco im Plauderton fort, nachdem er sich zu ihm an den Tisch gesetzt hatte.

»Von wem sollen Sie mich grüßen?«

»Oh, von meinem guten Freund und Geschäftspartner. Glauben Sie mir, wenn ich Ihnen sage, er spricht oft von Ihnen.« Diese Antwort hatte ausgereicht. Henrik wusste mit einem Mal, von wem Franco sprach, und hatte sich ziemlich beherrschen müssen, um unbeeindruckt zu wirken. Dass er dem zwielichtigen Hehler, von dem die Rede war, früher oder später noch einmal begegnen würde, daran hatte er eigentlich nie gezweifelt. Doch dass er nun auf diese Weise an ihn erinnert wurde, sandte einen Adrenalinstoß durch seinen Körper.

*Lobo!*

Lobo, dessen richtigen Namen Henrik nicht kannte, obwohl es vermutlich nicht unwichtig gewesen wäre, ihn zu kennen. Lobo, der angeboten hatte, ihm das Haus in der Rua do Almada abzukaufen.

*Um an dessen Geheimnisse zu kommen.*

Lobo war also Francos Geschäftspartner. Damit hatte der Buchmacher Henrik komplett überrumpelt, und dem war es nicht gelungen, das zu verbergen. Francos Dauergrinsen war immer breiter geworden. Alles, was der Barbesitzer danach noch andeutete, ohne es konkret auszusprechen, machte eindringlich klar, dass Henrik nach wie vor unter Beobachtung stand. Dass gewisse Personen in der Stadt ein Auge auf ihn hatten und dass Lobo einer von diesen Leuten war.

*Er spricht oft von Ihnen.*

Nach wie vor konnte er nicht erklären, weshalb er deswegen nicht nervöser war. Natürlich war da diese generelle Unruhe, die wie ein schleichendes Gift kontinuierlich durch seine Adern floss – und die ihn auch heute nicht bei der Sache bleiben ließ. Weder schaffte er es, sich im Laden zu beschäftigen, noch den Bürokram zu erledigen, der sich angesammelt hatte. Sein eigentliches Vorhaben, Helena zu helfen, scheiterte vorerst daran, dass er noch keinen konkreten Plan hatte, wie er es anpacken sollte. Wenn er sich in so eine verzwickte Lage manövriert hatte, half es ihm immer am besten, sich mit anderen Dingen zu beschäftigen, um über den Umweg der Ablenkung den entscheidenden Geistesblitz heraufzubeschwören. Daher spielte er nun schon seit einer Weile mit dem Gedanken, dieser Maria Cruz einen Besuch abzustatten.

Was diese ominöse Dame anging, hatte er sich nicht allein auf Catias Aussage verlassen wollen, dass die Frau irgendwo in Brasilien oder anderswo jenseits des Atlantiks lebte. Also hatte er ein wenig recherchiert – was zu Beginn recht enttäuschend war. Es existierten keinerlei brauchbare Interneteinträge. Weder verfügte die Fotografin über eine Website, noch tauchte ihr Name in den Portalen auf, auf denen man nach Gewerbetreibenden suchen konnte. So wie es aussah, war Maria Cruz nicht allzu vertraut mit den Möglichkeiten der digitalen Welt. Oder sie verzichtete bewusst darauf, weil sie darin keinen Nutzen für sich sah. Andererseits konnte es auch sein, dass sie nicht gefunden werden *wollte* – weder als Fotografin noch als Privatperson. Aber auch wenn man es zu vermeiden versuchte, heutzutage war es nahezu unmöglich, völlig unsichtbar zu bleiben. Letztlich hatte er daher nach geduldiger Recherche einen Handelsregistereintrag und damit auch eine vielversprechende Adresse gefunden. Und zwar eine Adresse, die nicht etwa Tausende von Kilometern entfernt war, sondern auf eine Straße in Lissabon verwies. Catia hatte sich geirrt. Es sah so aus, als gäbe es drüben im Alfama ein Fotostudio, dessen Inhaberin als Maria Cruz ausgewiesen wurde. Cruz war allerdings ein recht geläufiger Name, weshalb sich seine Ambitionen, dort vorbeizuschauen, momentan in Grenzen hielten.

Was ihn wieder auf Helenas Fall zurückwarf.

Außerdem war da noch etwas anderes, das ihn schon seit dem frühen Morgen umtrieb. Dieses altbekannte beklemmende Gefühl, etwas zu übersehen oder gar den einen entscheidenden Schritt zu spät dran zu sein, um ein bevorstehendes Unglück abzuwenden. Es war ein Gespür. Eine Ahnung. Mehr nicht. Nichts Fassbares jedenfalls – und doch lockte es ihn am späten Vormittag hinunter in den Keller. Ins hinterste Eck, vor das Loch in der Mauer. Er hockte davor und rüttelte an einem der Backsteine, bis sich dieser löste. Damit war die Lücke groß genug. Bevor er sich auf den kalten Steinboden legte, sah er sich um, wie um sich zu vergewissern, dass er allein im Keller war. Nur für den Fall, dass in den finsteren Ecken, in die das spärliche Licht der Glühbirnen nicht hineinreichte, ein paar Gespenster lauerten. Aber wenn dem so war, verhielten sie sich mucksmäuschenstill.

Mit einem schiefen Grinsen steckte er den rechten Arm und die halbe Schulter durch die Maueröffnung. Sofort legten sich Spinnweben über seine Finger, doch er widerstand dem Reflex, sie zurückzureißen. Außerdem brauchte er nicht groß herumzutasten. Er hatte sich die Stelle gemerkt, und diesmal bekam er den Stoff auch zu fassen. Der Lappen fühlte sich fettig an, als wäre er in Öl getränkt worden, und etwas Hartes war darin eingeschlagen. Henrik zog seine Beute aus dem Loch und setzte sich auf. Geschützt von den Kartons um ihn herum, die eine Art Burg bildeten, legte er das Stoffpaket zwischen seinen Beinen ab. Eigentlich war es nicht mehr nötig, den gammeligen Lappen aufzuschlagen, da er längst wusste, was er enthielt. Natürlich tat er es trotzdem.

Obwohl in dem Versteck hinter der Mauer eine feucht-modrige Atmosphäre herrschte, hatte das ölige Leinen seinen Inhalt vor jeglicher Korrosion bewahrt. Das Metall war zwar angelaufen, dennoch war die italienische Beretta in gutem Zustand. Henrik erkannte, dass es sich um das Modell M1934 handelte. Eine der vermutlich meistproduzierten Kaliber Neun-Millimeter-Kurzwaffen ihrer Zeit. Soweit er sich an die Waffenkunde während seiner Ausbildung erinnerte, war die Produktion dieser 1934 erstmals auf den Markt gekommenen Pistole zu Beginn der 1990er-Jahre eingestellt worden. Das Fundstück war also mindestens gute dreißig Jahre alt; in der Tat schätzte er es aufgrund seiner Beschaffenheit deutlich älter ein.

Wieso hatte Martin unter der Treppe im Keller diese Waffe versteckt?

Er wischte seine Finger an der Hose trocken, bevor er das Magazin prüfte, das sich widerstandslos herausziehen ließ. Es enthielt noch drei von acht möglichen Patronen. Die Seriennummer, die sich eigentlich an der linken Seite über dem Abzug befand, war weggefeilt worden. Henrik merkte, dass er den Atem angehalten hatte. Und dass ihm kalt war. Er steckte das Magazin zurück in den Schaft und wickelte die Beretta wieder in das Tuch.

Für den Augenblick hatte er keine Ahnung, was er mit seinem Fund anfangen sollte. Außerdem war überhaupt nicht gesagt, dass die Waffe von Martin versteckt worden war. Sie konnte schon dort deponiert worden sein, bevor Martin das Haus gekauft hatte. Zumindest theoretisch – so recht glauben konnte er das selbst nicht.

Er unterdrückte einen Seufzer. Wie viele Rätsel hielt dieses Haus wohl noch für ihn bereit?

Henrik fiel gerade nichts Besseres ein, als die Pistole wieder zurück in das Loch zu stecken. So tief hinein, dass er sie eben noch erreichen konnte. Dann schob er den Ziegelstein wieder in die Lücke, aus der er ihn herausgebrochen hatte. Danach richtete er sich so schnell auf, dass ihm kurz schwarz vor den Augen wurde. Rasch fasste er nach dem Längsbalken, an den die Bretter der Zwischenwand genagelt waren, und wartete, bis sich die Butter in den Knien wieder verfestigte. Wieso nur war er heute in den Keller gekommen? Hätte er nichts Sinnvolleres zu tun gehabt?

Auch wenn die Luft hier unten alles andere als gesundheitsfördernd war, klärte sich nach ein paar kräftigen Atemzügen sein Verstand. Mit einem Mal ging ihm auf, dass es nicht so sehr diese alte Geschichte war, die ihm den ganzen Tag schon im Kopf herumspukte. Als hätte der Fund der Beretta plötzlich einen Schleier gelüftet, war der Blick auf etwas anderes frei geworden. Kurz gesagt, seine Ablenkungsstrategie zeigte tatsächlich Wirkung, auch wenn ihm noch nicht klar war, wie dieser andere Gedanke mit Helenas Fall zusammenhing.

Doch jetzt war sein Entschluss gefasst, und nichts würde ihn mehr davon abbringen. Es ging schließlich auch um Helena, um die Frau, die er liebte. Und auch wenn sie felsenfest davon überzeugt war, dass sie auf sich allein aufpassen konnte, schadete es gewiss nicht, ihr bei dieser speziellen Sache ein wenig unter die Arme zu greifen.

# 45
# Helena

Lui hatte keine Anstalten gemacht, sie darüber auszufragen, warum sie so spät gekommen war. Nachdem sie wie versprochen ihren Bericht für Lobato verfasst und an die Staatsanwältin geschickt hatte, hatte sie den restlichen Tag damit verbracht, liegen gebliebene Akten aufzuarbeiten. Nach Feierabend hatte sie Sara aus dem Kindergarten geholt, das Abendessen gemacht und die Wohnung aufgeräumt. Dabei war es ihr gelungen, nicht weiter über den Fall nachzudenken. Vor dem Schlafengehen hatte sie dann noch kurz mit Henrik telefoniert. Er wirkte irgendwie leicht abwesend und nicht so recht bei der Sache. Doch sie war zu müde gewesen, um nachzuhaken, und so dauerte ihr Telefonat nur ein paar Minuten. Danach war sie bleischwer in ihre Kissen gesunken.

Der Wecker holte sie aus einem Schlaf, der so schwarz und ereignislos war, dass sie sich eigentlich putzmunter fühlen müsste. Leider war das nicht der Fall, wie ihr auffiel, als sie sich träge herumwälzte, um nach dem sirrenden Ungetüm zu tasten, das sie zurück in die Wirklichkeit holte. Sie brauchte noch zwei, drei weitere Sekunden, bis ihr aufging, dass es gar nicht die Weckfunktion ihres Handys, sondern der Klingelton war, den sie irgendwann einmal Henrik zugeordnet hatte.

Bevor sie den Anruf annahm, konstatierte ihr immer noch schlaftrunkener Verstand, dass es verdammt noch mal viel zu früh war. Gerade mal halb sieben. Wieso war er schon wieder wach? Und vor allem: Warum klingelte er *sie* um diese Zeit aus dem Bett?

»Ich hoffe du hast einen triftigen Grund«, krächzte sie ins Telefon.

»Oh, du hast noch geschlafen«, stellte er reumütig fest.

»Im Gegensatz zu dir leide ich noch nicht an seniler Bettflucht.«

»Desculpe! Aber es ist wichtig …«

»Das hoffe ich für dich!«, unterbrach sie ihn und richtete sich auf. Er hörte sich ziemlich aufgeregt an, wie ihr jetzt bewusst wurde.

»Die Zeitung hat einen neuen Aufmacher«, verkündete er. »Ich schick dir den Link.«

Kaum angekündigt, piepte ihr Handy.

»Gib mir fünf Minuten«, knurrte sie und drückte ihn weg. Auch nicht charmant, aber vermutlich hatte er auch mit nichts anderem gerechnet. *Ich bin eine unsensible Freundin und sollte froh sein, dass er mich erträgt, so wie ich bin.*

Helena musste dreimal blinzeln, bis ihr Blick scharf genug war, um zu erkennen, was genau Henrik ihr per SMS hatte zukommen lassen. Sie war auf der Onlineseite des *Correio da Manhãs* gelandet, direkt bei dem Bericht, den sie Henriks Meinung nach unbedingt lesen sollte. Und er lag damit verdammt richtig, musste sie zugeben, kaum dass ihr die Überschrift ins Auge gestochen war. Mit einem Schlag war sie so wach, wie man nur sein konnte.

# 46

Die Boulevardzeitung *Correio da Manhã* wartete nicht mit einer tiefgründigen Recherche auf. Doch es war mehr als offensichtlich, dass der Journalist, der den reißerischen Artikel verfasst hatte, einen Tipp erhalten hatte. Oder vielleicht war ja hier auch ein Gefallen eingelöst worden. Schließlich bestand ansonsten kein Anlass, diese Meldung ausgerechnet einen Tag nach dem Bericht über die vermeintliche Nachlässigkeit eines namentlich nicht genannten Ehepaars zu veröffentlichen, dessen einziges Kind unter fragwürdigen Umständen ums Leben gekommen war. Helena schätzte, dass es Mauro Pedrosa war, der hier wie angekündigt zurückgeschlagen hatte.

Nur – woher hatte er diese Information? Wie konnte er derart intime Details über Lobato kennen, über die offenbar sonst niemand Bescheid wusste? War sie zu achtlos gewesen, was den Background dieses Mannes anging? Von Beginn an zu abgelenkt, weil ihr der Tod eines Sechsjährigen zu sehr an die Nieren gegangen war? Oder war nicht eher Lobato schuld daran, dass die Ermittlung so unprofessionell verlief?

Oder lag die Quelle ganz woanders?

Das Telefon klingelte erneut. Sie fühlte sich eigentlich zu ausgelaugt, um mit Henrik zu sprechen, zwang sich aber dennoch, das Gespräch anzunehmen.

»Hast du's gelesen?«

»Ja«, antwortete sie und wunderte sich plötzlich, dass sie sich mitten in ihrer Küche wiederfand. Sie konnte sich nicht daran erinnern, aufgestanden zu sein. Auch nicht daran, dass sie Kaffee aufgesetzt hatte, der soeben auf der voll aufgedrehten Gasflamme überkochte. Sie fluchte leise, warf das Handy auf die Anrichte und holte die Alukanne mit Hilfe eines Geschirrtuchs vom Herd.

»Helena, bist du noch da?«, hörte sie Henrik rufen.

Sie stellte den Kaffeebrüher in die Spüle und griff nach dem Smartphone. »Ja, bin dran …«

»Wir hätten sie überprüfen müssen, das war unser Fehler«, sagte er. »Es sprach von Anfang an einiges dafür, genauer hinzusehen, aber leider kam mir der Gedanke erst gestern. Und jetzt war verdammt noch mal jemand schne…«

»Gib mir erst mal etwas Zeit, um mich zu sammeln!«, fiel sie ihm ins Wort und beendete abrupt die Verbindung.

»Genauer hinsehen«, murmelte sie, dann rief sie erneut den Pressebericht auf.

# 47

Lobato ignorierte ihren Anruf. Sollte sie vielleicht noch einmal hinüber nach Sobreda fahren? Nachdem sie geduscht hatte, konnte sie klarer denken und entschied sich dafür, es zuerst im Justizpalast zu probieren. Jedenfalls ging sie davon aus, dass sie dank Henrik früh genug dran sein würde, um vor der Staatsanwältin an Ort und Stelle zu sein. Ohnehin hatte sie nicht vorgehabt, um eine Audienz zu bitten. Helena war vielmehr nach einer Konfrontation, am besten bevor Lobato sich in ihr Büro flüchten konnte. Und das war noch ziemlich gnädig. Zumindest weniger kompromittierend als die Vorstellung, dass das Vorzimmer sie davon abhalten müsste, Lobatos Büro zu stürmen. Diesen Eklat wollte sie sich selbst, aber auch den Angestellten und sogar Lobato ersparen.

Helena musste nicht lange suchen. Alle Staatsanwälte hatten eigene, mit Namen versehene Stellplätze in der Tiefgarage. Dem Pförtner reichte ihr Dienstausweis, um sie passieren zu lassen. Vermutlich war es ihrem entschlossenen Gesichtsausdruck zuzuschreiben, dass der Mann nicht einmal wagte nachzufragen, was sie dort unten wollte.

Lobatos reservierter Parkplatz war noch leer. Helena stellte ihren Peugeot so ab, dass er von der Zufahrt her nicht gesehen werden konnte. Die Uhr im Armaturenbrett zeigte zehn vor acht Uhr. Sie gab der Staatsanwältin neunzig Minuten. Was sie tun würde, wenn Lobato bis dahin nicht auftauchte, hatte sie sich noch nicht überlegt. So tief unter der Erde und unter Tonnen von Beton funktionierte weder der Radioempfang noch die Mobilfunkverbindung. Das hatte sie nicht bedacht. Vor einigen Jahren,

Sara war noch nicht geboren, da hatte ihr ein Polizeipsychologe autogenes Training nahegelegt, sobald sie das Gefühl bekam, ein gewisses emotionales Level zu überschreiten. Danach hatte sie es eine Weile lang tatsächlich mit den Übungen probiert. Heute war sie sich nicht mehr sicher, ob diese Entspannungspraktiken jemals etwas bei ihr bewirkt hatten. Jedenfalls hatte sie das Programm nicht allzu lang durchgehalten. Denn eigentlich … wollte sie sich gar nicht beruhigen. Nicht damals und jetzt erst recht nicht.

Aber um ihren Puls während der Warterei nicht noch weiter nach oben zu treiben, begann sie damit, die Notizen, die sie in den letzten Tagen zum Fall Frederico Pedrosa gemacht hatte, erneut durchzusehen. Sieben Wagen rollten auf das Parkdeck, ohne dass Lobato darunter war. Auf die Staatsanwältin musste sie tatsächlich bis um kurz nach halb neun Uhr warten.

Bevor Lobato überhaupt aussteigen konnte, saß Helena schon neben ihr auf dem Beifahrersitz.

»Inspetora!«

»Olá Ana Lúcia!«

»Ich habe vorhin versucht, Sie anzurufen«, sagte Lobato. Ihre Finger umklammerten den Türöffner, während die andere Hand die Aktentasche wie zur Abwehr zwischen sie hielt.

»Keine Verbindung hier unten«, erwiderte Helena trocken.

»Vielleicht wäre es besser gewesen, Sie hätten oben am Empfang auf mich gewartet.«

»Ich wollte keine Zeit verlieren, nachdem auch ich Sie nicht erreichen konnte.«

Lobato schien sich nach dem Schreck über ihr plötzliches Auftauchen bereits wieder unter Kontrolle zu haben. Sie ließ sogar den Türgriff los. »Sie werden verstehen, dass ich zuerst meinen Termin mit dem Oberstaatsanwalt abwarten wollte, bevor ich Sie zu mir bestelle.«

»Man wird also die Untersuchung stoppen«, folgerte Helena.

»Ja, aber nicht wegen eines reißerischen Artikels in einem Schmierblatt wie dem *Correio da Manhã*«, widersprach Lobato. »Wir haben nichts falsch gemacht.«

»Wir haben ohne Rückendeckung ermittelt«, wandte Helena ein. »Und jetzt nach diesem Bericht klingt es noch viel mehr danach, als ob Sie völlig eigenständig und … nicht unbedingt aus rein juristischen Gründen so gehandelt haben.«

Lobato winkte ab. »Sie wissen, dass das alles haltlose Unterstellungen sind. Jemand will meine Neutralität untergraben und mich als rachsüchtige Mutter diffamieren.«

»Wer?«

»Müssen Sie das wirklich fragen, Inspetora?«

Nein, das musste sie nicht. Sie konnte schließlich eins und eins zusammenzählen. »Ging es von Anfang an darum?«

»Ich bitte Sie, es ging darum, eine ordentliche Untersuchung über den Tod dieses Kindes durchzuführen.«

Helena rückte ein Stück näher an die Staatsanwältin heran. »Warum glaube ich Ihnen das bloß nicht?«

Lobato senkte den Blick. Ihre verkniffene Miene verlor mit einem Mal an Spannung. Sie benutzte die Aktentasche nicht länger als Schutzschild, sondern legte sie auf ihren Oberschenkeln ab. »Es stimmt, was dieser Reporter schreibt. Es ist übrigens derselbe Journalist, der schon einmal darüber berichtet hatte, damals für eine Zeitung in Porto. Er kommt von dort, genau wie ich.«

»Das liegt wie lange zurück?«

»Es war während meines Jurastudiums. Oder besser gesagt, in der Zeit, als ich es unterbrechen musste … aus besagten Gründen.«

»Weil Sie ein Kind geboren haben.«

»Ja, das passiert Frauen gelegentlich, das kennen Sie doch.«

Jetzt war es Helena, die der anderen nicht mehr in die Augen sehen konnte. Ja, Frauen bekamen Kinder, und manchmal, wenn das Schicksal es schlecht mit ihnen meinte, verloren sie diese Kinder auch wieder.

»Ich wollte um jeden Preis das Studium abschließen, da kam mir sein Angebot wie ein Segen vor. Und wieso hätte ich ihm auch nicht vertrauen sollen, er war der Vater.«

»Ich mache Ihnen keine Vorwürfe …«, murmelte Helena.

Unverhofft lag Lobatos Hand auf der ihren. »Wollen wir nicht besser hoch in mein Büro gehen und in Ruhe besprechen, wie unsere Strategie jetzt aussehen könnte?«

Die Staatsanwältin wartete nicht auf ihre Antwort, sondern stieg aus dem Wagen, und Helena tat es ihr gleich. Schweigend gingen sie nebeneinander zu den Aufzügen. Mit einer Magnetkarte aktivierte Lobato einen der Lifte. Die Tür öffnete sich, und sie betraten die Kabine, die sich kurz darauf kaum spürbar in Bewegung setzte.

»Es tut mir leid, was Ihnen passiert ist«, sagte Helena, kurz bevor der Aufzug seine Fahrt verlangsamte und das Stockwerk ankündigte, in dem sie aussteigen wollten.

»Ich weiß«, entgegnete Ana Lúcia und verließ den Lift. Helena folgte ihr mit zwei Schritt Abstand durch den Flur zu ihrem Büro. Da vibrierte in Helenas Jackentasche das Handy, gleich ein paarmal. Während sie ohne Empfang in der Tiefgarage des Justizpalastes saß, hatte man wohl öfter versucht, sie anzurufen. Sie tippte auf Lui oder auf Henrik und richtete sich schon darauf ein, noch einige Minuten länger nicht erreichbar zu sein. Doch dann …

*Vielleicht ist es Tiago?*

Was auch immer überwog, die Neugier oder das Pflichtgefühl, sie riskierte einen Blick aufs Display. Sofort blieb sie wie angewurzelt stehen, so abrupt, dass Lobato sich zu ihr umdrehte.

»Schlechte Nachrichten?«, fragte die Staatsanwältin.

Helena zwang sich dazu, von ihrem Smartphone aufzuschauen. »Der Kindergarten«, erwiderte sie tonlos. »Sara ist weg.«

# 48
# Henrik

Es war ein hübsches, zitronenfaltergelbes Haus am Largo do Salvador, einem kleinen Platz, der unterhalb des beliebten Miradouro das Portas do Sol lag. Kein schlechter Standort für ein Geschäft, weil der Strom der Touristen, die sich nach dem Genuss der Aussicht runter ins Fischerviertel begaben, genau dort vorbeifloss. Allerdings gab es nur ein sehr dezentes, unauffälliges Blechschild rechts vom Eingang, das vor lauter Patina kaum mehr zu lesen war. *Estúdio de fotografia* konnte er darauf entziffern und darunter den Namen Maria Cruz, aber auch nur, weil er ihn kannte. Es handelte sich um eine normale Haustür, die sich aufdrücken ließ und über die man direkt einen quadratischen Raum betrat, der mit keinerlei Möbeln aufwartete. So lenkte nichts von den großflächigen Schwarz-Weiß-Aufnahmen an den weißen Wänden ab. Henrik trat vorsichtig ein, die eingelassenen Holzdielen ächzten unter seinem Gewicht. Er stellte sich in die Mitte des Galeriezimmers und betrachtete die grobkörnigen Aufnahmen, die mit scharfen Kontrasten aus Licht und Schatten spielten. Die Fotos waren so bedrückend wie fesselnd. Und die Motive hätten unterschiedlicher nicht sein können. Zwei Seiten des Raumes gehörten Lissabon und zeigten ungewöhnliche Ansichten der Stadt. Fasziniert versuchte Henrik einzuordnen, wo die Fotos im Einzelnen aufgenommen worden waren und ob er eine vertraute Perspektive erkannte. An den beiden anderen Wänden hingen Bilder, die einen jeglicher Farbenpracht beraubten Regenwald zeigten.

»Kann ich helfen?«

Er drehte sich nach der Stimme um. Die Frau stand im Durchgang zum Nebenraum. Sie erinnerte in ihrer Statur an Catia, auch was die Wahl des schwarzen Kleides anging, das einen starken Gegensatz zu ihren langen weißen Haaren bildete. Auch wenn ihr Gesicht kaum wahrnehmbare Falten aufwies, war sie älter als erwartet, vermutlich schon jenseits der siebzig. Automatisch versuchte er einzuschätzen, inwieweit das relevant für ihre Verbindung zu Martin und João war, die beide rund zehn Jahre jünger gewesen waren. Die lichtgrauen Augen von Maria Cruz musterten ihn dabei so herausfordernd wie neugierig.

»Den Dschungel, von dem man erwartet, dass er vor allem durch Tausende von Farben besticht, in Schwarz-Weiß abzulichten, halte ich für ziemlich gewagt«, sagte er, einfach um das Schweigen zu brechen.

»Es ist ein Trugschluss zu glauben, der Regenwald wäre ein buntes Farbenmeer. Stellen Sie sich einfach vor, alles was Sie sehen, ist grün – und schon zeigen die Fotos die Realität.«

Henrik nickte schmunzelnd, musterte erneut für ein paar Sekunden den Dschungel und wandte sich dann wieder der Senhora zu. »Machen Sie auch Aufnahmen von Menschen?«

»Wenn Sie Passbilder oder Hochzeitsfotos bestellen wollen, sind Sie bei mir falsch«, erwiderte sie mit einem verschmitzten Lächeln.

Daraufhin fischte er das Gruppenbild aus seiner Umhängetasche und hielt es ihr hin. Es war ihr unmöglich, ihre Überraschung zu verbergen. Ihr Blick wanderte mehrmals zwischen ihm und dem Foto hin und her. »Woher haben Sie das?«, fragte sie schließlich.

»Aus dem Nachlass meines Onkels.«

Sie überlegte einen Moment. »Martin?«

Natürlich war ihr sein deutscher Akzent nicht entgangen. Er nickte. »Ich bin Henrik Falkner, sein Neffe.«

Sie nahm das Foto an sich und drehte es um, hob die zu einem schmalen Strich gezupften Augenbrauen. Offenbar hatte sie auf der Rückseite einen Hinweis auf ihre Person vermutet. »Wer hat mich verraten?«

»Verraten, dass Sie früher doch Aufnahmen von Leuten gemacht haben?«, fügte Henrik an.

»Nur von attraktiven jungen Männern«, konterte sie schelmisch und wurde eine Sekunde darauf wieder ernst. »Ich habe davon gehört, dass er gestorben ist. Mein Beileid!« Unverkennbar wehmütig betrachtete sie wieder die Aufnahme, die nun leicht zwischen ihren Fingern zitterte. »João ist ja schon vor langer Zeit von uns gegangen. Und Renato …« Sie suchte Henriks Blick. »Lebt er wenigstens noch?«

»Davon gehe ich aus, wenn ich auch nicht sagen kann, wohin es ihn verschlagen hat. Aber als ich ihn vor knapp zwei Jahren kennenlernte, wohnte er noch im Haus meines Onkels ... Wir hatten eine kleine Differenz.«

»Es war schon früher nicht leicht, mit ihm auszukommen, und vermutlich hat ihn das Alter noch verschrobener gemacht.«

Henrik hatte nicht vor auszuführen, was zwischen Renato und ihm vorgefallen war. Deshalb war er nicht hergekommen. »Wer ist der Vierte?«

Nun wurde die Traurigkeit in dem schmalen Gesicht von Maria Cruz unübersehbar. »Er hieß Jaime. Ich weiß nicht allzu viel über ihn, denn er war damals nur kurz bei uns. Er hat sich das Leben genommen. Ich erinnere mich, dass ich mich deswegen schuldig gefühlt habe.«

»Wieso?«

»Weil er es an genau der Stelle getan hat, wo ich wenige Tage zuvor dieses Foto gemacht habe. Somit war quasi ich es, die ihm diesen Ort gezeigt hat.«

»Unter den Bögen des Aqueduto das Águas Livres?«, hakte Henrik nach.

Sie bestätigte seine Vermutung mit einem Nicken. Hatte er das Mauerwerk am Rand des Fotos also tatsächlich richtig als eines der Fundamente erkannt, auf denen im Alcântaratal die Pfeiler das Aquädukts aufgesetzt waren. Schloss sich damit ein Kreis? Ein Kreis, der sich – auf welch verschlungene Weise auch immer – um die Taten des Aquädukt-Mörders zog?

»Jaime war nicht der Einzige, der sich dort in die Tiefe stürzte«, sagte er.

Maria Cruz musterte ihn kritisch. »Soll mich das jetzt trösten?«

»Nein. Ich denke nur, dass Sie sich nicht schuldig zu fühlen brauchen. Und vielleicht war es ja gar nicht Ihre Idee, dort unten Fotoaufnahmen zu machen. Könnte es nicht auch Martins Vorschlag gewesen sein?«

Nun bestimmte Misstrauen ihre Züge. Sie gab ihm den Abzug zurück. »Warum sind Sie damit zu mir gekommen?«

»Waren es nicht auffällig viele junge Männer, die an diesem Ort starben? Homosexuelle, meine ich.«

»Jetzt klingen Sie wie Ihr Onkel«, stellte sie fest. Und schüttelte den Kopf. »Wir haben ihm damals immer wieder gesagt, dass er sich irrt. Unter denen, die das Aquädukt dafür benutzten, sich das Leben zu nehmen, waren ebenso viele verzweifelte Frauen jeglichen Alters, überforderte Familienväter oder bankrotte Geschäftsleute. Es gab kein Muster, aber das wollte Martin nicht gelten lassen. Er beharrte auf seinem Aquädukt-Mörder, der es auf Schwule abgesehen hatte. Aber das war ein Hirngespinst, Martin hat sich da in was reingesteigert.«

»War der Gedanke denn wirklich so abwegig?«

Maria Cruz schüttelte den Kopf. »Das nicht. Ich meine, wer sich zu dieser Zeit nach gleichgeschlechtlicher Liebe sehnte, war ein Ausgestoßener. Nehmen Sie Jaime. Sein Verlangen, der verzweifelte Wunsch, einen Mann lieben zu dürfen, trieb ihn in einen Konflikt, der ihn innerlich zerriss. Ich weiß das – zwar nicht weil er sich mir anvertraut hätte, aber es war zu spüren. Ich entsinne mich eines Abends, da hat er Trost gesucht und bitterlich in meinen Armen geweint, ohne mir zu verraten, was ihn so aufwühlte. Erst nach seinem Tod kam ich dahinter, welche Dämonen ihn quälten. Jaime war nicht nur schwul, er war auch ein tiefgläubiger Mensch. Das war es, was ihn vergiftet hat. Er dachte, dass Gott ihn verstoßen würde, wenn er sich seinem Verlangen hingab. So gottesfürchtig wie er war, hat Jaime nicht verstanden, dass der Herr im Himmel ihn niemals verurteilen oder ihn deshalb weniger lieben würde. Er konnte einfach nicht erkennen, dass es diejenigen waren, die sich Vertreter Gottes auf Erden nannten und sich anmaßten, alles zu verteufeln, was nicht in ihr Weltbild passte. Wenn Sie also nach Verantwortlichen für diese Tode suchen, dann beschuldigen Sie lieber die von der katholischen Kirche indoktrinierte Gesellschaft, den sich für unfehlbar wähnenden Klerus oder am besten gleich den Heiligen Stuhl …« Maria Cruz merkte, dass sie sich in Rage geredet hatte und beendete ihren Vortrag mit einem verlegenen Lächeln. Für ein paar Sekunden war da nichts als Stille und die bildgewaltige Wucht ihrer Fotografien ringsherum.

»Wann haben Sie Martin zuletzt getroffen?«, wollte Henrik wissen, in dem plötzlich eine ganze Flut von Fragen aufstieg. Endlich hatte er jemanden vor sich, der Martin von früher her kannte und womöglich einige Lücken über die Vergangenheit seines Onkels füllen konnte. Und der nicht gleichzeitig Catia oder Renato war, sondern jemand, für den es keinen Anlass gab, ihm Lügengeschichten aufzutischen.

»Das ist schon so lange her. Wir waren jung, neugierig und leichtsinnig. Diese Zeiten, sie waren so verrückt – aber ich gehe davon aus, dass das alle Generationen von sich behaupten. Vermutlich haben auch wir uns unsterblich gefühlt, selbst noch nach Jaimes Suizid. Bloß, dann wurde João ermordet, und nichts war mehr wie vorher. Und Martin, der sich schon vor dieser schrecklichen Tat für Kriminalfälle interessiert hatte, wurde zu einem Besessenen.«

»Sie wussten von seiner Obsession, sich ungeklärter Verbrechen anzunehmen?«

»Das ging gar nicht anders. Jedes Mal wenn wir uns trafen, fing er damit an, und er machte weiter, bis keiner von den Leuten, die damals immer zusammenkamen, es mehr hören konnten. Abgesehen von Renato vielleicht, der stets zu ihm hielt.«

»Und dann sind Sie weggegangen, um den Regenwald zu fotografieren?«

Sie lachte leise auf. »Tja, wenn Sie es so simpel ausdrücken wollen … Ja, ich bin gegangen. Bin dem Ruf des Abenteuers gefolgt, als sich abzeichnete, dass der einstige Freundeskreis sich nach und nach auflöste. Martin ist es vermutlich nicht schwergefallen, mich zu vergessen, da er ohnehin immer eifersüchtig auf mich war. Ihm war klar, wie sehr ich in João verliebt war, dabei hätte er wissen müssen, dass ich keine Konkurrenz für ihn darstellte.« Die letzten Sätze wurden von einem träumerischen Blick aus ihren grauen Augen begleitet.

»Wann sind Sie zurückgekommen?«

»Erst vor drei Jahren. Meine Tante war gestorben. Sie hat in diesem Haus gelebt, das schon über viele Generationen meiner Familie gehört. Es kam mir einfach falsch vor, es leer stehen zu lassen oder es an Fremde zu vermieten. Außerdem hatte ich genug wilde Natur gesehen, genug *Grün*, wenn Sie so wollen. Es war an der Zeit heimzukehren. Heimzukehren und das alte Blechschild wieder neben die Haustüre zu schrauben.«

Mit einem Mal war Henrik froh, dass er hergekommen war. Nachdem Helena so vehement deutlich gemacht hatte, dass er sich nun endgültig aus ihrem Fall raushalten musste, damit sie nicht noch tiefer in Schwierigkeiten geriet, war sein Besuch bei Maria Cruz die beste Entscheidung, die er hatte treffen können. Er ahnte – und hoffte vor allem –, dass diese Frau ihn zurück in die zum Teil so undurchsichtige Vergangenheit seines Onkels führen konnte.

Doch er kam nicht dazu, die Gunst der Stunde weiter für sich zu nutzen. Sein Handy summte, und er schaffte es nicht, den Störenfried zu ignorieren. Nicht, als er sah, dass der Anruf von Helena kam. Und ihre Fragen, kaum dass er das Gespräch angenommen hatte, holten ihn mit Lichtgeschwindigkeit zurück in die Gegenwart.

»Bist du zu Hause? Ist Sara bei dir?«

# 49

Seine Gedanken rasten. *Nicht schon wieder!*

Mit Schrecken erinnerte er sich an den Tag, als Helenas Tochter von jemandem aus dem Kindergarten mitgenommen worden war. Erinnerte sich an die Ängste, die er damals durchgestanden hatte. Und jetzt war sie erneut verschwunden. Doch soweit er Helena verstanden hatte, war Sara diesmal auf eigene Faust abgehauen. Helenas Annahme, dass die Kleine unterwegs zu ihm ins Antiquariat war, kam auch ihm nicht unwahrscheinlich vor. Obschon diese Theorie gewagt war. Vom Praça da Armada, wo Saras Kindergarten lag – nahe an Helenas Dienststelle, damit sie Sara gut dort abgeben und ebenso schnell wieder abholen konnte –, waren es rund zweieinhalb Kilometer bis in die Rua do Almada. Vorausgesetzt, man kannte den Weg und verlief sich nicht, bedeutete das eine gute halbe Stunde Fußmarsch. Für einen Erwachsenen, wohlgemerkt. Aber letztlich war es die einzige Erklärung, die einem nicht den Verstand raubte. Über alternative Szenerien wollte er lieber gar nicht nachdenken.

»Seit wann ist sie weg?«

»Sie wissen es nicht genau, fünfzehn Minuten vielleicht«, antwortete sie mit Verzweiflung in der Stimme.

Vermutlich also länger, dachte Henrik, denn wahrscheinlich hatten die Erzieherinnen Saras Fehlen nicht sofort bemerkt. Aber das hier und jetzt mit Helena am Handy zu diskutieren, half niemandem. Zumal er Helena nicht damit beruhigen konnte, dass er sich umgehend in Richtung Praça da Armada auf den Weg machte. Je nachdem, welchen Bus er erwischte, benötigte er wohl erst einmal mindestens dreißig Minuten, um überhaupt dorthin zu gelangen, wo Helena ihn vermutete.

»Wir finden sie«, versicherte er und legte so viel Zuversicht in diese drei Worte, wie es ihm nach der Hiobsbotschaft überhaupt möglich war. »Ich mach mich gleich auf den Weg.« Damit trennte er die Verbindung. Er fing Maria Cruz' besorgten Blick auf. »Ein Notfall«, erklärte er und stürmte, ohne auf eine Reaktion der Fotografin zu warten, ins Freie. Geblendet von der Sonne, hetzte er halb blind über das Kopfsteinpflaster abwärts, bis zur nächsten Ecke. Erst da ging ihm auf, dass er schneller zu einer Bushaltestelle gelangte, wenn er sich hinauf zum Largo das Portas do Sol aufmachte. Also kehrte er um und fand kurz darauf eine Treppe, die ihn hoch auf den viel besuchten Platz brachte, auch wenn ihm jede Stufe doppelt so viel Kraft wie die vorherige abzuverlangen schien. Kaum oben angekommen, kündigte sich mit vertrautem Klingeln die berühmte Eléctrico 28 an. Dummerweise war die historische Straßenbahn zu dieser Tageszeit vollgestopft mit Touristen. Egal, wie eilig er es hatte, es machte keinen Sinn, sich dort hineinzudrängen. Allein das Aus- und Einsteigen bis runter ins Baixa-Viertel würde ihn an jeder Haltestelle fünf Minuten kosten. Tatsächlich war es sinnvoller, in die andere Richtung weiterzurennen, um an geeigneter Stelle den 737er zu nehmen und zu hoffen, dass der Bus einigermaßen reibungslos durch den stets zähen Verkehr der Altstadt kam.

Bis er endlich komplett durchgeschwitzt in der Rua do Almada ankam, war zu seinem Entsetzen fast eine Dreiviertelstunde vergangen. Als er fliegenden Schritts an der Bar Esquina runter zur Nummer 38 abbog, hörte er in seinem Rücken die quietschenden Reifen eines um die Ecke schießenden Wagens. Er drehte sich danach um und erkannte Helenas Peugeot, den sie gerade schlingernd wieder auf Kurs und dann mit einer scharfen Bremsung vor dem Schaufenster des Antiquariats zum Stehen brachte. So kam es, dass sie wie zwei gegeneinander antretende Wettkämpfer mit verbissenen Zügen zugleich durch die Ladentür drängten, die gewissermaßen ihre Ziellinie darstellte.

»Du bist spät«, stellte er keuchend fest.

»Ein Unfall im Pombal-Kreisel hat mich eine halbe Stunde gekostet. Und wo bitte kommst du her?«, zischte Helena zurück.

»Mama, Henrik, oho!«, tönte es ihnen von der Verkaufstheke her entgegen, und mit einem Mal wurde alles belanglos, alles bis auf Sara, die mit Unschuldsmiene und baumelnden Beinen auf dem Tresen hockte.

Hinter ihr stand Catia und starrte ihnen verständnislos entgegen.

»Sara, Himmelherrgott«, schimpfte Helena, rannte zu ihrer Tochter und umschlang sie mit beiden Armen.

Trotz der Leichtigkeit, die sich in seiner Brust breitmachte, bekam Henrik immer noch schwer Luft. »Was … ist denn passiert?«, presste er hervor und wankte zur Kasse.

»Sie hat sich im Keller versteckt«, sagte Catia, immer noch verwundert über Helenas und Henriks aufgeregtes Gebaren.

# 50
# Helena

Hinterher bedauerte sie es, Catia nicht ausgiebiger dafür gedankt zu haben, dass sie Sara gefunden hatte. Aber sie war zu diesem Zeitpunkt noch zu durcheinander gewesen. Und zugleich dermaßen erleichtert und glücklich darüber, Sara wohlbehalten wiederzuhaben, dass sie zu keiner angemessenen Reaktion imstande war. Andererseits, sie musste es auch nicht übertreiben. Catia hatte es schließlich nicht allzu schwer gehabt. Sie hatte gehört, wie die Kleine im Keller herumstöberte, und dann ein paar Minuten lang auf sie aufgepasst.

So richtig hatte Sara immer noch nicht erklärt, warum sie erneut dort hinuntergestiegen war. Genauso wenig konnte oder wollte sie ihnen erzählen, wie sie überhaupt auf die dumme Idee gekommen war, aus dem Kindergarten abzuhauen. Jetzt saßen alle drei in Henriks Küche. Nachdem Helena mit ihren Fragen keinen Erfolg gehabt hatte, bemühte sich nun Henrik um Sara.

»Was wolltest du denn im Keller?«

»Nur schauen, ob du da bist. Um dir zu helfen wie am Wochenende«, wiederholte Sara.

Auch Henrik war mit dieser Antwort nicht zufrieden.

»Und wie bist du aus dem Kindergarten rausgekommen?«

»Sie waren im Park«, schaltete sich Helena ein. Das hatte sie nach einem weiteren Gespräch mit einer der Erzieherinnen erfahren, als sie vorhin kurz Bescheid gegeben hatte, dass Sara wieder aufgetaucht war. Die nahe gelegene Necessidades-Grünanlage wurde vom Kindergarten gerne zu kleinen Ausflügen genutzt, wenn das Wetter dazu einlud. Da Henrik offenbar nicht wusste, was er darauf noch erwidern sollte, wuschelte er Sara durchs Haar. Waren sie zu nachsichtig? Hätte Sara nicht eine ordentliche Standpauke verdient gehabt? Helena unterdrückte einen Seufzer. Eigentlich hätte sie ihrer Tochter zeigen müssen, wie böse sie wegen dieses Leichtsinns mit ihr war, aber das schaffte sie einfach nicht. Noch überwog die Freude, dass ihr nichts passiert war.

»Wie hast du bloß hergefunden?«, fragte Henrik, und Helena hörte dabei fast so etwas wie Bewunderung in seiner Stimme.

Sara, der immer noch nicht so richtig bewusst zu sein schien, was sie sich da geleistet hatte, lächelte verdruckst. »Ich hab mir den Weg gemerkt, den wir von hier mit dem Auto gefahren sind. Und den Berg hoch hab ich die Bica genommen.«

»Die Seilbahn?«, entfuhr es Helena. »Aber du hattest doch gar kein Geld für ein Ticket!«

Sara zuckte mit den Schultern. »Da waren so viele Leute in der Bahn, da bin ich gar nicht aufgefallen.«

»Auch noch schwarzgefahren«, sagte Henrik und konnte sich ein Grinsen nur mit sichtlicher Mühe verkneifen.

»Wie auch immer, ich muss wieder los«, erklärte Helena und versuchte, nicht allzu gereizt zu klingen. »Und es ist wirklich in Ordnung, dass sie den Rest des Tages bei dir bleibt?«

»Alles gut, wir kriegen das hin«, versicherte Henrik erneut. Dann wurde er ernst. »Hast du mit Lobato gesprochen?«

Helena sah zu Sara, die versunken in ihrer heißen Schokolade rührte. »Sie hat alles so weit bestätigt, was in dem Bericht stand.«

Die Zeitung hatte geschrieben, dass der Kindsvater und damalige Lebensgefährte von Ana Lúcia ihrem kaum drei Monate alten Baby ein Schütteltrauma zugefügt hatte, was dazu führte, dass der Säugling an einer schweren Hirnschädigung verstarb. Der Vorfall lag nun über fünfzehn Jahre zurück. Helena fragte sich, ob Lobato jemals darüber hinweggekommen war.

Spontan beschloss sie nachzuforschen, wie der Fall damals ausgegangen war, auch wenn sie nicht damit rechnete, dass das für ihre Ermittlungen relevant war. Der Zeitungsbericht zielte ohnehin in eine ganz andere Richtung. Jede Zeile dieses Artikels sollte ganz offensichtlich Befangenheit suggerieren. Die Staatsanwältin wolle die – für den *Correio da Manhã* unschuldigen – Eltern von Frederico vor Gericht zerren, weil sie nach wie vor mit ihrem eigenen Schicksal hadere. So in etwa las sich das zwischen den Zeilen, auch wenn natürlich keine Namen genannt wurden. Und angeblich, so meinte der Journalist herausgefunden zu haben, stand vor allem der Vater im Visier, und das, obwohl keine Indizien vorhanden waren, die für eine Anklage ausreichten. Angeblich hatten die Pedrosas der Zeitung zu verstehen gegeben, dass man aus ihnen ein Geständnis hatte herauspressen wollen. Dieser letzte Abschnitt des Presseberichts zielte natürlich auf Helena. Jetzt konnte sie endgültig davon ausgehen, dass sie ihrem Vorgesetzten Rapport erstatten musste, sobald sie sich in der Dienststelle blicken ließ. Dieser ganze Fall war zu einer verfluchten Farce geworden! Mauro und Andreia hatten wieder Oberwasser, und Lobato und sie machte man zur Zielscheibe für die Medien und die Öffentlichkeit. Denn statt den trauernden Eltern beizustehen, hieß es im Fazit des Berichts, hatten sie ja alles darangesetzt, sie in die Enge zu treiben.

Das konnte sie so nicht akzeptieren.

Helena erhob sich vom Küchentisch, drückte Sara einen Kuss auf die Wange und legte Henrik für eine Sekunde die Hand auf die Schulter. »Danke!«, sagte sie und machte sich auf den Weg ins Dezernat.

# 51

Lui hockte an seinem Schreibtisch, der dem ihren gegenüberstand. Wenn ihr Kollege auf seinen langen Beinen stand, war er ein Riese, aber kaum saß er auf seinem Drehstuhl, konnte er nicht über seinen Bildschirm hinwegschauen. Deshalb lugte er in gewohnter Manier seitlich daran vorbei. »Auch mal wieder ins Büro gefunden«, bemerkte er und kaute dabei auf etwas herum, das seine rechte Backe füllte. »Gibt's wieder Stress mit der Kinderbetreuung?«

Luis schlaksiger Körper steckte wie immer in einem etwas zu knittrigen Anzug. Er bevorzugte helles Leinen, als lebte er in irgendeinem tropischen Land, in dem es die heiße, feuchte Luft nicht erlaubte, etwas anderes zu tragen. Damit nicht genug, liebte er Hawaiihemden, die gar nicht bunt genug sein konnten. Außerdem war er seit mindestens einem Jahr nicht mehr beim Friseur gewesen, weshalb er mit seinem schwarzen, krausen Haar mittlerweile ziemlich wild und verwegen aussah. Helena wollte sich lieber nicht vorstellen, wohin diese zerzauste Mähne noch führen sollte.

Sie waren seit rund vier Jahren ein Ermittlergespann, aber er würde nie so etwas wie ein Freund für sie werden. Dafür waren ihre Ansichten einfach zu verschieden. »Nein, läuft prima«, antwortete sie ausweichend. Sie verspürte nicht den geringsten Drang, sich erneut auf sein Lieblingsthema einzulassen.

»Auch eine Trüffelpraline? Ich kann dir noch Kaffeesahne oder Erdbeerchampagner anbieten.«

»Was ist los? Du bist doch sonst nicht so spendabel«, sagte sie und starrte auf ihren Bildschirm, der sie soeben nach ihrem

Passwort fragte. Mit den Fingern über der Tastatur hielt sie inne. *Was zur Hölle* … Sie rollte zur Seite, um nun selbst um ihren Monitor herum einen Blick auf Lui zu erhaschen. Oder besser gesagt auf dessen Schreibtisch, wo ein halbes Dutzend Zellophanbeutel stand, allesamt mit Süßigkeiten gefüllt. »Leidest du plötzlich an Unterzucker?« Sie versuchte, beiläufig zu klingen, doch in Wirklichkeit war ihr mit einem Schlag klar geworden, was diese Ansammlung an exklusiven Confiseriewaren bedeuten musste.

»Meine Tante hat am Wochenende Geburtstag ich suche noch nach der passenden Auswahl«, erklärte Lui und schob sich die nächste Schokoladenkugel zwischen die Lippen.

Sie spürte, wie es immer heftiger in ihr zu brodeln begann. »Verarsch mich nicht«, fauchte sie. »Du ermittelst für Lobato!«

Lui vergaß zu kauen. Er blickte zur Tür, als hoffte er, dass der diensthabende Revierleiter ihr Büro betrat, um sie zu einem Einsatz zu beordern. »Na ja – glaubst du etwa, du bist die Einzige, die für unsere neue Staatsanwältin arbeitet? Seit gestern klappere ich für Lobato die Chocolatiers in der Stadt ab, wenn du es genau wissen willst.«

»Und mit welcher Absicht?«, hakte Helena nach, obwohl sie es bereits ahnte.

»Darf ich nicht sagen, höchste Verschlusssache«, wich Lui aus.

Helena sprang auf. Sie schoss so schnell um den Schreibtisch herum auf ihren Kollegen zu, dass der mit dem Drehstuhl so weit nach hinten rollte, bis er gegen die Wand knallte. Helena stützte die Hände auf die Armlehnen und näherte sich Luis Gesicht bis auf wenige Zentimeter. Der aufdringlich süße Duft seines Rasierwassers strömte ihr in die Nase, vermischt mit einer ordentlichen Portion Schweißgeruch und einer Spur Knoblauch. Doch sie war zu wütend, um darauf zu achten. »Raus mit der Sprache!«

»Ich … ich soll für sie eine Person identifizieren.«

»Weiter!«

»Eine Frau, die in den letzten zwei Wochen Pralinés gekauft hat … ausschließlich in den teuersten Confiserien der Stadt, du weißt schon, diese Läden …«

»Keine unnötigen Details!«

Lui räusperte sich. »Außerdem soll ich fragen, ob eine bestimmte Sorte verlangt wurde …«

»Mit Nüssen?«

Lui nickte ertappt.

# 52
# Henrik

Sara hatte nun doch keine Lust mehr auf den Keller, und Henrik war das nicht unrecht. Er konnte ohnehin nur noch Kisten und Kartons von hier nach dort verschieben. Es war an der Zeit, einen Müllcontainer zu bestellen und vor die Ladentür stellen zu lassen. Dem hatte jedoch eine städtische Genehmigung vom Amt für Straßenverkehrsangelegenheiten vorauszugehen, mit deren Antrag er sich eine Weile herumärgerte. Irgendwann begann Sara unruhig zu werden, sodass er ihr schließlich den Laptop überließ, damit sie einen Kinderfilm auf Netflix schauen konnte.

Das verschaffte ihm die Gelegenheit, sich ein wenig vor den Laden zu setzen. Für genau so einen Anlass hatte er vor geraumer Zeit extra drei antike Stühle aus dem Keller nach oben geschafft und vors Haus gestellt, nicht ohne sie vorher von Grünspan zu befreien und mit Lasur zu bepinseln. Wetterfest, wie sie dadurch geworden waren, brauchte er sie nicht jeden Abend hineinzuräumen. Und selbst wenn an den alten Dingern jemand Gefallen finden sollte, würde er keinen großen Verlust erleiden. Von der Frühlingssonne beschienen, ließ es sich gut hier draußen aushalten, und er fand endlich die Muße, die gedankliche Unordnung zu sortieren, die gerade in seinem Oberstübchen herrschte. So hing er seinen Überlegungen nach, bis er bemerkte, dass jemand neben ihm stand.

»Ich hole mir was zum Essen«, verkündete Catia. »Soll ich dir was mitbringen?«

Er schüttelte den Kopf, und Catia wandte sich ab.

»Ich habe sie übrigens gefunden«, sagte er, was sie dazu veranlasste, sich noch einmal umzudrehen.

»Wen?«

»Maria Cruz. Die Fotografin.«

»Lebt sie also noch …«, murmelte Catia. Hätte jemand anders diese Bemerkung fallen lassen, hätte ihn die kaltschnäuzige Reaktion sicher verwundert.

»Sogar hier, in Lissabon. Sie hat seit drei Jahren ein kleines Studio, drüben im Alfama«, verriet er, aber auch damit konnte er bei seiner Mitarbeiterin kein Interesse wecken.

Sie zuckte nur mit den knochigen Schultern und stakste dann die Rua do Almada hinauf. Erst als sie bereits um die Ecke verschwunden war, fiel ihm ein, dass er Sara hätte fragen können, ob sie Hunger hatte. Andererseits würde die Kleine sich schon melden, wenn es so weit war. Also vermutlich nicht, solange der Film sie vor den Laptop fesselte. Zufrieden tauchte er wieder in seine Gedanken ab. Der nächste Schatten, der auf ihn fiel und ihn gegen die Sonne blinzeln ließ, gehörte einer schlanken Frau, die unschlüssig vor der Ladentür angehalten hatte.

»Gehen Sie ruhig rein, es ist geöffnet«, sagte Henrik, aber die Frau machte keine Anstalten, die Einladung anzunehmen.

»Sind Sie Henrik?«, wollte sie stattdessen wissen.

Das war wohl doch keine Kundin. Er stand von seinem Stuhl auf, hauptsächlich, um nicht weiter geblendet zu werden.

»Ich bin Ana Lúcia«, stellte sie sich vor und streckte ihm die Hand hin.

Er musste nicht weiter nachfragen. »Helena ist in der Dienststelle«, sagte er, weil er sich nicht vorstellen konnte, warum die Staatsanwältin sonst in die Rua do Almada hätte kommen sollen.

Sie nickte. »Das habe ich mir schon gedacht. Aber ich war gerade in der Gegend und dachte, ich versuche mein Glück. Außerdem …«, sie lächelte etwas verlegen, »war ich doch auch ein wenig neugierig auf den *alemão,* von dem alle reden.«

*Alle?* »Aha«, erwiderte Henrik und bemühte sich, nicht allzu verdutzt aus der Wäsche zu schauen.

Schweigen machte sich zwischen ihnen breit, doch bevor die Situation noch peinlicher werden konnte, geschahen zwei Dinge. Jemand zupfte Henrik am T-Shirt, und als er sich umdrehte, stand Sara hinter ihm.

»Der Film hat angehalten, ich glaube, du hast ein schlechtes WLAN«, bemerkte sie.

Im selben Moment näherte sich von der Treppe gegenüber dem Antiquariat ein älterer Herr, den Henrik als einen seiner büchervernarrten Stammkunden erkannte. Ein emeritierter Professor, der bis vor wenigen Jahren in der Fakultät der Rechtswissenschaften an der Universidade Nova de Lisboa einen Lehrstuhl innegehabt hatte. Davon hatte der alte Herr ihm bei einem seiner Besuche im Laden erzählt.

»Ah, Senhor Falkner, schön, Sie wieder mal persönlich anzutreffen«, grüßte der Professor. »Ist meine Bestellung schon eingetroffen?«

»Bom dia, Professor«, sagte Henrik und kramte gleichzeitig in seinem Gedächtnis, ob ihm Catia irgendwelche Informationen dazu hinterlassen hatte.

»Der Film!«, quengelte Sara und zupfte erneut an seinem Shirt.

»Vielleicht sehen wir zwei uns mal an, ob wir die Internetverbindung wieder zum Laufen kriegen, und Henrik kümmert sich inzwischen um die Bücherbestellung des Professors«, schlug Lobato unverhofft vor, gerade so, als stünde ihm die momentane Überforderung mit Textmarker auf der Stirn geschrieben.

Er sah zu Sara, zum Professor und schließlich zu Ana Lúcia. Dann zuckte er mit den Schultern. »Wenn damit alle einverstanden sind«, murmelte er, worauf sie hintereinander ins Antiquariat marschierten. Sara voran, gefolgt vom Professor und der Staatsanwältin, mit ihm selbst als Nachhut.

Das Buchpaket für den Stammkunden lag in einem der Fächer bereit, die für Bestellungen vorgesehen waren. Es gab lediglich fünf davon, und noch nie, seit Henrik das Antiquariat führte, hatte dort jemals mehr als eine Order auf ihre Abholung gewartet. Bei dem Buch, das Catia für den Professor besorgt hatte, handelte es sich um eine in sprödes Leinen gebundene Erstausgabe. Henrik konnte weder mit dem Titel noch dem Autor etwas anfangen. Doch Hauptsache, der Professor war angetan – und das war er. Henrik ging davon aus, dass sich der Buchliebhaber mit Catia bereits vorab über den Preis einig geworden war. Er sprühte regelrecht vor Begeisterung und zahlte, ohne mit der Wimper zu zucken, den nicht unerheblichen Betrag für das kleine Büchlein, bei dem man Angst haben musste, es könnte auseinanderfallen, wenn man es zu ungestüm aufschlug. Die Freude über den Erwerb animierte den Professor dazu, einen kleinen Vortrag über das Werk zu halten und dies mit einigen Anekdoten aus seiner Zeit an der Universität zu verknüpfen. Henrik wollte diesen zahlungskräftigen Buchliebhaber keinesfalls vergraulen und lauschte daher mit interessierter Miene. Dabei platzierte er sich unauffällig so hinter der Verkaufstheke, dass er Lobato und Sara aus dem Augenwinkel beobachten konnte. Die beiden schienen immer noch damit zu kämpfen, den Kinderfilm wieder zum Laufen zu bringen. Allerdings wirkten sie durchaus so, als hätten sie Spaß miteinander. Während der Professor sich in seinen Ausführungen verlor, sann Henrik darüber nach, wieso die Staatsanwältin in die Rua do Almada gekommen war. Wollte sie sich ein Bild davon machen, wie das Privatleben ihrer Sonderermittlerin aussah? Bloß wozu?

»Sind Sie noch bei der Sache, junger Mann?«, hörte er den Professor sagen, und er nickte übertrieben. »Sehr gut dann lassen Sie uns doch gleich nachschauen, ob Sie nicht doch noch irgendwo passende Sekundärliteratur in Ihren Regalen stehen haben. Los, los, keine Müdigkeit vorschützen!« Der Alte schlurfte breitbeinig und zielsicher zwischen zwei Stellagen. Henrik vermutete, dass der Mann besser mit dem Inventar vertraut war als er selbst und obendrein genau wusste, wo er welche Literatur zu suchen hatte.

»Ah, wunderbar, da fällt mir schon was ins Auge. Gehen Sie mir mal zur Hand, oberste Reihe, bis dahin reicht mein Arm nicht.« Der Professor dirigierte ihn zu dem Buchrücken, den er ausgespäht hatte, und Henrik streckte sich danach. Staub aus zersetztem Papier rieselte ihm in die Augen, weshalb er nur mit zusammengekniffenen Lidern verfolgen konnte wie der Professor das Druckwerk aufschlug und sich prompt zu dem Treffer gratulierte. »Lag ich doch richtig, Senhor Falkner. Manchmal beschleicht mich der Eindruck, Ihnen ist nicht ganz klar, welche Schätze Sie hier horten. Werden wir uns über den Preis einig, können Sie mir das gleich noch mit einpacken.«

»Zwanzig Euro«, schlug Henrik ohne lange Überlegung vor.

Der Emeritus schürzte die Lippen. »Sagen wir zwölf, sonst kann ich mir bis Ende des Monats nur noch Bohnensuppe leisten.«

»Siebzehn«, machte Henrik ein Gegenangebot, und nach ein wenig theatralischem Augenrollen und Lamentieren seitens des Kunden wurden sie sich bei fünfzehn Euro einig. Alles in allem dauerte es weitere zehn Minuten, bis er den Professor mit seinen Einkäufen aus dem Antiquariat geleiten und draußen mit Handschlag verabschieden konnte. Danach eilte Henrik durch den Laden ins Büro. Sara saß im Kabuff am Schreibtisch vor dem Laptop, völlig vertieft in ihre Kindersendung.

»Wo ist die … wo ist Ana Lúcia?«

Sara schaute ihn über den Bildschirm hinweg mit großen Augen an. Dann, als sie verstand, was er von ihr wollte, zuckte sie mit den Schultern. »Schon lange wieder weg«, erklärte sie.

# 53

Es gelang ihm, dem Gefühl der Unruhe noch eine halbe Stunde standzuhalten. Doch weil er Sara in den Fängen des Streamingdienstes gut aufgehoben wusste, gab er seinen Widerstand schließlich doch auf und stieg hinab in den Keller.

Trotz des schwachen Lichtscheins fiel ihm der Ziegel sofort auf. Jener Stein, den er gestern herausgebrochen hatte, um das Loch in der Mauer groß genug zu machen und den Hohlraum abtasten zu können, ohne sich den Arm auszukugeln. Er war sich hundertprozentig sicher, dass er den Mauerstein wieder passgenau in die Lücke geschoben hatte. Jetzt hing er dort leicht versetzt zwischen den porösen Mörtelschichten. Henrik kniete sich vor den Durchbruch und zerrte den Quader heraus. Er legte sich auf den Bauch und schob den Arm in die Dunkelheit unter der Treppe. Seine Finger … griffen ins Leere. Gegen die aufkommende Panik ankämpfend, tastete er den kompletten Boden ab, den er erreichen konnte. Nichts! Die Pistole war weg.

# 54
# Helena

Henriks Einschätzung ihres Alters war nicht ganz zutreffend gewesen. Raquel Juliano war bereits fünfundzwanzig, hatte ein Betriebswirtschaftsstudium abgeschlossen und arbeitete bei einer Unternehmensberatung, die in einem Gebäudekomplex in einer Parallelstraße zur Avenida da Liberdade residierte. Das herauszubekommen war nicht schwer gewesen. Auch nicht, dass ihr Vater Baltasar Juliano bei dieser Firma im Aufsichtsrat saß.

Nach Luis Geständnis war sie hin- und hergerissen, ob sie nicht unverzüglich wieder hoch auf die Avenidas Novas fahren sollte, um Ana Lúcia damit zu konfrontieren. Doch es gelang ihr, den inneren Aufruhr zu zähmen und zuerst ein paar Informationen einzuholen. Was sie dabei herausfand, zeichnete ihren weiteren Weg vor. Der Arbeitsplatz von Mauros Geliebter lag auf ihrer Fahrstrecke hoch zum Justizpalast. Da konnte sie es einfach mal darauf ankommen lassen, auch wenn sie noch keinen Plan hatte, wie sie an die junge Frau herantreten würde. Von dort, wo sie nun ihren Wagen abgestellt hatte, konnte sie durch die Glasfront des Foyers einen Empfangstresen sehen. Sollte sie einfach hineinmarschieren, ihre Marke vorzeigen und ein Gespräch verlangen? Das war nicht ohne, und sie scheute die Konsequenzen aus diesem Plan. Die Julianos, ob die Tochter oder gleich der Vater, würden bei Helenas Vorgesetzten nachfragen, bevor man sie vorließ. Da konnte sie ihre Dienstwaffe darauf verwetten. Oder auch gleich ihre Kündigung einreichen.

War diese Fährte das Risiko wert? Lobato schien davon ziemlich überzeugt zu sein, sonst hätte sie Lui nicht ebenfalls zu einem *Spezialauftrag* verpflichtet. Zwar war er damit noch nicht erfolgreich gewesen, wie er mehrfach beteuert hatte, aber er war mit den zahlreichen Confiserien und Chocolatiers Lissabons auch erst zur Hälfte durch. Und Helena hatte ihm das Versprechen abringen können, dass er, falls er heute einen Treffer erzielte, nicht nur der Staatsanwältin, sondern auch ihr umgehend Bericht erstattete. Allerdings war sie nicht besonders zuversichtlich, dass Lui sich auch daran hielt.

Und was war eigentlich mit Andreia Pedrosa? Die konnte sie trotz dieser vielversprechenden anderen Spur ja nicht einfach ignorieren. Schließlich war Fredericos Mutter ihr noch immer eine Erklärung dafür schuldig, was sie in der einen bewussten Stunde getrieben hatte. Immerhin mussten diese sechzig Minuten für sie so entscheidend wichtig gewesen sein, dass Andreia dafür sogar die Polizei angelogen hatte.

Wie auch immer sich diese Ermittlung entwickelte, für Helena stand nach den jüngsten Ereignissen fest, dass sie bis heute Abend in irgendeiner Form einen Durchbruch vorweisen musste. Nicht mehr allein für Lobato, sondern vor allem um ihren Vorgesetzten handfeste Gründe präsentieren zu können, wieso sie dieser Untersuchung überhaupt zugestimmt hatte.

Helena sah auf die Uhr. Hatte sie überhaupt die Zeit, um hier herumzusitzen? Nun, sie konnte wenigstens die Mittagspause abwarten. Gerade eben war der Bote eines Lieferdienstes im Gebäude verschwunden. Bestellte sich die junge Generation von Unternehmensberatern ihr Essen wohl grundsätzlich ins Büro oder zelebrierte man noch den klassischen Mittagstisch? Die Chancen standen fifty-fifty. Entweder Raquel Juliano kam demnächst aus dem Gebäude, um essen zu gehen, oder sie verköstigte sich mittels eines Lieferdienstes, sofern ihr zweifellos ausgefeilter Ernährungsplan dergleichen überhaupt vorsah. Vielleicht war sie auf Dauerdiät? Oder aß grundsätzlich nichts zu Mittag …

Helena schaltete das Radio ein, lauschte einem halben Song von Bruce Springsteen und machte wieder aus. Ihr wurde bewusst, dass sie vielleicht besser geprüft hätte, ob es nicht einen zweiten Ausgang gab. Das Gebäude stand übereck, und tatsächlich entdeckte sie jetzt, als sie danach Ausschau hielt, in der angrenzenden Straße die Zufahrt zu einer Tiefgarage für Mitarbeiter und Lieferanten.

*Merda!*

Das bedeutete, sie musste sich so an der Kreuzung platzieren, dass sie beide Ausgänge im Blick hatte. Leider fiel damit die Möglichkeit weg, sich zu verbergen oder zumindest unauffällig zu bleiben. Raquel Juliano war schließlich nicht irgendjemand. Aufgrund der einstigen Position ihres Vaters war sie womöglich vom Sicherheitspersonal darauf trainiert worden, mehr als andere Leute auf ihre Umgebung zu achten. Vielleicht konnte sie von ihrem Büro aus die Kreuzung einsehen? Und falls ihr die Frau ins Auge sprang, die dort scheinbar unbeteiligt herumstand, würde sie auf jeden Fall an ihrem Schreibtisch sitzen bleiben.

Ach, verflucht, sie machte sich schon wieder viel zu viele Gedanken. Welchen Grund sollte Raquel haben, sich heute besonders in Acht zu nehmen? Nun, falls Mauro seine Geliebte auf irgendeine Weise gewarnt hatte …

*Nimm dich bloß vor der verrückten Polizistin in Acht!*

Eine Gruppe von fünf Personen im typischen Business-Dresscode verließ das Bürogebäude durch den Haupteingang. Zwei Frauen, drei Männer. Steif und zackig, als wären sie eine Art Leibgarde. Alle einen Stock im Arsch, dachte Helena, und ihre Stimmung hellte sich mit einem Schlag auf. Nicht nur wegen dieses letzten Gedankens, sondern vor allem weil sie eine der Frauen als Raquel Juliano erkannte. Sah so aus, als liefe doch nicht alles schlecht an diesem Tag.

Sie war bereits im Begriff, die Straße zu überqueren, als sich von der Avenida da Liberdade her eine weitere ihr bekannte Person näherte. Helena erstarrte. Genau wie Raquel Juliano, die im selben Moment bemerkte, wer da direkt auf sie zusteuerte.

Instinktiv duckte Helena sich hinter eines der parkenden Autos und spähte durch dessen Scheiben. »Will die mich verarschen?«, murmelte sie ihrem Spiegelbild zu.

Und während das Gedankenkarussell in ihrem Kopf sich mit rasender Geschwindigkeit zu drehen begann, meldete sich nun auch noch ihr Handy.

# 55
# Henrik

»Vorhin, im Keller …«, japste Henrik.

Catia, die hinter der Verkaufstheke saß und in einem Buch blätterte, sah auf und musterte ihn argwöhnisch. Er musste zuerst ein paarmal durchatmen, so eilig war er die Treppen heraufgerannt. »Habt ihr da was mit hochgebracht?«

Seine Angestellte verschränkte die Arme vor der Brust und bedachte ihn mit einem Stirnrunzeln.

»Sara. Hatte Sara was bei sich, als du sie vorhin unten gefunden hast?«

»Von was sprichst du?«

*Du wüsstest es, wenn du eine in einen öligen Lappen gewickelte Pistole in den Händen der Kleinen gesehen hättest,* dachte Henrik. Er schüttelte den Kopf. »Nichts, schon gut«, sagte er und wandte sich ab.

»Ich muss noch mal weg«, sagte sie in seinem Rücken.

Henrik drehte sich nach ihr um. Sie war aufgestanden. »Jetzt gleich?«

Catia nickte, und er zuckte mit den Schultern. »Okay, ist ohnehin nichts los«, sagte er, war mit seinen Gedanken aber bereits ganz woanders. Catia konnte ihn durchaus belügen, dafür hatte sie ein Talent. Sara hingegen würde das nicht gelingen. Dennoch scheute er diese Konfrontation, denn egal wie er es anstellte, es konnte nur falsch sein. Er schlüpfte durch den Vorhang in die fensterlose Kammer. Der Laptop verlieh Sara einen blassen bläulichen Teint, und ihre Augen klebten am Bildschirm.

»Bekomme ich was zu trinken?«, fragte sie, ohne aufzublicken.

»Zuerst muss ich was wissen«, sagte er langsam. Ja, einem potenziell Verdächtigen verweigerte man gerne mal eine Bitte oder bestand auf einer Gegenleistung. Ein Schluck Wasser für eine Aussage. Verdammt, sie war ein Kind, aber er musste es einfach wissen, jetzt auf der Stelle.

»Vorhin, als du im Keller warst, da bist du doch durch das Loch in der Mauer gekrochen, richtig?«

Sara starrte wie gebannt auf die flimmernden Bilder und schüttelte den Kopf, so heftig, dass ihre Zöpfe flogen, die Helena ihr heute Morgen geflochten hatte.

Henrik setzte sich auf die Schreibtischkante und klappte den Laptop zu.

»Hey, Henrik, du bist doof«, maulte sie und zog eine grimmige Miene. Doch es war nur der misslungene Versuch eines bösen Blicks, mit dem sie ihr schlechtes Gewissen und die Angst zu verbergen suchte.

»Ich muss es wissen, Sara. Außerdem hab ich den Stein gesehen. Er war zu schwer für dich, deshalb konntest du ihn nicht mehr richtig zurück in die Lücke schieben, stimmt's?«

»Mach wieder an«, flehte sie mit bebender Stimme. Längst waren ihre Augen glasig geworden, und das brach ihm erst recht das Herz.

»Ich bin deswegen nicht sauer mit dir, Liebes, ich verstehe schon, dass du neugierig warst und da reingekrochen bist.« Saras schmutzige Sachen hätten ihm eigentlich sofort auffallen sollen, aber er hatte einfach nicht genau genug hingesehen. Außerdem konnte man sich überall im Keller dreckig machen, egal wo man dort unten herumstreifte. »Hör zu, ich brauche das zurück, was du hinter der Mauer gefunden hast!«

Schon seit er das Büro betreten hatte, schielte er auf ihren Kindergartenrucksack. Der war das einzig logische Behältnis, in dem sie … Aber war sie wirklich so gerissen? Es schmerzte ihn, dieses kleine Mädchen, das demnächst seinen sechsten Geburtstag feierte, derart vorführen zu müssen. Dennoch deutete er auf den Rucksack, der hinter ihr gegen das Aktenregal gelehnt auf dem Boden stand. Sie musste sich nicht einmal danach umwenden, sondern wusste sofort, was er meinte. »Ich hab's da reingepackt, aber ich wollte das gar nicht, wirklich, Henrik, das war keine Absicht …«, gestand sie mit zitternder Unterlippe.

Er bückte sich nach dem rosafarbenen Rucksack, stellte ihn auf die Schreibtischplatte und zog den Reißverschluss auf. Zuerst schaute er nur hinein, dann, als er nicht sah, was er zu sehen hoffte, griff er hinein, zog aber die Hand nach ein paar Sekunden wieder heraus.

»Da ist es nicht.«

Sara kullerten jetzt die Tränen über die Wangen. »Sie hat gesagt, es wäre okay«, brachte sie zwischen ein paar Schluchzern hervor.

»Wer?«, fragte Henrik und versuchte so verständnisvoll wie nur möglich zu klingen, auch wenn er sich ganz anders fühlte.

»Ich hab den Rucksack ausgepackt, wegen der Haargummis.« Sie zeigte ihm ihren linken Zopf, der deutlich zerzauster wirkte als der rechte. »Ich wollte die pinken dranmachen, aber ich kann's nicht so gut wie Mami.«

»Du hast den Zopf toll hingekriegt«, lobte Henrik, obwohl die Ungeduld ihn schon beinahe körperlich schmerzte.

Sara schniefte. »Ich hab sie nicht gleich gefunden, die Haargummis, da hab ich alles rausgenommen. Auch das … du weißt schon. Sie hat es gesehen und gefragt, ob sie es mitnehmen darf.«

Henrik nickte und strich Sara mit dem Daumen die Tränen von den Wangen. »Das ist völlig in Ordnung, du hast das Richtige getan. Es tut mir leid, wenn ich eben ein wenig ruppig zu dir war. Willst du deinen Film zu Ende sehen?«

Sie schniefte erneut und wischte mit dem Handrücken den Rotz weg, der sich unter ihrer Stupsnase gesammelt hatte. Dann klappte sie den Laptop auf. »Verrätst du es Mama?«

Er verzog eine Grimasse. »Es ist nicht einfach, vor ihr was geheim zu halten. Aber wir können es ja mal versuchen.«

Sara nickte erleichtert und suchte dann seinen Blick. »Oder es ist besser, dass wir es gleich beichten, wenn sie kommt. Vielleicht ist sie dann weniger sauer«, schlug sie vor.

»Das hört sich nach einem klugen Plan an«, sagte Henrik und stemmte sich vom Schreibtisch hoch. »Kann ich dich kurz allein lassen?«

»Logo.«

»Alles klar.« Henrik beeilte sich, aus dem Büro hinaus in den Verkaufsraum zu gelangen. Er sah sich um. Catia war wie angekündigt gegangen, und es hatte sich auch kein weiterer Kunde ins Antiquariat verirrt. Das war gut. In fiebriger Eile wählte Henrik Helenas Nummer.

# 56
# Helena

Er klang so aufgeregt, dass sie ihn zuerst gar nicht verstand. »Was?«

»Sie hat vielleicht eine Waffe!«, wiederholte er.

»Waffe? Wer?«, fragte sie, ohne den Blick von der gegenüberliegenden Ecke der Kreuzung abzuwenden.

»Lobato!«

»Von was redest du?«

»Sie war bei mir, vorhin.«

»Henrik, was soll das?«

»Ist kompliziert, erklär ich dir heute Abend. Jetzt ist nur wichtig, dass du darauf vorbereitet bist.«

Danke für die Information, dachte sie. Sie fühlte sich alles andere als vorbereitet. Wie sollte sie auch, nachdem Lobato keine dreißig Meter von ihr entfernt die Straße hinunterstöckelte? Vielleicht bewaffnet, wenn es nach Henriks völlig wirrem Anruf ging. Eine Waffe? Wo? In ihrer Scheißhandtasche?

»Hast du mich verstanden?«, fragte Henrik aus weiter Ferne, aber sie hatte keine Zeit zu antworten. Ihre Gedanken überschlugen sich. Ana Lúcia Lobato hatte Raquel Juliano fast erreicht. Und während die anderen vier weitergingen, war die Tochter des einstigen Kabinettsmitglieds stehen geblieben. Sie sagte sogar etwas zu Lobato, doch Helena war zu weit entfernt und die Stadt um sie herum zu laut, um die Worte hören zu können. Doch das Verhalten der Staatsanwältin ließ keinen anderen Schluss zu.

*Sie kennen sich!*

*Sie kennen sich, und Ana Lúcia hat eine verfluchte Waffe in ihrer Handtasche!*

Ana Lúcia und Raquel. Helena überlegte fieberhaft. Wo war die Verbindung? Was hatte sie übersehen?

Was sich in ihrem Kopf zusammenbraute, war komplett irrational, dennoch konnte Helena unmöglich noch länger geduckt hinter diesem Wagen kauern. Während sie sich aufrichtete, wanderte ihre Rechte zum Griff ihrer Dienstwaffe. Der Daumen suchte den Druckknopf des Lederriemens, der die Pistole im Holster sicherte. Das waren alles einstudierte Bewegungen, über die sie nicht nachdachte. Genau wie sie nicht darüber nachdenken musste, wie ihre Beine sie am schnellsten über die Kreuzung brachten. Hin zu den beiden Frauen, die nur noch drei Meter voneinander trennten. Helena bemerkte, dass Raquels Kollegin und die Kollegen unbedarft ihren Weg fortsetzten, ja sich nicht einmal nach ihr umdrehten. So als wäre es ganz normal, dass Raquel auf der Straße angesprochen wurde. Sie ließen sie zurück, allein mit einer Frau, von der Helena plötzlich nicht mehr die geringste Vorstellung hatte, welche Absichten sie verfolgte.

»Polizei! Bleiben Sie stehen!«, hörte sie sich rufen. Sie hob warnend die linke Hand.

Lobato bremste ihren Schritt und wandte sich ihr zu. Auch Raquel Juliano drehte den Kopf und starrte ihr perplex entgegen.

»Inspetora?«, entfuhr es der Staatsanwältin. »Was machen Sie denn hier?«

*Sie aufhalten!*

»Stellen Sie langsam Ihre Handtasche ab und gehen Sie drei Schritte zurück!«, befahl Helena.

»Was soll der Zirkus?« Raquel warf einen fragenden Blick zu Ana Lúcia.

*Sie kennen sich!*

*Und sie war im Antiquariat!*

»Handtasche!«, fauchte Helena, und die Staatsanwältin befolgte die Anordnung. Darüber war Helena froh, weil sie dadurch nicht mehr gezwungen war, ihre Dienstwaffe zu ziehen.

»Senhora Juliano, gehen Sie bitte zurück in Ihr Büro!«

»Und wer verlangt das?«

»Inspetora Helena Gomes, Divisão de Investigação Criminal. Und jetzt verschwinden Sie!«

»Helena, bitte!«, sagte Lobato und machte wieder einen Schritt auf sie zu.

Helena hob den Zeigefinger. »Bleiben Sie, wo Sie sind!«

»Na, auf die Erklärung bin ich mal gespannt«, sagte Raquel zu der Staatsanwältin und setzte sich mit missbilligender Miene endlich in Bewegung. Nicht zurück ins Büro allerdings, sondern in Richtung ihrer Arbeitskollegen, die nun doch auf der anderen Straßenseite angehalten hatten, vermutlich aus reiner Neugier, um das kuriose Schauspiel zu verfolgen. Auch sonst waren Passanten stehen geblieben und glotzten Helena an.

»Warum?«, wollte Lobato wissen.

»Was wollten Sie bei Henrik?«, fragte Helena, ging zu der Handtasche und hob sie auf, ohne Lobato aus den Augen zu lassen. Das Herz hämmerte ihr in der Brust, und sie wusste, dass ihr Schweißperlen auf der Nase standen. Vorsichtig öffnete Helena den Magnetverschluss und inspizierte den Inhalt.

# 57
# Henrik

Er hatte das Telefon nicht aus der Hand gelegt, und jetzt, da es summte, zögerte er plötzlich, ihren Rückruf entgegenzunehmen. Als er vorhin mit Helena gesprochen hatte, war sie ihm seltsam abwesend vorgekommen. Verunsichert darüber, ob sie überhaupt verstanden hatte, was er ihr mitzuteilen versuchte, war ihm erst später aufgegangen, dass sie womöglich in einer verzwickten Lage gesteckt hatte. Dass sie vielleicht schon mit einer Situation konfrontiert war, vor der er sie noch hatte warnen wollen. Eigentlich sollte er also froh sein, dass es ihr Name war, der auf dem Display aufleuchtete. Dass sie anrief, hieß doch, mit ihr war alles in Ordnung. Erst bei dieser Überlegung schaffte es sein Daumen, den grünen Button zu berühren.

»Helena, geht es dir gut?«

»Ja, verdammt, warum auch nicht?«

Ihr harscher Tonfall ließ ihn zusammenzucken. Etwas war schiefgelaufen, doch sein Verstand schaffte es gerade nicht, die richtigen Schlüsse zu ziehen.

»Es gab keine Waffe, Henrik. Ich hab mich gerade bis aufs Blut blamiert«, fauchte sie. »Ich muss das hier noch mit Lobato klarstellen, kommst du mit Sara zurecht?«

»Ja, mach dir keine Sorgen«, antwortete er mechanisch, während sein Gehirn bereits damit beschäftigt war, das Gehörte zu verdauen. Es dauerte einige Sekunden, bis er registrierte, dass sie nicht mehr in der Leitung war. Nun, vielleicht war das im Moment auch besser so.

*Es gab keine Waffe!*

Lobato war es also nicht, die Sara die Beretta abgeschwatzt hatte. Wieso war er überhaupt so felsenfest davon ausgegangen? So unbeirrt, dass er gar keine andere Möglichkeit in Erwägung gezogen hatte … Das einzig Positive, was er aus dieser Bredouille ziehen konnte, in die er Helena mit seiner vorschnellen Entscheidung manövriert hatte, war die Tatsache, dass er Sara nicht erneut zu verhören brauchte. Denn es blieb ohnehin nur eine andere Person übrig, die sich jetzt im Besitz einer Pistole italienischen Fabrikats befand.

*Und ich weiß auch, was du damit vorhast!*

Damit kam er gleichzeitig zu dem Schluss, dass er allein daran schuld hätte, falls sich wegen seiner falschen Einschätzung nun etwas Schlimmes ereignete. Catia stand nicht hinter der Kasse und war auch sonst nirgendwo zu finden. Aber klar, sie hatte noch einmal weggewollt, fiel ihm ein, was ihm gleich den nächsten kalten Schauder verursachte. Er durfte keine Zeit mehr verlieren. Doch auf dem Weg zur Ladentür wurde ihm mit Schrecken klar, dass er das Antiquariat nicht einfach abschließen und gehen konnte, wie er es sonst getan hätte.

*Sara! Verdammt! Was mache ich mit Sara?*

Henrik presste eine Faust gegen seine Stirn. Spielte die Optionen durch, die er hatte – und landete bei Gisela. Er wählte ihre Nummer und war erleichtert, nicht mit ihrer Mailbox sprechen zu müssen.

»Ich brauche deine Hilfe!«

»Du klingst verzweifelt, chefe!«

»Das bin ich auch. Kann ich dir Sara vorbeibringen?«

»Wann?«

»Jetzt sofort. Nur für eine Stunde. Es ist wirklich wichtig!«

»Musst du ein Leben retten?«

»Ich hoffe nicht, dass es so dramatisch wird«, erwiderte er, befürchtete aber genau das.

# 58
# Helena

»Darf ich jetzt endlich erfahren, warum das eben passiert ist?«, fragte Ana Lúcia. Sie saßen auf einer Bank, beschattet von den Platanen, welche die Avenida da Liberdade auf ihrer gesamten Länge säumten. Etwas oberhalb von ihnen plätscherte einer der künstlichen Wasserläufe, die im Sommer für zusätzliche Abkühlung entlang der Prachtallee sorgten.

»Es war ein Missverständnis, und es tut mir leid«, versicherte Helena nun schon zum hundertsten Mal, jedenfalls kam es ihr so vor. »Aber die Untersuchung, mit der Sie mich da betraut haben, hat für zunehmende Verwirrung gesorgt. Außerdem waren Sie nicht aufrichtig zu mir. Obwohl Sie genau das mehrfach behauptet hatten, war ich nicht die Einzige, die für Sie in diesem Fall ermittelt hat.«

»Das machen Sie mir zum Vorwurf?« Lobato klang entrüstet.

»Nicht das Hinzuziehen eines weiteren Beamten. Auch nicht, dass es sich dabei ausgerechnet um meinen Kollegen Lui handelt, den Sie wegen der Pralinés losgeschickt haben. Nein, ich kreide Ihnen an, dass Sie mich wegen der Geheimniskrämerei, die Sie da unbedingt abziehen mussten, von dieser Spur ausgeschlossen haben. Und damit auch vom Verdacht gegenüber Raquel Juliano, den Sie meines Erachtens schon hegten, bevor Sie mich überhaupt mit der Untersuchung betrauten. Warum dieses doppelte Spiel?«

»Ihr Kollege hat also geplaudert?«

»Darüber, dass er in Confiserien ein Foto von Raquel Juliano herumzeigt? Ja, das konnte ich ihm aus der Nase ziehen.« Auch

Helenas Tonfall war nun deutlich unfreundlicher. »Mir ist klar, dass Sie herausfinden wollen, ob die Geliebte von Mauro Pedrosa gezielt Schokoladenkugeln gekauft hat, die Nüsse enthielten. Pralinés, die sie dann Mauro schenkte …«

»Sie wissen, was sich daraus folgern lässt, wenn sich diese Theorie bestätigt«, fiel die Staatsanwältin ihr ins Wort. »Wir müssen nur noch verstehen, welches Motiv sie zu diesem Schritt veranlasst hat.«

Helena schüttelte den Kopf, mehr über sich selbst und ihre Unvoreingenommenheit, die sie dieser Frau gegenüber an den Tag gelegt hatte. »Es waren von Anfang an die Julianos, die Sie im Visier hatten. Frederico Pedrosa war nur Ihr Mittel zum Zweck. In seinem Tod haben Sie die Chance gewittert, ein Verfahren gegen jemanden einzuleiten, der augenscheinlich erst einmal gar nichts mit dem Fall zu tun hat. Darum hat es auch eine Woche gedauert, bis Sie mich dazuholten. Sie mussten sich zuerst über Ihr genaues Vorgehen im Klaren sein, mussten erst Fakten sammeln und Zusammenhänge finden, um Ihren Plan in Gang zu bringen. Abgesehen davon, dass Baltasar Juliano es damals vermutlich verdient hatte, dass seine Machenschaften aufgedeckt wurden – was zur Hölle haben Sie jetzt gegen diese Leute? Warum wollen Sie denen unbedingt an den Karren fahren?«

Anstatt dass Ana Lúcia ganz in Manier einer angriffsbereiten Staatsanwältin zum Konter ansetzte, senkte sie den Blick. Ihre nächsten Worte waren leise, und sie legte eine Sanftheit in ihre Stimme, die Helena mehr verwirrte, als wäre sie von Lobato angeschrien worden. »Wir beide sind so weit gekommen. Lassen Sie uns das jetzt nicht kaputt machen, sondern einen Weg finden, unseren Zwist beizulegen. Sie haben recht, ich hätte ehrlich zu Ihnen sein müssen. Aber ich wollte vermeiden, dass Sie denken ich wäre in irgendeiner Weise befangen … Darüber hinaus gibt es Dinge, über die ich aus vielerlei Gründen nur schwer reden kann.«

*Will ich das wirklich hören?* Helena nahm einen tiefen Atemzug und erwiderte nichts darauf. Vor allem weil sie noch zu sehr in Rage war, als dass sie sich zugetraut hätte, die richtigen Worte zu wählen. »Ich möchte nur eins: es verstehen«, presste Helena zwischen den Zähnen hervor.

»Inspetora, Sie wissen doch, wie das hier ausgehen wird. Fredericos Tod bleibt ein durch Fahrlässigkeit begünstigtes Unglück, nicht mehr und nicht weniger. Genau so wird man es juristisch behandeln. Nicht anders, als wäre das Kind bei einem Verkehrsunfall im Auto der Eltern ums Leben gekommen. Aber noch können wir etwas dagegen unternehmen. Der Junge soll nicht umsonst gestorben sein.«

»Ist das Ihr Ernst? Sie wollen Fredericos Tod instrumentalisieren, um …«

»Nein, nein, so dürfen Sie das nicht sehen …«

Helena rang um Beherrschung. »Ich muss das eigentlich nicht mehr fragen, aber es ist was Persönliches, oder?«

Lobato ließ ihre Absätze auf den sahneweißen Fliesen klackern, die hier in wellenförmigen Mustern verlegt waren. Diese Geste hatte etwas von kindlichem Trotz an sich. Womöglich war es doch nicht so unsinnig gewesen, diese Frau zu stoppen, die zunehmend unberechenbar auf Helena wirkte.

Sie verengte die Augen zu Schlitzen. »Raquel kannte Sie. Aber nicht ausschließlich in Ihrer Funktion als Staatsanwältin, richtig? Was läuft da zwischen Ihnen beiden?« Helena bemerkte, dass sich erneut Leute nach ihr umdrehten. Es waren eine Menge Touristen unterwegs, die die Allee hinauf- und hinunterschlenderten.

»Raquel war noch ein Kind, nicht älter als zehn Jahre, als ich sie zuletzt persönlich getroffen habe. Ich war selbst überrascht, dass sie mich vorhin sofort wiedererkannt hat.«

Helena rutschte auf der Bank noch ein Stück weiter zur Kante vor, um Lobato besser in die Augen sehen zu können und der Staatsanwältin zu signalisieren, dass sie nun endlich mit der ganzen Wahrheit herausrücken sollte. »Wenn Sie mich weiter an Ihrer Seite haben wollen, muss ich jetzt alles wissen!«

Ana Lúcia zögerte immer noch. Es schien sie größte Überwindung zu kosten, sich Helena anzuvertrauen. Ja, diese verstrickte Geschichte hing mit einem persönlichen Schicksalsschlag zusammen, daran gab es keinen Zweifel mehr. Und dann, ganz plötzlich, erkannte Helena die wahre Ursache für Lobatos Inszenierung. »Der Zeitungsartikel. Natürlich! Wie konnte ich so blind sein?«

# 59
# Henrik

Diesmal setzte er nicht auf den Bus, sondern buchte wieder ein Uber, denn irgendwie beschlich ihn eine wirklich üble Ahnung. Sara war mit dem überstürzten Aufbruch erst einmal nicht einverstanden, doch er konnte sie schon einen Atemzug später damit begeistern, dass sie Gisela besuchen durfte. Er wusste nicht, was seine junge Assistentin dem Mädchen darüber erzählt hatte, wie sie wohnte, doch anscheinend löste die Aussicht auf eine Besichtigung von Giselas Domizil einen mittleren Freudenausbruch bei Sara aus. Was dazu führte, dass sie es plötzlich sehr eilig hatte. Auch deshalb war der Fahrdienst besser als die Busverbindung, die ein bis zwei Umstiege bedeutet hätte.

Es kam sowohl Saras als auch seiner eigenen Ungeduld sehr entgegen, dass ihr Fahrer einen schnellen und staufreien Weg durch die Stadt fand. Gisela erwartete sie auf dem Gehweg vor dem Haus, in dem sie die untere Wohnung angemietet hatte. Das Gebäude sah noch trostloser aus als bei seinem letzten Besuch. Bald würden auch die letzten Fliesen, die den unteren Teil der Fassade einst geschmückt hatten, von den Wänden fallen. Doch er hatte seine Mitarbeiterin noch nie darüber klagen hören, dass sie sich hier unwohl fühlte. Und was ihre Wohnung anging, so war diese ohnehin mehr ein Ersatzteillager für Zweiräder und ein Abstellplatz für ausrangierte Möbel, die sie – nicht sonderlich fachkundig – restaurierte und verkaufte. *Die Leute stehen auf Vintage*, war ihr Standardspruch, wenn er sie damit aufzog, und offenbar konnte sie davon tatsächlich einigermaßen leben.

Gisela steckte in ihrem von Ölflecken nur so strotzenden Mechanikeroverall, den sie stets überstreifte, wenn sie an ihrer Vespa herumschraubte. Die Lockenpracht zähmte sie mit einer Baseballcap, und ihre Wangen zierten schwarze Schlieren. Sie winkte ihnen mit von Schmiere glänzenden Fingern entgegen. Henrik war sofort klar, dass Sara hier eine Menge Spaß haben würde – und dass er für die Kleine wohl besser irgendwelche Klamotten zum Wechseln mitgebracht hätte.

Doch für all das hatte er keinen Kopf. Hatte ihn nicht vorhin gehabt, als sie aufbrachen, und hatte ihn auch jetzt nicht. »Ich denke, ihr zwei kommt klar«, sagte er und schob Sara mit den Worten »Du bist brav, okay?« in Giselas Richtung. Sara sah ihn mit großen Augen an auf eine Weise, die ihn schlagartig verunsicherte. So als wäre sie plötzlich nicht mehr einverstanden mit der Vereinbarung, die sie getroffen hatten. *Du bleibst bei Gisela, ich muss kurz was erledigen.*

»Wow! Wow! Chefe, ich weiß, du hast es eilig, aber …«, wandte nun auch Gisela ein.

»Es dauert nicht lang, ich muss nur kurz was überprüfen, oben am Largo do Salvador«, versprach er. Und ja, er hatte es eilig. Verdammt eilig, weshalb er sich jetzt auch nicht mit weiteren Erklärungen aufhalten wollte. Obschon ein Teil von ihm wusste, dass es nicht in Ordnung war. Helena hatte ihm Sara *anvertraut*. Er hätte das hier zumindest mit ihr abklären sollen. Doch ohne darauf zu warten, ob noch ein Protest seitens der jungen Damen kam – oder vielleicht auch eher, um diesen von vornherein zu unterbinden –, machte er auf dem Absatz kehrt und rannte die Gasse entlang. Bei der ersten sich bietenden Gelegenheit bog er ab, den Berg hinauf. Nach rund fünfzig Metern erkannte er, dass er sich bereits in der Rua da Regueria befand. Wenn er das Tempo beibehielt, lag sein Ziel höchstens noch zwei Minuten entfernt. Dennoch blieb das zersetzende Gefühl, viel zu spät zu kommen.

Außer Atem betrat er zum zweiten Mal innerhalb weniger Stunden den Largo do Salvador und wandte sich sofort dem blassgelben Haus an der Ecke zu, wo die Kopfsteinpflastergasse einen scharfen Knick nach links machte. Die Tür zum Galerieraum stand offen, das sah er schon, während er darauf zuhielt. Nicht sperrangelweit, was eher einer Einladung gleichgekommen wäre, sondern nur einen Spalt, was seine Angst noch beflügelte. Seit er zusammen mit Sara in aller Eile aufgebrochen war, wünschte er sich nichts mehr, als dass er sich täuschte. Dass seine Analyse der jüngsten Ereignisse komplett falsch war und er sich in seinen Folgerungen verirrt hatte, so wie es ihm gelegentlich passierte, seit er nicht mehr der rational denkende Kriminalkommissar war. Hin und wieder hatte er sich, beeinflusst von Martins Obsession, dazu hinreißen lassen, nicht alles so sauber und akribisch zu durchdenken, wie man es ihm einst auf der Polizeischule beigebracht hatte. Jetzt und hier unter der portugiesischen Frühlingssonne, die kraftvoll in die schmalen Häuserzeilen des alten Fischerviertels hineinleuchtete, bat er inständig darum, dass seine Befürchtung sich als unbegründet herausstellte.

Während sein Kopf ihm noch dazu riet, Vorsicht an den Tag zu legen, zerrte seine Hand bereits die Tür zum Fotostudio von Maria Cruz auf. Nach Luft ringend betrat er erneut das helle Zimmer mit den großformatigen Aufnahmen an den gekalkten Wänden. Die Stadt und der Dschungel. Schwarz und Weiß. Licht und Schatten. Gegenwart und Vergangenheit.

Was war damals wirklich passiert?

Das Blut pochte in seinen Ohren, so sehr war sein Puls immer noch am Rasen. Die Stimmen aus dem Durchgang zum nächsten Raum waren dennoch nicht zu überhören. Bis dorthin hatte er es beim ersten Besuch nicht geschafft, weil ihn davor Helenas Anruf über Saras Verschwinden erreicht hatte. Kurz schweiften seine Gedanken zu der Kleinen, und er fragte sich beunruhigt, ob mit ihr alles in Ordnung war. Aber ja, sie war bei Gisela, er brauchte sich keine Sorgen zu machen.

Das Wortgefecht nebenan wurde lauter und erinnerte ihn wieder daran, warum er herüber ins Alfama gekommen war. Das konnte doch nicht wahr sein! In Henriks Magen formte sich ein Eisklumpen, als er ihre Stimme erkannte. Nun bestätigte sich, dass er richtiggelegen hatte mit seiner Vermutung. Sie war tatsächlich hier. Und das war nicht einmal das Schlimmste daran. Es war das, was sie aller Wahrscheinlichkeit nach mitgebracht hatte – der eigentliche Grund für seine Eile.

Mit drei schnellen Schritten war er in dem Raum, in dem er eigentlich das Fotostudio von Maria Cruz erwartet hatte. Was er vorfand, war jedoch lediglich eine bessere Abstellkammer für Kameras, Lampen, Blitzlichter und Stative. Dort, inmitten dieses Waldes an mattschwarz lackiertem Fotoequipment, saßen sie sich gegenüber, getrennt durch einen Tisch, der mit Abzügen, Rahmen, Zeitungen, Magazinen und allerlei anderem Krimskrams vollgepackt war. Vor sich je eine Tasse Tee, für die zu beiden Seiten ein wenig Platz geräumt worden war. Ein Teekränzchen? Das passte nicht!

Als Catia ihn bemerkte, stand sie so abrupt auf, dass ihr Stuhl nach hinten kippte und mit der Lehne krachend auf den Holzboden schlug. »Henrik, was …?«

Maria Cruz hingegen blickte ihm so gelassen entgegen, als hätte sie ihn erwartet. »So außer Atem, junger Mann«, sagte sie. Sie wirkte sichtlich amüsiert über die Situation. »Vielleicht kann ich Ihnen eine Tasse Tee anbieten? Oder haben Sie weitere Aufnahmen von mir gefunden?«

»Ich will mir nur zurückholen, was Catia vorhin versehentlich aus dem Antiquariat mitgenommen hat«, erklärte er, um eine neutrale Formulierung bemüht. »Dann störe ich auch nicht länger Ihre kleine Wiedersehensfeier.« Er sah Catia durchdringend an, woraufhin sie zurückwich, bis sie mit dem Rücken gegen eine auf einem Stativ montierte Blitzlichtlampe stieß. Dabei drückte sie die Hände fest auf die Leinentasche, die über ihre linke Schulter hing. Henrik streckte fordernd die Hand aus.

»Soll ich den Moment im Bild festhalten?«, fragte Maria Cruz provokant. Immer noch saß sie gelassen an ihrem Platz.

Catia warf ihr einen hasserfüllten Blick zu, griff dann blitzartig in den Stoffbeutel, fischte die Beretta heraus und richtete sie auf Maria Cruz.

»Du bist ernsthaft zu mir ins Alfama gekommen, um mich zu erschießen?«, fragte die Fotografin abfällig.

# 60
# Helena

»Der Kindsvater, mein Lebensgefährte … Sie werden es über kurz oder lang ohnehin erfahren … Er ist der Sohn von Baltasar Julianos Schwester«, gestand Lobato endlich.

Mit dieser Information versank die Ermittlung nun endgültig im Chaos. Helena musste sich zusammenreißen, um nicht schreiend von der Bank aufzuspringen. Doch natürlich war ihr bewusst, dass sie Ana Lúcia jetzt genau das Gegenteil zu signalisieren hatte. Sie musste Verständnis zeigen, um ein für alle Mal die Wahrheit zu erfahren. »Wie war das damals, mit Ihrem Baby?«, fragte sie daher so einfühlsam, wie es ihr irgendwie gelang.

»Leandro. Er hieß Leandro«, flüsterte Lobato. Von der engagierten, aufstrebenden Staatsanwältin war nichts mehr übrig. Neben ihr auf der Parkbank unter den Platanen der Avenida da Liberdade saß eine verstörte Frau, die seltsam fremd in ihrem eleganten Hosenanzug wirkte.

»Leandro, er war so wunderschön und sah immer so zerbrechlich aus. Ein Engel aus feinstem Porzellan, mit seiner hellen Haut und den blonden Locken. Wenn man ihn so anblickte, war es einem völlig unverständlich, dass in diesem winzigen Menschlein so viel Zorn stecken sollte … oder was immer es auch war, was ihn dazu trieb … Sie müssen wissen, er war ein Schreikind. Und das ist noch harmlos ausgedrückt. Wir hatten kaum mal zwei Stunden Ruhe. Jedenfalls kann ich mich nicht erinnern, jemals länger am Stück geschlafen zu haben, nachdem wir aus dem Krankenhaus heraus waren.

Aber das Leben musste weitergehen, Inspetora. Sie haben da sicher ähnliche Erfahrungen gemacht. Und ich konnte mich zumindest an die Uni flüchten, sobald ich mich nach der Entbindung dazu wieder in der Lage fühlte. Aber Raúl war immer zu Hause bei unserem Sohn. Hatte fortwährend sein schrilles Plärren in den Ohren, was uns jeder Kinderarzt, bei dem wir vorsprachen, als *normal in diesem Alter* verkauft hat. Als Architekt konnte Raúl seine Aufträge schon damals von zu Hause aus erledigen, weshalb er ursprünglich angeboten hatte, Leandro zu betreuen, damit ich fertig studieren konnte. Aber er kam nicht zum Arbeiten, wenn ich weg war. Und selbst wenn ich mich um unseren Sohn kümmerte, fand er keinen Rückzugsort in der Wohnung, wo er nicht das Schreien seines Kindes in den Ohren hatte. Ich will es abkürzen, Helena. Irgendwann war Raúl mit den Nerven runter und ist ausgerastet. Er hatte sich einfach nicht mehr im Griff. Und das Schlimme daran ist, dass ich es bis zu einem gewissen Punkt nachvollziehen konnte.« Für ein paar Sekunden starrte Lobato hinauf in die Baumkrone, die sie mit einem ständig sich bewegenden Flickenteppich aus Licht und Schatten überzog.

Helena hütete sich, Ana Lúcia aus ihren Erinnerungen zu reißen.

»Vielleicht hätte ich ihm irgendwie verzeihen können«, sprach die Staatsanwältin schließlich weiter, ohne sich Helena wieder zuzuwenden. Sie hielt den Blick einfach nach oben gerichtet, als fänden sich die Bilder aus der Zeit ihrer Mutterschaft in dem sanft wogenden Blätterdach.

»Ich nehme mich nicht aus, ich war selbst manchmal kurz vorm Durchdrehen, weil Leandro einfach nicht aufhörte zu weinen. Ja, vielleicht hätte ich Raúl verzeihen können – wenn er nicht alles versucht hätte, um zu vertuschen, was er getan hat. Wenn er die Courage bewiesen hätte, sich zu entschuldigen.

Bei mir, aber vor allem bei unserem Kind. Aber da kam nichts. Für mich war es, als verspürte er keinerlei Reue. Im Gegenteil, er setzte alles daran, nicht dafür geradestehen zu müssen. Empfand offenbar keine Skrupel, seine Beziehungen spielen zu lassen, die schließlich wie von ihm erhofft dafür sorgten, dass keine Anklage erhoben wurde. Ab da konnte ich ihm endgültig nicht mehr in die Augen sehen.«

»Seine Beziehungen. Sie meinen damit Baltasar Juliano?«, hakte Helena der Form halber nach, da es bereits auf der Hand lag.

Juliano hatte seinem Neffen damals geholfen, um den Prozess herumzukommen. Das war kurz gefasst die Geschichte, die hinter allem steckte. Und nun, Jahre später, hatte sich für Ana Lúcia die Chance ergeben, sich dafür zu rächen. Nicht direkt an Raúl, der mithilfe seines mächtigen Onkels der Strafe für sein Vergehen an seinem Sohn Leandro entgangen war. Sondern an dessen Cousine Raquel, die vermutlich aus Gedankenlosigkeit ihrem Geliebten Pralinés geschenkt hatte und damit zum Tod von dessen Sohn beigetragen hatte. Eine irrsinnige, wenn auch zufällige Verkettung von Umständen, die Lobato für sich nutzen wollte. Und in die sich Helena hatte mit hineinziehen lassen. Das war also die ebenso erschreckende wie traurige Wahrheit.

*Oder?*

Sie verstand noch nicht alles. Ihr wurde bewusst, dass sie Zeit brauchen würde, um die Ereignisse in die richtige Reihenfolge zu bringen. Und um zu erkennen, was sie ausklammern musste und was sie zu berücksichtigen hatte, damit ein lückenloses Gesamtbild entstand. Die Gedanken, die ihr durch den Kopf wirbelten, waren im Moment vergleichbar mit einem Bienenschwarm. Unmöglich, einzelne relevante Fragen daraus zu isolieren. Dennoch versuchte sie ihr Glück. »Was denken Sie, hat Baltasar Juliano seinen Einfluss spielen lassen und dafür gesorgt, dass ein Journalist des *Correio da*

*Manhã* Ihre Vergangenheit ans Licht zerrt? Wollte er Ihnen auf diese Weise zu verstehen geben, dass Sie seine Tochter in Ruhe lassen sollen?«

Lobato zuckte apathisch mit den Schultern. Nun, vermutlich brauchte Helena gar keine Bestätigung für diese Annahme. »Die Zeitung stellt Sie als fragile Frau hin, die den Tod ihres Kindes nicht überwunden hat und sich deshalb im Fall Frederico Pedrosa ein Ventil sucht. Dieser kurze Bericht ist allerdings nur ein Appetithappen für alle anderen Medien. Ich will mir nicht ausmalen, wie viele findige Reporter schon angefangen haben, tiefer in Ihrer Vergangenheit zu graben.«

*Was auch ich hätte tun sollen, als Henrik mich darauf gestoßen hat.*

»Es ist nur eine Frage der Zeit, bis die richtigen Schlüsse gezogen werden. Die nächsten Artikel zu diesem Thema werden bereits darauf verweisen, in welcher Verbindung Sie zu den Julianos stehen. Man wird vage Andeutungen lesen können, dass Sie sich mittels des Falles Frederico Pedrosa an den Julianos rächen wollen, die damals verhindert haben, dass Raúl angeklagt wurde.«

»Und sind Sie jetzt, da Sie die Wahrheit kennen, zu derselben Überzeugung gekommen? Dass es mir nur um Rache geht?«, unterbrach Lobato sie, die offensichtlich in die Wirklichkeit zurückgefunden hatte.

Helena suchte ihren Blick. Sie konnte die Frage einfach verneinen und es dabei belassen. Doch neben dem Mitgefühl, das sie für Lobato empfand, war da auch immer noch ihr Zorn darüber, wie sie von dieser Frau ausgenutzt worden war. »Sie hätten den Fall wegen Befangenheit abgeben müssen, sobald sie erfuhren, mit wem sich Mauro Pedrosa trifft«, erwiderte sie. »Was Sie im Übrigen schon wussten, bevor Henrik dahintergekommen ist. Damit liege ich doch richtig?«

Lobato nickte. »Ich hatte fünf Tage Vorsprung, wie Sie ja schon betont haben. Und ja, ich wusste vor Ihnen von Raquels Beziehung zu Mauro. Aber es war wichtig, dass Sie selbst es rausfinden.«

»Sie haben mich manipuliert.«

»Sie haben sich manipulieren lassen«, konterte die Staatsanwältin. »Und immerhin haben Ihre Ermittlungen die Vermutung erhärtet, dass Pedrosa nicht nur der Geliebte von Baltasar Julianos Tochter ist. Es sieht doch sehr danach aus, dass Mauro bei unserem einstigen Landwirtschaftsminister mit irgendetwas in der Kreide steht. Abgesehen von seiner Tochter hat Juliano also womöglich noch andere Gründe, Pedrosa aus der Schusslinie zu nehmen.«

»Sollte es deswegen jemals zu einer polizeilichen Untersuchung kommen, werde ich sicher nicht involviert sein«, machte Helena klar. »Genauso wenig wie Sie. Außerdem sind die Pedrosas ab jetzt für uns tabu.«

»Bedauern Sie das nicht? Bedauern Sie nicht, dass Fredericos Tod ungesühnt bleiben wird?«

Nun war es Helena, die den Blick abwandte und ihn die Allee hinabschweifen ließ, auf der es mittlerweile nur so von Leuten wimmelte.

»Ich will ehrlich sein, ich habe nie wirklich daran geglaubt, dass Fredericos Eltern den Tod ihres Sohnes mit Absicht heraufbeschworen haben. Und selbst Raquel, die ihm am Telefon gesagt hat, er könne die Schokolade essen, war sich sehr wahrscheinlich nicht bewusst, wie fatal diese Bemerkung für den Jungen war.«

Ana Lúcia schürzte die Lippen. Vielleicht dachte sie darüber nach, wie groß die Chancen waren, Raquel für diese Fahrlässigkeit doch noch auf die Anklagebank zu bringen. Oder darüber, ob Mauro Pedrosa zusammen mit seiner Geliebten nicht vielleicht doch einen ausgeklügelten Plan erdacht hatte, um nicht nur den

Sohn, sondern auch seine Ehefrau loszuwerden. Man konnte da sicher einige Gedankenspiele anstellen.

Plötzlich surrte Helenas Handy. Sie zog es aus der Tasche und runzelte die Stirn. Das Display zeigte eine SMS von Gisela an, der sie erst kürzlich, als die junge Frau auf Sara aufpasste, ihre Nummer gegeben hatte. Sie öffnete die Nachricht und fühlte augenblicklich, wie ihr Kälte das Rückgrat hinaufkroch.

*Sara hat sich verletzt, brauche Hilfe!*

# 61
# Henrik

»Gib mir die Waffe!«, verlangte Henrik.

»Wieso musstest du mir unbedingt folgen?«, fragte Catia, ohne eine Miene zu verziehen.

Henrik schüttelte fassungslos den Kopf. »Um dich vor der nächsten Dummheit zu bewahren.«

»Ich brauche niemanden, der auf mich aufpasst.«

»Offensichtlich doch«, wandte die Fotografin ein, was Catia dazu brachte, den Lauf der Beretta weg von Henrik nun auf sie zu richten.

»Sei still!«, herrschte Catia sie an.

»Entschuldige, meine Liebe, aber wenn ich schon erschossen werde, möchte ich nicht auch noch den Mund verboten bekommen. Außerdem interessiert mich der Grund, warum du mich tot sehen willst. Es ist doch nicht immer noch wegen Jaime?«

Catia legte jetzt beide Hände um den Schaft der Pistole und wirkte damit noch entschlossener. Aus einem Instinkt heraus bewegte sich Henrik hin zu Maria Cruz. Er konnte nicht sagen, ob das auch so ein *Polizistending* war, sich selbst statt der bedrohten Person als Ziel anzubieten. Er tat es einfach, ohne darüber nachzudenken.

»Jaime war schwul, er hatte kein Interesse an dir«, fuhr Maria Cruz fort. »Und du hättest ihn auch absolut nicht umdrehen können.«

Catias Stimme bebte vor Wut, und auf ihrer Stirn pochte deutlich sichtbar eine Ader. »Er war desorientiert und zutiefst verunsichert deswegen. Auch weil er sich zu mir hingezogen fühlte. Er war noch nicht verloren!«

»Noch nicht *verloren*? An die Männer? Hast du das so empfunden? Was hätten Martin oder João wohl gesagt, wenn sie dich so hätten reden hören, wo du ihnen doch immer so überaus liberal zur Seite gestanden hast? Jaime war in João verschossen, wie es damals alle Schwulen waren, die das Glück hatten, ihm zu begegnen.«

»Darum geht es nicht«, fauchte Catia und fuchtelte aufgeregt mit dem Pistolenlauf herum. »Es geht um dich und das, wozu du ihn getrieben hast!«

»Ich denke, wie so vieles hast du auch diese Schwärmerei missverstanden. Eine Schwärmerei, die übrigens von Jaime ausging, der wohl ein wenig davon fasziniert war, dass sich eine zehn Jahre ältere Frau für ihn interessierte.«

»Und du gibst es auch noch zu!«

Maria Cruz lachte schrill. »Ich wäre ebenso mit João oder Martin ins Bett gegangen, wenn sie sich mir angeboten hätten. Ich fand das aufregend, vor allem diesen Reiz, ob ich sie hätte haben können, auch wenn ich nur eine Muschi anzubieten hatte. Mehr war da nicht. Ganz gewiss keine Liebe.«

Henrik begriff, dass er einschreiten musste, bevor sich die Lage noch mehr zuspitzte. Catia war längst zu aufgebracht und zu sehr auf Maria Cruz fixiert, um ihm noch genug Aufmerksamkeit zu schenken. Die Gunst des Augenblicks war auf seiner Seite, und es galt, sie zu nutzen, damit dieser Irrsinn ein Ende fand. Er musste jetzt nur irgendwie den Tisch überwinden und die Waffe zu fassen bekommen. Was nicht einfach werden würde, denn da standen überall diese Stative herum. Dazu das Regal rechts von ihm, in dem Objektive lagen sowie noch mehr Kameras und Taschen, in denen man das ganze Fotozeug verstauen konnte.

Außerdem Schachteln mit Fotopapier und Holzkästen, in denen Maria Cruz vielleicht Dias verwahrte. Sie war eine ältere Dame und hielt definitiv nichts von platzsparender, digitaler Fotografie, so viel war klar.

»Deinetwegen hat er sich umgebracht!« Catia spuckte förmlich vor Wut. »Dein krankes Spiel, das du mit ihm getrieben hast, hat ihn nur noch mehr zerrissen.«

»Tja, aber anscheinend warst *du* nicht der Ausweg, den er gebraucht hat.«

Catia starrte sie einen Moment an, dann sackte sie wie von einem Krampf geschüttelt in sich zusammen. Das war der Augenblick, auf den Henrik gewartet hatte. *Nur jetzt nicht danebengreifen*, dachte er noch, bevor er sich auf Catia warf.

# 62
# Helena

Sara verletzt? Zur Hölle noch mal! Und wieso schrieb Gisela und nicht Henrik? Was hielt dieser verrückte Tag denn noch alles für sie bereit? Sie war so aufgeregt, dass sie sich dreimal vertippte, bis sie es endlich schaffte, Gisela zurückzurufen.

»Was ist passiert? Wo seid ihr?«, brach es aus ihr heraus, kaum dass die Verbindung stand. Im Hintergrund meinte sie Sara weinen zu hören.

»Bei mir. Und ich kann nicht genau sagen, wie schlimm es ist. Sie hat den Finger in einen Lappen gewickelt und will ihn mir nicht zeigen.«

»Finger? Moment! Was hast du mit ihr gemacht?«

»Hey, ganz ruhig! Wir haben nur ein bisschen an meiner Vespa rumgeschraubt. Und dabei hat Sara sich den Finger eingeklemmt. Okay, es blutet, aber er ist jetzt nicht ab oder so. Soll ich mit ihr ins Krankenhaus?«

»Nein! Mama, bitte komm!«, tönte es von weit her.

»Wo ist Henrik, verflucht?«

»Irgendein Einsatz, was weiß ich. Klang nach Notfall.«

»Ich komme!«, zischte Helena. »Und jetzt gib mir Sara!«

Helena, die sofort losgespurtet war, hatte ihren Wagen erreicht und saß bereits hinterm Steuer, als die weinerliche Stimme ihrer Tochter durchs Handy drang. Sie verstand nur jedes dritte Wort, aber vermutlich war es mehr der Schreck über die Verletzung und das Blut als die Wunde selbst, die Sara so aufbrachte. »Ich bin schon unterwegs«, sagte sie und klemmte sich das Handy zwischen Kinn und Schulter. Während sie aus der Parklücke rangierte, versuchte sie, ihre Tochter mit tröstenden Worten zu beruhigen. »So, Liebling, und jetzt gib mir Gisela noch mal!«

»Mama!«, jammerte Sara.

»Ich muss sie doch nach ihrer Adresse fragen«, erklärte Helena und war selbst überrascht, wie ruhig sie sich anhörte. Sie stellte sich vor, wie widerwillig Sara das Telefon weiterreichte, und spürte dabei einen neuen eisigen Windstoß in ihr Herz fahren.

»Ja, Helena?«

»Deine Adresse!«, fauchte sie, worauf ihr Gisela eine Straße im Alfama nannte, die sie Gott sei Dank kannte. Sie würde nicht herumsuchen müssen. »Sag Sara, ich bin gleich da«, knurrte sie und warf das Handy auf den Beifahrersitz. Wieso hatte sie nicht längst so eine dämliche Halterung und eine Freisprechanlage eingebaut?

Auf der Fahrt hinüber ins Fischerviertel wurde der Peugeot nicht geschont. Doch egal, wie sehr sie ihn quälte, er hielt ihr auch diesmal die Treue. Zudem hatte sie Glück, dass die Straßen weniger verstopft waren, als sie befürchtet hatte. In der ohnehin engen Gasse angekommen, stoppte sie in zweiter Reihe vor der Nummer, die Gisela ihr genannt hatte. Seit der SMS mit der Schreckensmeldung war nur eine gute Viertelstunde vergangen. Sie sprang aus dem Wagen, unbeeindruckt von dem Fahrer, der hinter ihr zum Halten gezwungen wurde und sofort wild zu hupen begann. Helena klatschte ihm ihren Dienstausweis auf die Windschutzscheibe und durchbohrte ihn mit ihrem finstersten Blick. Der Mann verstummte und legte einfach den Rückwärtsgang ein. Helena wandte sich ab und hatte ihn eine Sekunde später vergessen.

Gisela hockte vor dem Haus auf einem ausrangierten Polstersessel, mit Sara auf dem Schoß. Rotz und Tränen waren auf ihren Wangen getrocknet. Um ihre kleine Hand war ein öliger Lumpen gewickelt. Helena nahm Sara hoch und drückte sie an sich. Gisela würdigte sie keines Blickes, auch wenn sie natürlich ahnte, dass die junge Frau aller Wahrscheinlichkeit nach keine Schuld traf. Aber Henrik. Henrik würde sich ordentlich was anhören müssen, denn was konnte so wichtig sein, dass er nicht bei Sara hatte bleiben können?

»So, und jetzt sehen wir uns mal deinen Finger an«, verlangte sie, nachdem sie ihre Tochter eine Weile fest umschlungen gehalten hatte.

»Nein, nein, ich will nicht«, flehte Sara und wurde wieder weinerlich.

»Gut, gut, mein Liebling! Pass auf, ich schau nach, und du lässt die Augen zu, einverstanden?«

Nach geduldigem Verhandeln war Sara endlich bereit, ihre Verletzung inspizieren zu lassen. Während Helena den Finger behutsam von dem Lappen befreite, verlangte sie von Gisela, Desinfektionsmittel und Verbandszeug zu besorgen. Fünf Minuten später war die Wunde, die sich als wenig dramatischer, wenn auch als ein tiefer Kratzer am Zeigefinger herausstellte, gereinigt und frisch verbunden. Wobei der Polstersessel, der vor Giselas Wohnung auf dem Gehweg stand, als Operationsstuhl diente und Sara sich die ganze Zeit über gebärdete, als würde sie die Hand amputiert bekommen. Es gelang Helena, souverän zu bleiben, auch wenn immer wieder verdrossene Autofahrer durch penetrantes Hupen ihrem Ärger über die nach wie vor durch ihren Peugeot blockierte Straße kundtaten. Erst als sich der Einsatzwagen der Polícia Municipal näherte, noch dazu mit eingeschaltetem Blaulicht, ließ sie von ihrer Tochter ab und ging zu dem Auto.

Der Uniformierte auf dem Beifahrersitz sprang aus dem Polizeiwagen und setzte zu einer Standpauke an, doch da zückte Helena ein weiteres Mal ihren Dienstausweis.

»Inspetora. Bitte verzeihen Sie, aber wir müssen zu einem Einsatz«, erklärte der Polizist, der jung und offenbar von ihrem Rang eingeschüchtert war.

»Was ist passiert?«

»Es wurden Schüsse gemeldet. Am Largo do Salvador. Wir sollen die Ersten vor Ort sein«, erklärte er und schielte auf ihren Wagen, der dieser Absicht im Weg stand.

»Largo do Salvador«, hörte sie Gisela hinter ihr sagen. »Dorthin wollte auch Henrik.«

Helena drehte sich zu Gisela um, die Saras unversehrte Hand hielt. »Henrik ist am Largo do Salvador?«

Gisela nickte.

Helena spürte, wie sich ihr die Härchen im Nacken aufstellten und ihr Puls sich beschleunigte

»Bitte, Inspetora!«, sagte der Polizist.

»Geh schon, wir kommen zurecht«, rief ihr Gisela entgegen.

Sie suchte den Blick des Uniformierten. »Fahren Sie mir nach!«

# 63

Die Sirene der Kollegen, die ihr hinten praktisch an der Stoßstange klebten, ließ die zahllosen Passanten – darunter Bewohner des Fischerviertels, hauptsächlich aber Touristen – aus dem Weg stieben. Dennoch kam es ihr wie eine Ewigkeit vor, bis sie endlich die enge Kehre nahm, die sie hoch zum Largo do Salvador brachte. Zuerst fielen ihr die Leute auf, die vereinzelt in Gruppen zusammenstanden. Die zu erwartende Rudelbildung, wenn sich irgendwo etwas ereignete, was die Neugier weckte. Doch die Menschen hier wirkten allesamt eher zurückhaltend und darauf bedacht, nicht im Weg zu stehen. Man konnte noch nicht von ängstlichem Gebaren sprechen, doch irgendetwas hier nötigte den Leuten Respekt ab, weshalb sie vorsorglich nah bei ihren Hauseingängen blieben, um schnell in Deckung gehen zu können, sofern es nötig wurde.

Wurden von irgendwoher Schüsse gemeldet, waren dies in der Regel meist fehlinterpretierte Knallgeräusche, die eine ganz andere Ursache hatten. Doch die besorgten Mienen der Anwohner trugen nicht dazu bei, ihre Unruhe zu dämpfen. Und dann entdeckte sie auch schon die alte Frau mit den langen weißen Haaren. Sie bremste und sprang aus dem Wagen. Die Frau stand vor dem kleinen Haus an der Ecke und streckte ihr zwei blutverschmierte Hände entgegen.

»Bleiben Sie, wo Sie sind!«, hörte sie den jungen Kollegen rufen, der neben Helena getreten war. Er hatte bereits seine Dienstpistole gezogen, was vermutlich nervösem Übereifer entsprang, andererseits aber durchaus nachvollziehbar war. Trotz der Sonne, die alles überstrahlte, herrschte eine verschreckte Atmosphäre auf dem Platz, die einen sofort ansteckte.

»Runter mit der Waffe!«, blaffte sie ihn an und ging auf die Frau zu.

»Was ist passiert?«

Die Angesprochene blieb stumm. Sie stand definitiv unter Schock.

»Ist jemand verletzt?«, fragte Helena überflüssigerweise, als wären die blutigen Finger kein ausreichendes Indiz dafür.

Die Frau mit den weißen Haaren blickte kurz über die Schulter, hin zu dem hellgelben Haus, bei dem die Tür offenstand.

»Sichern Sie den Bereich, rufen Sie Verstärkung!«, befahl Helena den beiden Streifenpolizisten. »Und einen Notarzt!«

Beide verharrten wie angewurzelt und blickten einander an, als müssten sie sich gegenseitig die Routinen erklären, die das Einsatzprotokoll in diesem Fall vorsah. »Inspetora, was haben Sie vor?«, fragte der Jüngere.

»Ich geh da jetzt rein«, erklärte sie so bestimmt, dass keiner der beiden zu widersprechen wagte. Dann wandte sie sich wieder an die verwirrte Frau. »Wer hat geschossen?«

»Sie ist weg«, murmelte die Weißhaarige und machte zwei schlurfende Schritte auf sie zu, bevor sie mit brüchiger Stimme sagte: »*Ich* sollte eigentlich da drin liegen. Helfen Sie ihm!«

»Kümmern Sie sich um sie«, wies Helena den jungen Polizisten an, der eben im Begriff gewesen war, über Funk nach Verstärkung zu rufen.

*Helfen Sie ihm!*

Helena zog ihre Waffe und rannte an der Frau vorbei auf die offene Haustür zu. Hin- und hergerissen zwischen antrainierten Abläufen und sie bestürmenden Emotionen hatte sie das Gefühl, nicht mehr zu wissen, was sie als Nächstes zu tun hatte. Mit vorgestreckter Pistole schlüpfte sie ins Haus. Der helle, völlig leere Raum mit den großen Schwarz-Weiß-Bildern verwirrte sie zusätzlich. Und noch viel mehr die rotbraunen Fußspuren auf den Holzdielen, die nicht eben dazu beitrugen, dass sie sich wieder in den Griff bekam. Auf seltsam tauben Beinen bewegte sie sich hin zu dem gegenüberliegenden Durchgang, aus dem die blutigen Abdrücke kamen.

*Helfen Sie ihm!*

Von draußen hörte sie sich nähernde Sirenen. Mit angehaltenem Atem spähte sie um die Ecke. Ein Tisch versperrte ihr die Sicht. Sie ging in die Knie, um die Perspektive zu ändern. Über den Lauf ihrer Waffe hinweg entdeckte sie eine bleiche Hand, die in einer dunkelrot glänzenden Pfütze ruhte.

Helena rammte die Pistole zurück ins Holster, stürzte um den Tisch herum und ging ungeachtet des vielen Blutes neben ihm auf die Knie. Rosafarbener Schaum füllte seinen halb geöffneten Mund. Sein Brustkorb bewegte sich kaum vernehmlich auf und ab. Seine Augen waren offen, und ihr war, als kehrte ein wenig Glanz darin zurück, als er sie erkannte. Seine blutleeren Lippen formten ihren Namen. Aus dem Loch in seiner Brust sprudelte sein Lebenssaft im Rhythmus seines Herzschlags.

*Schon die zweite Wunde, die ich heute versorgen muss.*

Helenas Augen füllten sich mit Tränen. Sie presste beide Hände auf das Einschussloch und begann zu beten.

# 64

Estabelecimento Prisional de Évora
Häftling Nr. P-239-876, Sandro Godinho
Rua D. João Falcão, n.º 6
7005-450 Évora

17. April 2022

Lieber Sandro!

Vermutlich wirst Du Dich noch an mich erinnern. Nein, ich bin sogar sehr sicher, dass Du das tust. Wir haben vor vielen Jahren mal eine Nacht zusammen in einer Mönchszelle verbracht. Und später auf der Aussichtsterrasse von Santo Estêvão über die Gerüche des Meeres philosophiert. Während der Zeit kurz vor der Jahrtausendwende habe ich Dich ein paar Wochen lang gestalkt, wie man das heute wohl nennen würde. Ich wollte Dir helfen, weil mir bewusst geworden war, dass Du misshandelt wurdest. Leider habe ich mich nicht sehr schlau dabei angestellt und es womöglich für Dich noch schlimmer gemacht, als es ohnehin schon war. Ich hoffe, Du kannst meine Entschuldigung dafür annehmen.

Natürlich wirst Du Dich fragen, warum Du nach so vielen Jahren diesen Brief von mir erhältst. Nun, vermutlich wird Dich vorerst noch mehr interessieren, wieso ich überhaupt wissen kann, dass Du in Évora einsitzt. Tatsächlich weiß ich noch viel mehr. Mir ist bekannt, dass man Dich in zwei Monaten entlassen wird. Das alles kann ich in Deiner Akte lesen, zu deren Einsicht ich als Polizeibeamtin befugt bin. Dass ich bei der PSP bin, soll Dich jetzt bitte nicht beunruhigen. Dieser Brief hat nichts mit meiner Arbeit zu tun. Ich schreibe Dir aus rein privaten Gründen. Ich schreibe Dir, weil ich denke, dass ich etwas gutzumachen habe.

In den letzten Wochen musste ich durch schwere Zeiten gehen, und ich kann mir gar nicht erklären, wem ich es verdanke, dass ich nicht völlig den Halt verloren haben. Sondern dass ich wieder vollständig für die Menschen da sein kann, die ich von Herzen liebe. Doch letztlich spielt es keine Rolle, ob ich dafür nun Gott oder wem auch immer meinen Dank schulde. Wichtig ist nur, dass ich wieder über ausreichend Kraft verfüge, um nun meinerseits helfen zu können, so wie mir vor Kurzem noch geholfen wurde.

Einen Teil meiner Wiedergutmachung möchte ich gerne Dir zukommen lassen. Unter der Voraussetzung, dass Du meine Hilfe nicht ablehnst und Dich auch nicht davor scheust, wieder nach Lissabon zu ziehen, habe ich nach Deiner Entlassung einen Job für Dich. Es ist nichts Besonderes, einfach eine Stelle bei einem Bauunternehmer, aber er hat mir zugesichert, Dich zu beschäftigen. Gleichzeitig stünde Dir eine kleine Wohnung zur Verfügung. Auch das wäre bereits arrangiert.

Mir ist klar, dass ich Dich damit erst einmal überrumple, aber Dir bleiben ja noch acht Wochen Bedenkzeit. Wie auch immer Du Dich entscheidest, ich würde mich freuen von Dir zu hören.

Liebe Grüße
Helena

# 65

Von: helenago84@gmx.com
An: tiagotheironman@webmail.pt
Betreff: Einladung zu Deiner Geburtstagsparty

Lieber Tiago,
danke für Deine Einladung. In der Tat, das klingt verlockend, und die Bilder, die Du von Deinem Strandhäuschen am Praia do Matadouro geschickt hast, sind wirklich traumhaft. Das wird sicher ein wunderbares Fest werden.

Dennoch muss ich Dir hiermit absagen. Ich bin noch nicht so weit. Vor allem fühle ich mich noch nicht dazu bereit, einen ausgelassenen Abend unter lauter feiernden Leuten zu verbringen. Ich denke, Du kannst meine Gründe nachvollziehen. Außerdem will ich Dir auf keinen Fall Deinen großen Tag vermiesen. Man wird schließlich nur einmal 50!

Ich wünsche Dir alles erdenklich Gute und eine unvergessliche Party!

Beijo!
Helena